教育部人文社会科学研究基金项目（05JA740024）成果
“明代早中晚期三部白话小说虚词计量研究”三种之三

《型世言》虚词计量研究

曹炜 等 著

暨南大學出版社
JINAN UNIVERSITY PRESS

中国·广州

目录

第一节 《型世言》虚词研究的意义

一、专书语法研究的意义

汉语语言史全面准确的还原和建构是汉语学术界几代人的梦想。

20 世纪 50 年代，王力先生等完成了《汉语史稿》的写作，这是国内第一部描写汉语语言史的著作。今天看来，除了“语音的发展”部分（上册）的描写比较清晰、细腻、准确之外，“语法的发展”（中册）和“词汇的发展”（下册）两部分的描写均相对比较薄弱，不少问题语焉不详，不少描写或者不够准确，或者缺乏足够的材料依据。《汉语史稿》面世以后，其中的一些论断争讼不断就是明证。个中原因主要是，汉语语音史的勾勒有比较充分的可以依凭的断代成果，如《切韵》、《广韵》便是唐宋时期语音描写的断代成果，《中原音韵》是元明时期语音描写的断代成果，《诗经》押韵反映的是先秦时期的语音概貌，再加上清儒的古音研究的成果、高本汉的音韵学成果以及方言研究的成果等，所有这些都为汉语语音史的建构提供了扎实可靠的依据。而汉语语法史、词汇史的建构则远没有汉语语音史建构那么幸运，那么富有基础，一方面是前人在语言研究中没有“语法学”、“词汇学”的概念，数千年来，几乎没有某一个时段语法系统或词汇系统的断代描写的成果，另一方面是 20 世纪 50 年代国家民族刚获太平，百废待举，语言研究的成果缺乏，在这样的背景下要建立一个翔实的经得起推敲的汉语语法史和汉语词汇史实在是一种奢望。

这里不谈汉语词汇史的建构，单表汉语语法史的勾勒。

前面已经说过，汉语语法史的勾勒所依赖的是某一个时段汉语语法系统的断代描写，而某一个时段汉语语法系统的断代描写则又依凭于能准确反映某个时点汉语语法系统概貌的专书语法研究。事实证明，那些在没有某一时点代表性专书语法研究提供基础的前提下所进行的某一类语法现象发展史的研究多多少少总会存在一些缺漏。可见，专书语法研究对汉语语法史的建立是多么重要。

20 世纪 80 年代以降，在汉语史领域最亮丽的一道风景是学者们有关晚唐五代以来近代汉语语法现象的研讨，出现了一些专书语法研究和断代语法研究的论著，也出现了一些语法专题研究的论著，但在总体数量上依然显得很不够。尤其是宋、元、明、清四个朝代的专书语法研究、断代语法研究还存在着许多空白点。要建立“晚唐—清汉语虚词史”、“晚唐—清汉语语法史”等还有许多重要的基础性工作要做。因此，国家社科规划办在 2005—2007 年连续三年的国家社科基金项目“语言学申报课题指南”中均指出：“今后要在发掘事实和理论探讨的基础上，以建立更为翔实的汉语词汇史、语法史为目标，开展系列专题、专书、断代研究。”这种倡导是非常正确、非常及时的。

我们着手进行的《型世言》虚词研究便属于专书语法专题研究。

二、《型世言》虚词研究的意义

《型世言》是一部刊行于明代崇祯年间的优秀拟话本小说集，由于湮没已久，长时间不为人知[①]。和长篇小说相比，这部“小说涉及的社会生活各个方面更为广泛，从政治、经济、工农业到日常生活的许多细节，都有所反映。所以，词汇也丰富、细腻得多”[②]，具有很高的语料价值。赵红梅、程志兵曾专文探讨了《型世言》在近代汉语中的研究价值，他们指出该书不但可以增补大型辞书的词条和义项，使一些词语始见书证的时间提前，而且在语法上也有值得注意的地方，一是“老”在称呼语里的用法，二是关于单位词加词尾转化为普通名词的问题[③]。

同时，由于作者身处吴地，《型世言》不可避免地带上了当时吴地的一些语言色彩，有些章节甚至具有很浓的方言特征。如27回有如下一段文字：

> 皮匠便道：“个娘戏！阿答虽然不才，做个样小生意，阿答家叔洪仅八三，也是在学。洪论九十二舍弟见选竹溪巡司。就阿答房下也是张堪舆小峰之女。咱日日在个向张望，先生借重对渠说话，若再来张看，我定用打渠，勿怪粗鲁。”钱公布道：“老兄勿用动气，个愚徒极勿听说，阿答也常劝渠，一弗肯改，须用本渠一介大手段。”洪皮匠道：“学生定用打渠。”钱公布道：“勿用，我侬有一计，特勿好说。”便沉吟不语。皮匠道：“驼茶来，先生但说何妨。”钱公布道：“渠侬勿肯听教诲，日后做向事出来，陈老先生毕竟见怪。渠侬公子，你侬打渠，毕竟吃亏。侬我侬，只是老兄勿肯。”皮匠道：“但话。”钱公布道：“个须分付令正，哄渠进，老兄拿住子要杀，我侬来收扒，写渠一张服辨，还要诈渠百来两银子，渠侬下次定勿敢来。”皮匠欢天喜地道：“若有百来两银子，在下定作东，请老先生。”钱公布道：“个用对分。”皮匠道：“便四六分罢，只陈副使知道咱伊？”钱公布道：“有服辨在东，怕渠？”此时鞋已缝完，两个又附耳说了几句，分手。

其中“个娘戏”、“阿答”、“个样”、“渠”、“本渠”、“我侬”、“勿”、“驼”、“勿肯”、“渠侬”、“你侬”、“子”、“收扒”、“咱伊”等就是明显的浙江话[④]，地道的方言词语。这对研究现代吴方言很有价值。

《型世言》虽夹杂一些吴语词汇，但并不妨碍这部小说集的整体官话特征。在该

---

① 1992年（一种观点1987年）法国汉学家陈庆浩先生在收集中国域外小说资料时，于韩国首尔大学奎章阁发现此书，使这部奇书得以重见天日，再次呈现在世人面前。

② 石汝杰：《关于中华书局本〈型世言〉的校点问题》，《言语科学》2002年第37号。

③ 赵红梅、程志兵：《〈型世言〉在近代汉语中的价值》，《绥化师专学报》1997年第4期。

④ 石汝杰：《关于中华书局本〈型世言〉的校点问题》，《言语科学》2002年第37号。

书中官话成分是占有绝对优势的。对于《型世言》的语料性质，杭华曾从三个方面分析了该书的整体官话特点①：首先，《型世言》的写作是面向全国范围的读者，陆云龙曾在征文启事的拟刻书目中提到“刊《型世言二集》，征海内异闻”，这说明《型世言》很可能是以全国范围征集到的原始材料为基础进一步加工而成；其次，陆人龙还创作过《辽海丹忠录》，我们可以从中了解到他擅长官话创作；再次，陆人龙有较高的文化修养，他对共同语的掌握应该比较娴熟。

目前，学术界关于《型世言》语言研究的成果并不多，虽有些文章，也多为词语考释之属，对其中的语法现象加以深入讨论的极为少见，有关虚词讨论的文章更是罕见。至于对全书的虚词系统加以全面完整考察研究的，尚未有人涉猎。

有明一代近三百年，正值近代汉语向现代汉语发展演变的重要时期。明代汉语虚词的断代研究，无疑是近代汉语虚词史建构不可或缺的重要基石，而《型世言》虚词系统的准确描写又为明代汉语虚词的断代研究，为有明一代近三百年虚词史的勾勒提供了坚实而又可靠的重要依凭。

第二节 《型世言》虚词研究的步骤和方法

一、《型世言》虚词研究的步骤

《型世言》虚词研究的具体步骤为：

（一）版本的选择

本书所依据的是覃君点校的中华书局本，为检索方便，同时参用了石汝杰、陈榴竞以中华书局本为基础制作的电子文本。

（二）考察对象的确定与语料的收集

《型世言》中每一类虚词究竟有多少个成员，这是摆在我们面前的第一个问题。为了防止有所遗漏，我们采取了以下步骤：

（1）每人通过反复阅读《型世言》来将自己要研究的某类虚词的成员一一摘录下来；

（2）将自己摘录的结果与曹炜先前整理过的《金瓶梅词话》虚词系统以及龚千炎主编的《〈儿女英雄传〉虚词例汇》所提供的《儿女英雄传》虚词系统中该类词的所有成员一一对照，以检查有没有缺漏；

（3）翻阅裴学海《古书虚字集释》，董志翘、蔡镜浩《中古虚词语法例释》，吕叔湘《现代汉语八百词》，北京大学1955级、1957级语言班编的《现代汉语虚词例

---

① 杭华：《〈型世言〉处置式研究——兼论明清之际把字句的历史发展和地域的差异》，南京大学汉语言文字学专业硕士论文，2002年。

释》等书籍，选择一些未被摘录的词语通过《型世言》电子文本搜索，以检查有没有缺漏；

（4）最终确定每类虚词的成员阵容。

在确定了考察对象之后，我们通过电子文本将被考察对象的所有用例下载下来，而后甄别其身份，琢磨其在语法意义和用法上的些微差异（详见本小节“二、《型世言》虚词研究的方法”）。

二、《型世言》虚词研究的方法

在对《型世言》虚词系统作全面考察的过程中，我们采用了一些独特而有效的研究方法。

（一）全方位全过程地运用计量统计法

此前的一些论著也曾采用计量统计的方法，但一般只针对一些具体问题进行讨论。而我们在讨论中则全方位全过程地运用计量统计法，不但对《型世言》中的每一类虚词的成员状况及每一个虚词的分布情况进行穷尽性的调查，还对每一个虚词的每一种语法意义和具体用法的数量、比例都详尽地进行了计量统计，力求呈现《型世言》虚词系统中每个成员用法的特点，做到定量统计与定性分析相结合。在计算比例时采用四舍五入的方法，精确至小数点后两位。同时，为了直观明了起见，我们还常采用列表分析法来加以分析、比较。

（二）着重作详尽的共时研究，一般不作历时考察

时下的一些近代汉语专书语法研究论著，往往在作共时描写之前先对被考察对象作一番历时演变轨迹的勾勒，从甲骨文中的意义说起，一直说到晚唐宋元明时期，这似乎已成为一种程式。然而一个虚词发展演变的真正准确的历史轨迹只有一条，说的人多了，难免重复，当然，属于历史比较的那种追溯不在此列。

我们在讨论某个虚词时一般只对其在《型世言》中的分布及用法状况作多角度的详尽的共时描写，描写的内容包括该虚词的分布情况，各种语法意义及其分布，句法功能及其分布，组合能力及其分布，适用的句式及其分布，该虚词与其他同类虚词的语义、语用、句法方面的横向比较等，具体到不同类别的词会各有所侧重，目标是力求全面展示每一个虚词的用法特点。

至于某个虚词语法意义和用法的来源及此前的发展演变轨迹，我们一般不作描写，除非该虚词在《型世言》中的语法意义和用法同此前的大相径庭，有必要作比较分析。

（三）微观分析与宏观勾勒相结合

专书语法专题研究微观的分析一般不缺乏，缺乏的是宏观的勾勒，高屋建瓴的概括，所谓“只见树木，不见森林”说的就是这种情形。

我们在微观分析不放松的前提下，着力于某类虚词或某个虚词的用法特点的总体

勾勒和宏观概括，从而使描写错落而丰满，同时也使讨论的系统性和关联性得到加强。

第三节 “《型世言》虚词计量研究”课题概述

“《型世言》虚词计量研究”课题是曹炜主持的教育部人文社会科学基金项目“明代早中晚期三部白话小说虚词计量研究”（05JA740024）的子课题之一。该子课题的主持人是曹炜，课题组成员（按姓氏音序排列）依次为：胡冰、吕传峰、施建平、宋青、张云峰、郑燕萍。

“《型世言》虚词计量研究”子课题与“《水浒传》虚词计量研究”子课题、“《金瓶梅词话》虚词计量研究”子课题构成“明代早中晚期三部白话小说虚词计量研究”总课题的全部内容。

“《型世言》虚词计量研究”课题主要由六个部分组成，依次为绪论、介词系统计量研究、助词系统计量研究、连词系统计量研究、代词系统计量研究和程度副词系统计量研究。

这里有几个问题需要说明：

（一）关于将代词、副词纳入本课题的说明

代词在现代汉语中归为实词，这是从代词可以充当句子成分的角度来归类的。而在古代汉语中，前贤们一般将代词归为虚词。《马氏文通》虽把“代字”归为“实字”，但也承认“先儒或以代字列诸虚字”①。这显然是从代词的意义比较虚空的角度来归类的。而前述裴学海的《古书虚字集释》中就收录有代词，北京大学中文系1955级、1957级语言班编的《现代汉语虚词例释》中也收录有代词，董志翘、蔡镜浩《中古虚词语法例释》中的“凡例”更是将代词作为其讨论的七种虚词之一。② 加上《型世言》中的代词系统也确实颇有特色，这让我们难以割舍，所以本课题讨论的范围也涵盖代词。

无独有偶，副词在现代汉语中也归为实词，理由同代词。而在古代汉语中，前贤们也都将之归为虚词，理由也同代词。北京大学中文系1955、1957级语言班编的《现代汉语虚词例释》在“凡例”中更是将副词列为虚词之首，③ 所以本课题讨论的范围也涵盖副词。主持人最初设计的时候，是将副词的全部成员纳入讨论的范围，后来由于时间及人力所迫，且副词部分量又实在太大，因此在实施过程中放弃了时间频

---

① 马建忠：《马氏文通》，商务印书馆，1983年，第20页。

② 董志翘、蔡镜浩《中古虚词语法例释》（吉林教育出版社，1994年）“凡例”三：“本书在每个词目下，首先标明词性。共分为代词、副词、连词、助词、介词、词缀、助动词七类。”

③ 北京大学中文系1955、1957级语言班编的《现代汉语虚词例释》（商务印书馆，1982年）“凡例”一：“本书共收副词、介词、连词、助词、语气词等虚词790条。”

率副词、情态方式副词、范围处所副词、语气及肯定否定副词等其他副词，而只讨论了程度副词。

（二）关于助词系统涵盖范围的说明

现代汉语助词系统所涵盖的范围中没有语气词，但在古代汉语中，语气词也被称为语气助词，是助词内部的一个次类。语气词单立不是不可以，但单立的语气词在专书研究中较之介词、连词、代词等来说毕竟显得有些单薄。因此，在本课题的实施中，我们将语气词放在助词系统中加以讨论。

“《型世言》虚词计量研究”课题实施人员的具体分工如下：

第一章 绪 论	曹炜撰写	
第二章 《型世言》的介词系统	张云峰撰写	曹炜修订
第三章 《型世言》的助词系统	吕传峰、宋青撰写	曹炜修订
第四章 《型世言》的连词系统	胡 冰撰写	曹炜修订
第五章 《型世言》的代词系统	施建平撰写	曹炜修订
第六章 《型世言》的程度副词系统	郑燕萍撰写	曹炜修订

这里也有几个问题需要说明：

（一）关于总体框架设计来源及初稿撰写的具体说明

“《型世言》虚词计量研究”课题的酝酿和框架设计最早要追溯到2000年，那时我给我指导的第一届硕士研究生确定了毕业论文题目：张云峰的毕业论文题目是“《型世言》介词研究”，吕传峰的毕业论文题目是“《型世言》助词研究”，施建平的毕业论文题目是“《型世言》代词研究”。2003年他们三位顺利通过硕士论文答辩。2005年，本课题作为“明代早中晚期三部白话小说虚词计量研究”的一个子课题同另外两个子课题一同申报该年度教育部人文社科基金项目，获得立项。

由于当年张云峰、吕传峰、施建平等在展开课题的时候没有全过程采用计量统计的方法，不少论断还是内省式的。因此，当总课题得以立项以后，均在高校工作的张云峰、施建平两位马上投入到了修改工作中，将计量统计法贯彻于论题展开的始终；吕传峰则由于在贵阳市委工作，无暇修改，后来便由我招收的2009级博士生宋青同志来替他完成修改工作；连词的研究工作是由我2005年招收、2007年毕业的在职攻读硕士学位的胡冰（江苏技术师范学院人文社科学院教师）来完成的，期间她的师弟征文平同志曾给予了她很多帮助；程度副词的研究工作是由我指导的2007年度高级访问学者、莆田学院中文系副教授郑燕萍同志来完成的。由于该子课题的总体设计框架在主持人设计的申报书中已经十分完备，也就拿来作为本书的基本框架了。

（二）关于曹炜等修订定稿的具体说明

曹炜等的修订工作前后耗时一年半，可以分为两个阶段：

第一个阶段：由宋青博士逐字逐句逐段通读全部初稿，并完成体例上的统一。这项工作始于2010年初，终于2010年6月。

第二个阶段：曹炜进行全面的修订，始自2010年7月，终于2011年6月。修订所针对的主要是以下十大问题：①所讨论的对象不成立，有的不是虚词，有的是虚词与实词的组合；②所提供的例证无出处或虽标有出处，但在纸质文本中找不到；③引例不能用，该援引的文字没援引，毫无意义的文字倒援引了；④统计所获得的数据前后矛盾；⑤针对所举例证所作的分析不正确；⑥所举例证与所要证明的语法特征不吻合；⑦分析论证过程中语言表述不恰当；⑧引文和脚注不匹配，有些引文在所标注的文献中找不到，而在别的文献中找到了，有些引文则引错了；⑨引例集中在某一回而不注意面上的分布及标点符号误用等其他问题。

汉语中的介词同动词关系极为密切，现代汉语中几乎所有的介词都是从动词虚化而来的，有相当一部分介词同时兼有动词的语法功能。近代汉语介词处于古代、现代汉语之间，既有对古代汉语的承袭、发展，也有很多一直沿用至今，呈现出纷繁复杂的用法特点，因此对它的研究大为必要，也理应成为众多学者关注的焦点。本章将以《型世言》中的介词系统作为考察对象，对其中的介词系统进行详尽的描写和分析，并以那些数量较多、用法丰富的介词作为论析的重点，笔触将放在对一些次类介词的细微区分上。基于以上考虑，本章对介词的诸多种类加以整合归纳，首先分为四大类：时间处所介词、原因目的介词、凭借方式介词、对象范围介词，然后再在每一大类之下分为不同的次类。本章统计出的《型世言》介词及介词组合有“在、自、从、于、由、就、去、向、以、到、至、及、往、劈、当、把、望、照、朝、打、打从、沿、随、顺、临、及至、投、乘、趁、适值、恰值、值、正值、凭、用、靠、依、因、将、倚、论、据、循、按、为、被、缘、吃、与、同、替、和、跟、共、教、叫、对、问、比、经、至于、连、并、带、除、除了、除却”等共67个，用例数目总量达6 670例。

第一节　时间、处所类介词

一、处所介词

(一) 始发处（在、自、从、于、由、就、去、向、以）

这类介词表示动作行为发生之前的处所。此类介词，几乎相当于“从”，它们往往和后面的名词性成分构成介词短语充当状语。

1. 在

介词“在”源于上古汉语中具有“居住、存在”义的动词“在”，汉代以后逐渐虚化为介词，但动词的用法依然存在，这种情形延续至今。介词“在”在古代汉语、近代汉语和现代汉语中的用例都是十分可观的，在《型世言》中也不例外，其用例高达1 493个，占本书介词总体的22.15%，是使用频率最高的一个介词。但因与其本义及其演变历程有关，“在”表示始发处的用法并非很多，且出现较晚，直到明代才见到用例，如《二刻拍案惊奇》：“钱己道：‘好自在话，我特特在井里救你出来，是我的人了，我怎肯送你家去！’”① 《型世言》中表示始发处的介词“在”只有55例，占其自身用例的3.68%，但比起同种用法的介词，依然位居前列。如：

①余姥姥道：“爷呀，这老媳妇叫你去的不是了，怎在你头上掉下，一些儿也不

① 《二刻拍案惊奇》(25卷)，上海古籍出版社，1992年，第318页。

知道?”(12 回)

②小简道:“我才在你家来,我并不得知。”(21 回)

③鲍雷上去禀道:“……昨夜阮胜母子俱是好的,今日小的们去看时,只见庚盈在他家走来,说道阮胜母子都死了……”(33 回)

④颖如与他取名观光,送了几件出乡的小僧衣、小僧帽,与他斋佛看经,左右都出豁在张秀才身上。(28 回)

由“在”构成的介词结构主要处于谓语之前充当状语,如例①~③,也有处于谓语之后充当补语的,如例④。

2. 自

“自”的介词用法在甲骨文中已见。“自”表示起始点在《诗经》中有 40 多例[①],由“自”构成的结构不仅可以位于动词前,也可以位于动词后,如《诗经·邶风·凯风》:“凯风自南,吹彼棘心。”又如《诗经·豳风·东山》:“我来自东,零雨其濛。”由此可证,“自”是汉语书面语中最早表示运动起始的介词之一。它的成型不会晚于春秋时期。“自”在《型世言》中表示始发处的用例数量仅次于“在”,共有 32 例,占其自身用法的 31.37%。如:

①东首一带,自钱塘江直通大海。(26 回)

②我自下仰攻,他自上投下矢石,势甚难克。(24 回)

③各舟看见这光,起自潭中,来往更捷,又贴水而来,不知何物。(39 回)

由“自”构成的介词短语多处于谓语动词之前充当状语,如例①、②,也有少数位于动词之后充当补语的,如例③。

3. 从

“从”原本是动词,是“随行”的意思,后逐步由“与人相随”发展到“与空间相随”,“从”便完成了动词向介词的转化。“从”表示始发点要迟于“自”,最早的用例在《韩非子》、《战国策》中已见,如《韩非子·十过》:“有玄云从西北方起。”又如《战国策·秦策》:“上客从赵来,赵事如何?”《型世言》中,“从”表示始发处的用例共 29 例,占其自身用例的 47.54%,多以“从+名词+方位名词”形式出现在动词之前,充当状语。如:

①秋冬难过,夜长睡又睡不着,从脚尖直冷到嘴边来,真是难当。(4 回)

②光棍却从他背后轻轻把他袖底一扯,道:“朝奉。”(26 回)

③一路从嘉定县、刘家港出海。(39 回)

④九年,奉旨充纂修官,重修《太祖实录》。事完例有升赏,从部属复升翰林侍讲。(12 回)

---

① 马贝加:《近代汉语介词》,中华书局,2002 年,第 21 页。

《型世言》中介词作状语的情况比较多见。例①中出现了“从……到”结构，表示范围。例④中的“从”有别于其他几例，表达的是一种抽象的始发处，即官职升迁的起始点。

4. 于

“于”在商代文献中兼属动词和介词，介词用法仅限于时、地、对象等，其他用法都是周代后才逐渐演变出来的。到了先秦及汉代，它已经成为汉语中高度发达的介词，身兼数职[①]。“于”在古代汉语中是一个比较常见的处所介词，但在《型世言》中表示始发处的“于”却为数不多，只有8例。如：

①须臾兵马来报，果然于徐文家取出白骨一副。(35回)

②江西山有匡户，水有鄱阳，昔许旌阳仙长尝于此飞升，是个仙人之薮。(34回)

③但其中或有衅隙，多起于父母爱憎，只因父母妄有重轻，遂至兄弟渐生离异。(13回)

④悟门之开，得于有触，勇往精进，各有所乐。(35回)

由“于”构成的介词结构既可以位于谓语之前充当状语，如例①、②，也可以位于谓语之后充当补语，如例③、④。例③、④中的“于”虽说是表示事情的源头，但从广义上来看，仍然是“始发”的一种。

5. 由

表示始发处的介词“由”在《型世言》中并不多见，只有3例。如：

①县尊道：“就望，怎不由他前门，却由后门?”(33回)

②他后来由举人做中书，历升户部主事、员外郎中，再转侍郎。(39回)

例①中主要是动词省略，但“由”的始发功能十分明显，例②是表示官职升迁的，从一定程度上说，“由”表示的依然是始发处，只不过是“官位”的最初起点罢了。

6. 就

介词“就”是从表示“趋至、靠近”之义的动词“就”演变而来的。到唐五代时，“就”的介词用法逐渐增多，至宋代，尤其是南宋，“就”的介词用法开始丰富，元明时代则趋于减少。“就”表示始发处，最早见于晋、南北朝时期，如谢灵运《先诗》：“但问情若为，月就云中坠。”近代汉语中也比较多见，但在现代汉语中已经消失不用。“就”在《型世言》中表示始发处只有2例，占其自身介词用法的6.67%。

①周围也都是军兵围住，耿埴就人背后，平空一声“屈叫”起来。(5回)

②就外边走上七八个人来，把当里四五个人一起拴下，道：“这带是司房王爷代陈爷买来进上的，三日前被义男王勤盗去，还有许多玩器。如今玉带在你这里，要你

① 周芍、邵敬敏：《试探介词“对”的语法化过程》，《语文研究》2006年第1期。

们还人，还要这些赃物。”（32 回）

7. 去

吴福祥（1996）认为，“去”也可以表示始发处[①]。介词“去”在《型世言》中表示处所的用法比较少，表示始发处的用法就更少了，只有 2 例。

①董文失惊里跳起来，便去煤炉里取了火，砂锅里烧了些脸水，煮了些饭，安排些菜蔬。（4 回）

②喻外郎便去库上那出二三百两银子。（22 回）

8. 向

在现代汉语中，“向”与“从”所表示的方向是相反的，但在《型世言》中，“向”也有和“从”表示相同方向的用法。“向”表示始发处或由来，义同“自、从”，大约始于唐代。如白居易《哭孔戡》：“拂衣向西来，其道直如弦。”又如李贺《龙夜吟》：“一声似向天上来，月下美人望乡哭。”这一用法在《型世言》只见 1 例。

马氏道：“你这两个畜生！这样设局欺我孤寡。”便向里边取出银、段，撒个满地。（13 回）

9. 以

“以”表示始发处，汉代偶见，如《史记·西南夷列传》：“蒙乃上书说上曰：今以长沙、豫章往，水道多绝，难行。”“以”的这一功能之后也较为少见，在《型世言》中仅见 1 例。

君以军旅发身，我是个书生，已曾食廪，于义不可。君念友谊，可为我周旋。（1 回）

本句中的“以”表示的是一种抽象的处所，但究其实也是一种职业、行业的最初起点。

在《型世言》表示始发处的介词中，使用频率最高的当推“在”，共出现 55 次，功能比较集中的则是“从”，它几乎占其自身介词用法的一半，达 47.5%。当然，也不能忽略了“就、去”等介词，纵观汉语史，它们的这种功能在古代汉语中并不多见，在现代汉语中也业已消失。因此，它们的出现，虽然只是为数不多的一些用例，但也在一定程度上印证了它们在近代汉语中活动的痕迹。就在稍前一些的《水浒传》中，“去”表示始发处的用法还比较常见，共 74 例。[②] 此类介词往往以“介词 + 名词 + 表示方位的词语或结构”的形式出现，共同构成介词结构，用在动词之前充当状语，如“就人背后”、“就外边”、“去煤炉里”等等，有时也用于动词之后充当补语，如“起自潭中”。

---

① 吴福祥：《敦煌变文语法研究》，岳麓书社，1996 年，第 204 页。

② 曹炜等：《〈水浒传〉虚词计量研究》，暨南大学出版社，2009 年，第 15 页。

表1

介词	在	自	从	于	由	就	去	向	以
用例数量	55	32	29	8	3	2	2	1	1
占自身用法比例（%）	3.68	31.37	47.54	4.23	33.33	6.67	25	0.89	0.56
占介词总体比例（%）	0.82	0.48	0.43	0.12	0.04	0.03	0.03	0.01	0.01

（二）所在处（在、于、就、向、去）

这类介词表示动作、行为发生的地点、场所，几乎相当于“在”。它们往往和后面表示地点的名词、方位名词构成介词短语作状语。

1. 在

介词“在”历史悠久，早在甲骨文、金文中就已出现。先秦时已用作介词表示主语的动作行为或某种状态发生或存在的处所。但在上古时期，“在”的主要语法功能仍然是作动词，作介词的占少数。到了中古时期，“在”作为介词的用例大大增加，汉代以后，开始成为介词“于”的主要替代者。介词“在”表示所在处是其介词用法中最重要也是最常见的用法，早在先秦就有所见，如《左传·昭公》：“昔我先王熊绎在荆山。”又如《左传·定公》：“藏在周府，可覆视也。”《型世言》中表示所在处的介词“在”共出现了1 059例，占其介词用法的70.93%。由它构成的介词结构既可以处于谓语前充当状语，也可以处于谓语后充当补语。如：

①终夜彷徨，在衙中走了一夜。（1回）

②又赶来，都沸反的在着廊下叫。（23回）

③不料他把一个爹的灵位立在中间，人见了岂不恶厌！（1回）

④其时一元已殁，这张氏问到杜家，说起情事，杜环留他在家。（14回）

例①、②由“在”构成的介词结构充当状语，例③、④由“在”构成的介词结构则充当补语。另外，例②较为特殊，“在”的后面出现了一个“着”字。在近、现代汉语中，部分介词跟体标记“着”搭配使用的现象并不罕见，但常见的介词有跟、临、趁、冲、朝、向、对、沿、顺、照、按、凭、靠（石毓智，2001），一方面是因为“这些介词萌生较迟，它们的介词性质的确定是在动态助词萌生之后或稍稍早于动态助词的萌生。介词是从动词滋生的，不可避免地会带有母体动词的某些语法特征，这些特征是在介词滋生前后，它的同源动词可能具有的，而不是介词性质确定后，它的同源动词新获得的”。另一方面是因为“这些介词大都是方式介词，运动的方式与运动是同时存在的，而动态助词‘着’位于动词后时，表示运动或状态在延续中：运动存在的时候，运动方式也同时存在，因此，表示运动方式的介词带有‘着’也未尝不可”。[①] 例②中的“在”只是表明了其由动词向介词转化所呈现的历史状态。

2. 于

“于”表示动作行为发生的处所，甲骨文、金文已见。《诗经》中也有很多的用例，如：“鸡栖于埘，日之夕矣，牛羊下来。”其引进所在处的功能保留在近代汉语书面语中，《型世言》中这种用法的“于”共出现了51次，占其介词用法的26.98%，远远高于其表示处所起始的用法。可见，这一用法是介词“于”在近代汉语中的主要用法之一，后来这一功能逐渐被“在”字所承担。如：

①众人将来置在瓶中，仍将他田产卖来建塔于上，人至今称孝女冢，又称神尼塔。(4回)

②须臾七窍中鲜血逆流，死于坐上。(24回)

③至日陈东来约，同到桐乡城，俱着介胄，明山也便依他。在于城下，报至城中。(7回)

介词“于”构成的介词结构往往位于动词之后充当补语，例③中，“在于”和“报至”前后呼应，此时的“在于”，“在”依然是动词，“于”为介词。

3. 就

正如前述，介词“就”是从表示“趋至、靠近”之义的动词“就”演变而来的。介词“就”先发展成表示终到点的介词，然后才发展为表示所在处的介词。据王锳研究，“就”表示所在处在东汉时已经产生[②]，不过其明确的用例见于《世说新语》：“韩后与范同载，就车中裂二丈与范。”从隋唐开始，这种用法逐渐增多。表示处所的“就”在《型世言》中共见11例，占其介词用法的36.67%，如：

①遂解衣，看左胁下红红一缕如线，妙珍就红处用刀割之，皮破肉裂，了不疼痛。(4回)

②陈鼎彝去点蜡烛，正点第二枝，第一枝已被吹灭拔去了，只得随众，把些牙降香往诸天罗汉身上一顿撒，四口儿就地上拜上几拜。(10回)

③三个便就店中坐下。(23回)

4. 向

介词“向”表示所在处始于唐代，如白居易《上阳白发人》：“妒令潜配上阳宫，一生遂向空房宿。”五代宋时期有较多的用例，这一用法在现代汉语中已经看不到了。“向”表示处所在《型世言》中共见12例，占其自身介词用法的10.71%，如：

①……至于呵斥，一发向丈夫枕边悲啼诉说。(3回)

---

① 马贝加认为，如“在”等表时间、处所的介词后面不可能出现动态助词。见马贝加：《近代汉语介词》，中华书局，2002年，第5页。

② 王锳：《方言》，上海古籍版方言笺疏：搜、略，求也。秦晋之间曰搜，就室曰搜，于道曰略。略，强取也。按：此例的“就”和“于”对举，意义、用法与介词十分相似，但不够典型，理解成动词也未尝不可。

②自己却寻了一条绳，向床后无人处自缢死了。(10 回)

③两个立向灯前，日休仔细一看，却是文姬。(38 回)

由“向”构成的介词结构既可以放在谓语前充当状语，如例①、②，也可以放在谓语后充当补语，如例③。

5. 去

介词“去”是近代汉语中所特有的，在《水浒传》里，介词“去”表示所在处的例子是比较丰富的，共出现 159 例[①]。在《型世言》中，介词“去”表示所在处的有 5 例，这种功能已明显呈衰弱趋势，到现代汉语中则消失不见了。如：

①他就去各人身边都搜一搜，到搜得有七八十两。(9 回)

②过数日，又去坟上竖旗立匾。(16 回)

③到了夜，众僧在堂上做个晚功课，搂了个沙弥去房中睡。(34 回)

在《型世言》中，表示所在处的介词使用频率最高的就是“在”字，高达 1 059 次，且用法丰富，已基本涵盖了现代汉语中“在”的所有功能。而表示所在处的介词“向”、“就”、“去”等则和其在现代汉语普通话中的意义和用法完全不同，它们的用法已趋于消失，只留存在某些方言中。[②] 就它们在本书中的整体而言，由“在”、“于”构成的介词结构既可以充当状语，也可以充当补语，尤其是“于”更以充当补语为常，而由“向、就、去”构成的介词结构则主要是以充当状语为常。

表 2

介词	在	于	就	向	去
用例数量	1 059	51	11	12	5
占自身用法比例（%）	70.93	26.98	36.67	10.71	62.50
占介词总体比例（%）	15.68	0.76	0.16	0.18	0.07

（三）终到处（到、在、至、于、向、就、及、去）

这类介词主要表示动作、行为到达的处所，也就是动作行为的终点。

1. 到

“到”的本义是“到达”，动词。介词“到”就是由“到达”之义的动词“到”发展演变而来的。“到”首先是作为引进时间的介词，大约在唐五代才基本虚化为引进处所的介词。[③] 而后，逐渐成为介词“到”的重要用法之一。表示终到处的“到”

① 曹炜等：《〈水浒传〉虚词计量研究》，暨南大学出版社，2009 年，第 18 页。

② 刘镜芙：《〈水浒传〉中一组同义介词》，《暨南学报》（哲学社会科学版）1991 年第 2 期。

③ 吴金花：《处所介词“到”的产生》，《福建师范大学学报》（哲学社会科学版）2005 年第 4 期。

在《型世言》中共出现521例，占其介词用法的68.64%。如：

①以后耿埴事也懒去缉，日日到锦衣卫走了一次，便到董文家来。(5回)

②又到战场上看时，看见个人，身边一个钞袋，似有物的。(9回)

③此时利仁也赶到衙门前，恐怕哥受责。(13回)

④张知县、巡抚、巡按都道他贤能，交荐，后来升到部属。(22回)

⑤这些和尚尽皆惊怪，报与抚按三司，迎接到布政司堂上坐定。(8回)

⑥李氏留他到房中坐，那李权相了一相，道："娣娣这房子老了，东壁打西壁，仔么过……"(4回)

表示终到处的"到"，位置十分灵活，由它构成的介词结构既可以处于动词之前充当状语，如例①、②，也可以处于动词之后充当补语，如例③、④，还可以处于两个动词中间，或作 V_1 的补语，或和名词性成分一起作 V_2 的状语，如例⑤、⑥中的"到布政司堂上"、"到房中"或分别看作"迎接"、"留"的补语，或分别把它们看作"坐定"、"坐"的处所状语。另外，例④严格地说是表示官职的升迁，但从实质上看，它依然是由表处所的"到"进一步引申抽象的结果。

2. 在

表示终到处是介词"在"另一个比较重要的用法，晋、南北朝时期较为常见，如《三国志·魏书·方伎传》："连梦见青蝇数十头，来在鼻上，驱之不去，有何意故?"明清时期仍有用例。《型世言》中表示终到处的介词"在"共出现311例，占其介词用法的20.83%。如：

①耿埴道："瞎了眼，甚黄黄打在人头上。"(5回)

②车去在昌灵津，水口接应的是桓福与任敬家里两个家人绞不停、像意吃三人。(22回)

③这边亲人倒还劝朱玉处些财力还他，他先是一张状子告在县里。(25回)

表示终到处的"在"，常常位于动词之后，由其构成的介词结构充当补语。

3. 至

"至"原为运行动词，作为介词始于战国时期，表示终到处的介词"至"萌生于汉代，定型在南北朝[1]。和同义词"到"相比，"至"向介词的转化在"到"之前。《型世言》中表示终到处的介词"至"共有52例，占其介词用法的59.77%，是介词"至"最重要的用法之一。如：

①绑出枭首，就将首级传至教场。(22回)

②送至扬州，陈代巡还恋恋不舍。(30回)

③在部数年，转至郎中，实心任事，谙练边防。(31回)

---

① 马贝加：《近代汉语介词》，中华书局，2002年，第57页。

例③中的“至”同上述的“到”一样，引进的是抽象处所，即官职的升迁处。

4. 于

表示终到处并不是介词“于”的主要用法。在《型世言》中共有18例，仅占其介词用法的9.52%。如：

①城上堆了大石，兵士伏于墙边，高悬闸板。(1回)

②翠翘曰：“待我奠明山，次与君饮。”因取所随酒洒于江。(7回)

③虽委头于水，茫然无迹，岂得为转托之地乎？(21回)

5. 向

表示终到处的“向”是由表示方向的“向”引申而来的。“向”表示终到点，大约始于唐代，如《敦煌变文》：“天交织女渡津，来向人间只为人。”表示终到处的“向”在《型世言》中共有16例，占其介词用法的14.29%。如：

①于伦道：“我回时他也说小姑家接去。我随到小姑家，说不曾到。又向各亲眷家寻，又没踪影。不知小贱人合老虔婆，用这等计策。”(3回)

②他先时当人的，收人利钱，如今还债拿衣饰向人家当，已做蛀虫了。(15回)

③程编修道：“北兵入京，圣上出逊，上下人心解体，小人贪功害正。臣还虑此数人不免，如何能辅助圣上？不若且避向湖广不被兵之处，徐图机会……”(8回)

6. 就

介词“就”表示终到处的用法，多见于晋、南北朝之后。如《隋书·文四子列传》：高祖因作色谓东宫官属曰：“……昨夜欲得近厕，故在后房，恐有警急，还移就前殿。岂非尔辈欲坏我国家事邪？”表示终到处的“就”在《型世言》中只见1例：

还一路嚷出去道：“有这等事。明日就县里告你，你阿叔该占侄儿媳妇的么？”(25回)

7. 及

“及”也是一个比较古老的介词，它是由表示“到达，关涉”之义的动词“及”演变而来的。按说，介词“及”有表示终到处的用法并不奇怪，但实际上这一用法却比较少见，倒是表示时间终到点的用法占有绝对优势。表示终到处的“及”在《型世言》中仅见1例：

因是事关题请，行文到郃阳县，取他当日医病医生结状，并查郃阳起身往鄠县日期，经过宿店，及鄠县开店，两邻结状。(37回)

8. 去

介词“去”表示终到处的用法同“就”、“及”一样，在《型世言》中也只见1例：

恰遇他跑出来时，一撞也是一交。徐英早是跳去门外了。(35回)

在《型世言》中，表示终到处的介词，“到”字不仅最多，共521例，而且其用法相对比较集中，占其自身用法的比例高达68.64%。另外，介词“至”也不容忽视，它也是用法比较集中的一个介词，虽然在《型世言》中表示终到处的只有52例，但这一用法却是它最主要的用法之一，占其介词用法的59.77%。由此类处所类介词构成的介词短语绝大多数位于动词后面充当补语。

表3

介词	到	在	至	于	向	就	及	去
用例数量	521	311	52	18	16	1	1	1
占自身用法比例（%）	68.64	20.83	59.77	9.52	14.29	3.33	3.03	12.50
占介词总体比例（%）	7.81	4.66	0.78	0.27	0.24	0.01	0.01	0.01

（四）方向（往、向、劈、当、把、望、照、朝）

这类介词表示动作行为的朝向或者指向。

1. 往

介词“往”是由表“到……去”义的动词“往”发展演变而来的，始见于唐代文献，如《入唐求法巡礼行记》卷4：“五月十一日，从苏州松江口发往日本国。”宋代以后才大量使用。介词“往”在《型世言》中的用法比较集中且单一，大多表示动作行为的方向，用例共72例，占其自身用法的比例高达97.30%，由它构成的介词短语常作状语，用作补语的例子较少。如：

①桓福便往水中一跳，早被一挠钩搭住。（22回）

②时只见他拿了根拐杖，高高的舞着，往前跳去，做一个必胜模样。（34回）

③两个逃往他乡，实何尝得这九十两银子？（27回）

例①、②中由“往”构成的介词结构处于动词之前充当状语；例③中由“往”构成的介词短语处于动词后面充当补语。

2. 向

“向”的原义是窗户，名词。但在上古汉语中“向”也有动词的用法，表示“面对……”、“向……前进、进军”等义。先秦时，“向”主要作时间介词。到了魏晋以后，其功能有所发展，也可以引进处所，表示方向，介词“向”的这一用法大概是从其动词的义项发展演变而来的。“向”表示方向的功能产生最早，沿用至今。[①] 在《型世言》中，这一用法是介词“向”最主要的用法，共有34例，占其介词用法的30.36%。如：

①便走出船舱，打帐向河中跳。（3回）

---

① 马贝加：《处所介词“向”的产生及其发展》，《语文研究》1999年第1期。

②你们都得命了，快些向北谢恩。（22回）

③太祖整兵十万，下了船，沿江向南昌进发。（34回）

3. 劈

“劈”表示方向，始见于宋代，如杨万里《方虚日斜再行宿乌山》：“日已衰容去，风仍劈面来。”后沿用至明清时期。现代汉语有些方言中依然保留这种用法。《型世言》中的介词“劈”无一例外地都表示方向，共15例。如：

①那皮匠便将来骑住，劈脸墩上两拳，公子便叫“饶命”。（27回）

②竹秀道：“你这贼秃无礼。”劈头两个栗暴。（28回）

③劈头一篙打去，那周颠又侧了下水。（34回）

纵观以上各例，介词“劈”后的宾语成分多是人体部位，如“脸、头”等等，方位感十分明显。

4. 当（着）

介词“当”表示方向的用法在汉代之前就已经出现了。如《左传·昭公十三年》：“当壁而拜者，神所立也。”这种用法的“当”在《型世言》中共有13例，占其介词用法的35.14%，如：

①当胸一把，连崔科的长胡子也扭了。（9回）

②当着鳏居消索，旅馆凄其，怎能宁奈？（11回）

③老奴才，怎就当人面前剥削我？（15回）

5. 把

介词“把”表示方向始见于唐五代，如《敦煌变文·张义潮变文》：“仆射闻吐浑王反乱，即乃点兵，鏨凶门而出，取西南上把疾路进军。”①“把”的这种用法是比较少见的，《型世言》中共出现12例，仅占其介词用法的1.76%，这种用法在现代汉语中已经看不到了。如：

①那夜又吃饱了，把胸前揉上两揉，放倒头睡了一觉。（9回）

②他轻轻走去把牛鼻子上插上一个大针，自己一条线远远牵着。（17回）

③他轻轻把他肩上一搭道：“……”（21回）

此类用法的“把”多以“把+人（或物）的部位+方位性词语”出现。如“把胸前”、“把牛鼻子上”、“把他肩上”等等。

6. 望（着）

介词“望”是从表示“向远处看”的动词“望”发展演变而来的。“望”的虚化始于南北朝时期。中唐前后，可以看到“望”作为介词表示方向的用例，如王昌龄《江上闻笛》：“羸马望北走，迁人悲越吟。”唐之后的文献里仍有使用，一直延续到

① 吴福祥：《敦煌变文语法研究》，岳麓书社，1996年，第234页。

现代汉语的某些方言里，如安徽安庆方言、浙江温州方言等。但在现代汉语中，“望”的主要功能又回归到了动词，这一发展演变的过程倒颇有意思。《型世言》中“望”并不多见，共出现11例，这也是其在《型世言》中所有的介词用例。如：

①毕竟有些怪，远远随他望前门上一个大段铺内走进去。(5回)

②只得叹了口气出门，思量无路可投，只得望着来时这条路走。(9回)

③沈参将兵已是过了险阻，望平川进发。(24回)

上述各例中的“望（着）”都可以用“向”来替换。南北朝时“望、向”对举，唐代沿袭了这种用法。

7. 照

介词“照”表示方向，义同“向、朝”，明代已出现，如《水浒传》第26回：“西门庆见踢去了刀，心里便不怕他，右手虚照一照，左手一拳，照着武松心窝里打来。”表方向的“照”在《型世言》中的用例很少，只有3例，占其介词用法的37.50%。

①先是喻提控交银子，哄他来时，咱捉空儿照脑袋打上他一挂箱。(22回)

②那伏戎看得清，把顺袋提起，扑直一下子，照头往那校尉打下。(22回)

③鲍雷蚤飞起一脚，踢在半边，花芳赶上，照太阳两下。久病的人，叫得一声，便呜呼了。(33回)

同“劈”十分相似，“照”后名词性成分也多是人体部位，如“照脑袋”、“照头”、“照太阳（太阳穴）”等等。

8. 朝（着）

介词“朝”是由表“朝向”义的动词“朝”发展演变而来的，元代“朝”的介词用法初露端倪，至明代已是常见。表示方向的介词“朝（着）”在《水浒传》中共有14例。[①] 其在《型世言》中只有2例，由它构成的介词结构充当状语。

①赶来朝着沈氏道：“说不来，凭你们。”(28回)

②他知道是冤家来了，便朝妻子说：“我梦一贵人生在对门，可好看之，视之如子。”(35回)

这种用法争议颇大，有的学者把它归入表示方向的处所范畴，有的则把它看作是对象介词范畴。虑及“朝”的本义及上述具体的用例，笔者认为“朝”依然表示方向，动作行为朝向“信息接受者”。

《型世言》中表示方向的介词，最主要的就是介词“往”，共72例，同“往”功能大体一致的是“望”。“往”、“望”作为同类介词，发展到元代，其用法已有差别，“望”可引进处所，也可引进对象，“往”只引进处所。元明之际，“望”逐渐成为

① 曹炜等：《〈水浒传〉虚词计量研究》，暨南大学出版社，2009年，第24页。

"往"的附类，在明代的共同语里"往"最终兼并了"望"，"望"只保存在某些方言里。《水浒传》中，"'往'用作介词很少，'望'作介词占优势"①，到《金瓶梅词话》及《型世言》中，"往"比"望"占优势，正和这一状况相吻合。另外，方向介词"把、照、劈"后面的名词性成分多是人（或物）的部位，这在一定程度上表明了动作参与者之间的距离较接近这一句义特征。由此类介词构成的介词结构主要处于动词之前充当状语。

表 4

介词	往	向	劈	当	把	望（着）	照	朝（着）
用例数量	72	34	15	13	12	11	3	2
占自身用法比例（%）	97.30	30.36	100	35.14	1.76	100	37.50	100
占介词总体比例（%）	1.08	0.51	0.22	0.19	0.18	0.16	0.04	0.03

（五）经由（往、由、在、打、打从）

这类介词表示动作行为经过或通过的处所。

1. 往

介词"往"表示经由的功能是比较少见的，在《型世言》中仅有 2 例。

①巧巧儿锦衣卫差耿埴去崇文税课司讨关，往城下过，因在城下女墙里解手。(5 回)

②时尝为到盐运司去，往猫儿桥经过。(26 回)

经由介词"往"常常和趋向动词"过"或"经过"配合使用。

2. 由

经由介词"由"是由动词"由"（经由某处）虚化而来的，先秦时期就有用例，如《孟子·滕文公上》："水由地中行，江、淮、汉是也。"后沿用之。经由介词"由"在《型世言》中的用例只有 1 例，占其自身用法的 11.11%。

就为他姊妹、小厮，做些孝服，雇了人夫、车辆，车至张家湾雇船，由会通河回。(14 回)

3. 在

"在"表示经由的功能，十分少见。马贝加认为，"在"表示经由的用法是在清代②，笔者认为不确，本书中就有"在"表经由的语例，不过也仅有 1 例：

---

① ［日］香坂顺一著，植田均译：《水浒词汇研究》（虚词部分），文津出版社，1992 年，第 310 页。
② 马贝加：《近代汉语介词》，中华书局，2002 年，第 96 页。

正是李侍讲拜客，在那厢过。(12回)

同“往”相似，这种用法的“在”也是配合趋向动词“过”使用的。

4. 打、打从

“打”是近代汉语中新出现的一个介词，关于介词“打”的由来，至今意见不一，比较有代表性的是日本学者提出的“由表‘从、经由’义的‘道’演变而来”之说①，以及国内学者提出的“由表‘扑打’、‘冲撞’义的动词‘打’虚化而来”之说②。介词“打”一般认为始见于唐代文献，宋元时期才大量使用，经明清，直到现代。《型世言》中“打”仅有1例，表示动作行为经由的处所，在句中作状语。

那人道：“小可邓州人，先父铁尚书，因忠被祸，小弟也充军。今天恩大赦，得命还乡，打这边过。”(1回)

有时“打”还同介词“从”连用，“打从”多出现在《大宋宣和遗事》，此书成书年代一般认为是元代，由此可见，“打从”在当时已用。《水浒传》中“打从”共有7例，主要表示经由。“打从”在《型世言》中也只见1例，用法同“打”、“从”，表示动作行为经由的处所。

一晚步出庄门，师徒两个缓缓的走，打从一个皮匠门首过。(27回)

《型世言》中表示经由的介词并不是很多，所有的用例也只不过6例。这些介词大多数都是与有“经由”之义的趋向动词“经过”或“过”连用，产生了表示经由的用法。另外，《型世言》表示经由的介词中还出现了组合介词“打从”。其中“往、在”的经由用法在现代汉语普通话中已经消失不用，而“打”的这种用法只见于现代汉语的某些北方方言中。

表5

介词	往	由	在	打	打从
用例数量	2	1	1	1	1
占自身用法比例(%)	2.70	11.11	0.07	100	100
占介词总体比例(%)	0.03	0.01	0.01	0.01	0.01

(六) 沿循(沿、随、顺)

这类介词表示动作行为所遵循的方向、路线。它们在上古时期十分罕见，从春秋

① [日] 香坂顺一著，植田均译：《水浒词汇研究》(虚词部分)，文津出版社，1992年，第304页；[日] 太田辰夫著，蒋绍愚、徐昌华译：《中国语历史文法》，北京大学出版社，2003年，第234页。太田在这个问题上虽然引用了香坂顺一的说法，但似心存疑虑。

② 刘坚、江蓝生等：《近代汉语虚词研究》，语文出版社，1992年，第229~232页。

战国时期开始萌芽，到魏晋南北朝时期定型。

1. 沿

介词“沿”是由有“行经”之义的动词“沿”发展演变而来的，晋、南北朝时已见用例，如《三国志·魏书·三嗣主传》：“而巴、汉舟师沿江东下。”《型世言》中介词“沿”共出现9例，而且无一例外都表示沿循。如：

①沿途闻得浙西、南直都有倭寇，逡巡进发，离了省城。(7回)

②管门的，向斜阳捉虱；买办的，沿路寻葱。(20回)

③太祖整兵十万，下了船，沿江向南昌进发。(34回)

介词“沿”后的名词基本上都是跟路线有关的“途、路、江”之类词语，这些名词与介词“沿”一起位于动词之前充当状语。

2. 随

表示沿循的介词“随”，汉代就有用例，如《汉书·司马相如传》：“于是，乃命西征，随流而攘，风之所被，罔不披靡。”介词“随”在《型世言》中表示沿循的用例并不是很多，只见3例。

①尸随潮而上，得于曹娥渡，面色如生。(7回)

②随着一路，又撞出一个好搅事的少年、一个惯劈直的老者，便丛做一堆。(9回)

③随着路儿走去，见一个小小庙儿：荒径蓬蒿满，颓门薜荔缠。(10回)

3. 顺

动词“顺”有“沿着”之义，到南北朝时期发展演变成介词“顺”，如《三国志·魏书·钟会传》：“步兵从水道顺流浮渭入河。”《型世言》中表示沿循的介词“顺”只有1例。

便顺路来见圣姑，送些京绢息香之类。(40回)

表示沿循的介词在《型世言》中只有“沿、随、顺”3个，其所有的用例之和也才13个。这三个介词具有十分明显的共性，即其后所接的名词都是“途、路、江”或与之相关的名词性成分。由“沿、随、顺”构成的介词结构一般都处于谓语之前充当状语。

表6

介词	沿	随	顺
用例数量	9	3	1
占自身用法比例（%）	100	17.65	25
占介词总体比例（%）	0.13	0.04	0.01

（七）临近处（临）

《型世言》中表示时间临近处的介词只有“临”1个，同时也兼及表示临近点（时间）的功能。虽然只有1个，但虑及其主要的功能用法——临近处和临近点，没有和其他介词类型有交叉之处，因此本文也把它单独列为一类进行描述、分析。

临（着）

介词“临”是由具有“从高处俯视低处”之义的动词“临”发展演变而来的。表示临近处的介词“临”产生于汉代，如《史记·孝武本纪》：“（天子）自临塞决河。”魏晋南北朝时期沿用。《型世言》中处所介词“临”在《型世言》中共出现6例，占其自身介词用法的13.95%。如：

①成山之下，临着秦皇饮马池，却有一座古寺，便是王喜在此出家的慧日寺。(9回)

②曲房临水倚，朱栏碧槛水中浮。(27回)

二、时间介词

（一）起始点（自、从、于）

这类介词表示动作行为的时间起点。

1. 自

“自”作为时间介词，表示起始，甲骨文中已见，如《殷墟书契前编》：“自今至于戊寅雨。”《诗经》中也有十余例，后沿用至今。表示起始点的“自”在《型世言》中共有67例，占其介词用法的65.69%。如：

①任敬道：“自古空里来，巧里去。”(22回)

②自唐末至元已七百余年。(40回)

③掌珠自没了阿婆，又把这污名去讥诮丈夫，越没些忌惮了。(3回)

④谢鹏要来说姐姐时，自娘没后都是姐姐看管，不敢惹他。(11回)

表示起始点的介词“自”后的宾语既可以是名词性词语，如例①、②，也可以是谓词性词语，如例③、④。其中例②出现了“自……至”的配套组合，表示范围。

2. 从

“从”由表示处所的始发处到表示时间的起始点，是同义同向发展的结果。时间介词“从”在汉代之前已见用例。[①] 表示起始点的“从”在《型世言》中共有10例。如：

①烈妇适送药与他，他看了两眼，泪落道：“娘子，从今这药不须赎了，吃来无

① 马贝加、徐晓萍：《时处介词“从”的产生及其发展》，《温州师范学院学报》（哲学社会科学版）2002年第5期。

益，不如留这些钱财与父母及你养赡。”（10 回）

②他从小在沈阆书房中伏事。（15 回）

③从古最不好的人，莫如强盗窃贼，人人都是切齿的。（22 回）

表示起始点的介词“从”后多跟时间词语，如“小（时候）”、“今（时）”、“古（时）”等。在《水浒传》、《金瓶梅词话》等书中，都有“自”、“从”连用现象，《型世言》中却没有出现。

3. 于

表示起始点的介词“于”非常少见，在《型世言》中只见 1 例。

陆仲含道：“不可，我不乱之于始，岂可乱之于终?”（11 回）

本句中的对称结构“乱之于始”和“乱之于终”彰显了两个“于”字的不同功能，前者表示起始点，后者则表示终到点。

《型世言》中表示时间起始点的介词并不多，撇开只有 1 例的“于”，只剩下“自”和“从”。就整体来看，介词“自”不仅用例比介词“从”多得多，而且“自”后所接成分也比“从”字丰富，“自”后既可以是名词性成分，也可以是谓词性成分，而“从”后成分多以名词性成分为常。由这类介词构成的介词结构多位于句子之前，充当句首状语。

表 7

介词	自	从	于
用例数量	67	10	1
占自身用法比例（%）	65.69	16.39	0.53
占介词总体比例（%）	1.00	0.15	0.01

（二）时间点（于、在）

这类介词表示动作行为发生的时间。

1. 于

在《型世言》中表示动作行为所发生时间的介词“于”共有 16 例，占其介词用法的 8.47%。如：

①周至只得写道：“裘龙原于本月初三与朱恺争丰相斗，其杀死事情并不得知。”（23 回）

②伊兄李良雨于上年六月中，因患杨梅疮病，溃烂成女，与同贾吕达为妻，已经审断讫。（37 回）

③世名道：“世名能刃王俊于今日，怎不能恕王俊于当日?”（2 回）

④婆婆，莫怪我直嘴。此造生于庚日，产在申时。(35 回)

由“于”构成的介词结构既可以位于谓语之前作状语，如例①、②，也可以处于谓语之后充当补语，如例③、④。例④中“生于庚日”和“产在申时”对举，此时，“于”和“在”的功能是完全一致的。

2. 在

正如上述，有时介词“在”和“于”一样，也具有表示时间点的功能。“在”的这种用法在《型世言》中共出现 31 例，占其介词用法的 2.08%。如：

①在先一周时，也曾为他用了三百两，定下一个樊举人女儿。(15 回)

②无边好光景，行乐在三春。(10 回)

③这样小厮，死在眼下了，不若打死，明日去赖姚家。你的钱势大，他两个料走不开。(13 回)

由“在”构成的介词结构既可以处于谓语之前充当状语，如例①，也可以处于谓语之后充当补语，如例②、③。

《型世言》中表示动作行为发生时间的介词都比较少，一共只有 47 例。介词“于”后多接具体的时间名词，如“于今日”、“于上年六月”、“于庚日”；介词“在”后面常接时段名词，如“在眼下”、“在三春”等等。由这类介词构成的介词结构都既可以在谓语前充当状语，也可以在谓语后充当补语。

表 8

介词	在	于
用例数量	31	16
占自身用法比例（%）	2.08	8.47
占介词总体比例（%）	0.46	0.24

（三）终到点（到、至、及至、及、于、投）

这类介词表示动作行为发生时间的结束点。

1. 到

“到”表示行为持续的终到点，汉代已有较多的用例，如《史记·乐书》：“汉家以正月辛祀太一甘泉，以昏时夜祀，到明而终。”《型世言》中介词“到”表示时间终到点的用法，虽然逊色于表示处所的终到处，但也是介词“到”的另一个重要用法，共出现用例 197 个，占其介词用法的 25.96%。如：

①思量半夜，到天明反睡了去。(11 回)

②到晚，森甫对其妻赵氏的道：“……”(19 回)

③满寿吃了两钟酒，等到日斜，不见人来，叫满四去催促。(17回)

④就是这般十弟兄，直吃到夜半。(15回)

由“到”构成的介词结构既可以处于谓语之前充当状语，如例①、②，又可以处于谓语之后充当补语，如例③、④。

2. 至

表示时间的终到点是介词“至”的另一个重要用法，《战国策》中已有这种用例，一直沿用到近代汉语中。《型世言》中这种用法的“至”共见29例，占其介词用法的33.33%。如：

①不料角战之时，自辰至未，胜负未定。(1回)

②自早至晚，巴家做活，再不躲一毫懒。(31回)

③姜性桂质，至老不变。(12回)

④他后来日精禅理，至九十二岁，趺坐而终。(35回)

例①、②都有“自……至”格式，表示范围。

3. 及至

介词“及至”汉代已见，如《史记·儒林外传》：“及至秦焚书，书散亡益多……”这种用法沿用于后世。“及至”在《型世言》中共有23例，且无一例外都表示终到点。如：

①及至蹲在地上时，又露出一件又长又大好本钱。(5回)

②及至程奶奶着人来望，送些饭来，这些狱卒见他不来使用，故意着牢中死囚都抢去吃了。(8回)

③及至将拢身说句话儿，那女子翩然去了。(38回)

“及至”后常接谓词性成分，且结构形式一般比较复杂，由它构成的介词结构常充当句首状语。

4. 及

《型世言》中表示时间终到点是介词“及”最重要的用法，共有11例，占其介词用例的33.33%。如：

①未及选官，因与同乡李天祥进士、同年邹智吉士……(20回)

②及半饷不见拿出来，也待问他，听得此语，已心会了。(19回)

③将及月余，李良雨的本钱用去好些。(37回)

确切地说，由“及”构成的介词结构并非全部表示终到点，有时它也表示时段，如例②、③。

5. 于

表示终到点的“于”并不常见，在《型世言》中只有3例，而且其中有2例是“至于”。

①忠义之名，传于万古。(1回)

②至于病时，或是生意在手，又是单身，进里面长久恐有失脱，毕竟又要怨我。(3回)

③本月初三日裘龙与朱恺争这陈有容相斗，口称要杀他二人。至于杀时，并不曾见。(23回)

例②、③中的“至于”并非凝固成词，此时“至”为动词，“于”为介词，表示终到点。

6. 投

据杨伯峻、何乐士（1992），“投”表示终到点，后随时间词语，义近“至、到”①，汉代有例，晋、南北朝沿用，宋代比较常见，现代汉语已不见踪迹。“投”在《型世言》中只见1例，而且出现在诗句中，可以推测，“投”在明代已基本不用了。

投老欲从猿作伴，抒忱却有蚌倾心。(39回)

《型世言》中表示时间终到点的介词主要有“到、至、及”3个，但这一用法都是它们相对比较集中的用法。另外，复合介词“及至”也不容忽视，其后所接成分以谓词性为常，且所有用例都无一例外地表示终到点。表示时间终到点的介词“到”、“至”和“及”的用法在很大程度上具有一致性，从形式上看，其后所接成分都既可以是名词性的，也可以是谓词性的；从功能上看，由它们构成的介词结构既可以在谓语前充当状语，也可以在谓语后充当补语。另外，“投”表示终到处的用法，如今已消失不见。

表9

介词	到	至	及至	及	于	投
用例数量	197	29	23	11	3	1
占自身用法比例（%）	25.96	33.33	100	33.33	1.59	100
占介词总体比例（%）	2.95	0.43	0.34	0.16	0.04	0.01

（四）时机（乘、趁）

这类介词表示动作行为发生所利用的某个时机。

1. 乘（着）

“乘”的本义为动词，“登木”之义，引申为“登高”、“登车、乘舟”之义，

① 上古汉语中，“投、提”是同义词，都有“投掷”义。据王力《同源字典》，“提”和“掷”是同源词。王力云：“‘掷’古属定母，与‘提’支锡对转，声甚相近，故得同源”。“提”与“逮”古属定母，读音相近。“逮”有“抵、至”义，有表示终到点的功能，辗转相因，“投”也就有了这样的功能和用法。

“乘”作动词时其后的宾语一般为表示交通工具的名词，当宾语表示某种可以利用的势态时，“乘”就有了向介词转化的可能，介词“乘”在战国时期就已萌生，到汉代成型。[①] 发展到现代汉语，“乘”只能作为构词语素出现，如“乘虚、乘机”等。介词“乘”表示时机的用法是从表示凭借的用法转化而来的（见本章第四节）。表示时机的介词“乘”在《型世言》中共有32例，占其自身用法的53.33%。如：

①相去不远，乘着黑夜过来，轮流歇宿。(4回)

②田有获乘此机会，也写得十来亩田。(29回)

③蓝氏乘机道：“徐家外甥说要他。”(21回)

④这一定你平日贪他姿色，这日乘他未起，家中无人，希图强奸。(5回)

⑤不料那竹秀发起性来，乘他个不备，一掀，把颖如掀在半边，跑出房门。(28回)

“乘”后既可以是名词性成分，如例①~③，也可以是谓词性成分，如例④、⑤。尽管“乘机”屡屡出现，但笔者并不认为它已凝固成词，因为除“乘机”之外，与此意义相近的表达还有诸如“乘此机会”等，如例②。

2. 趁

“趁”原先不是雅言（共同语）词汇成员，大概是个方言词。[②] 南北朝时宋人何承天《纂文》云：“关西以逐物为趁。”可见，“趁”的方言来源有据可寻。“趁”最初也是动词，是“追逐”的意思，介词“趁”便是由此发展演变而来，始见于唐代文献，宋代以后用例渐多，到明代又出现了“趁着”形式，后一直沿用下来。《型世言》中介词“趁”的这一用法共有12例，占其介词用法的66.67%。《型世言》中的“趁”，用法基本上同“乘”。如：

①韦梅轩道：“不要瞒我，趁早计较。”(38回)

②你到老来没个亲儿倚靠，不如趁青年出嫁，还得个好人家。(16回)

③夜间巡逻时，在后边放上一把火，趁人嚷乱时，领了他十二岁小公子去了。(1回)

同“乘”相似，“趁”后既可以是名词性成分，如例①，也可以是谓词性成分，如例②、③，多为主谓短语。

《型世言》中表示时机的介词只有“趁、乘”两个。从数量上看，虽然“乘”占上风，但就其各自的用法比例看，表时机的“趁”反比“乘”要高一些，“趁”占其自身用法的66.67%，“乘”占其自身用法的53.33%。尽管两者有些许差异，但表时机依然是它们主要的功能用法之一。

---

① 尚红：《〈三国志〉介词研究》，山东师范大学汉语言文字学专业硕士学位论文，2004年。

② 马贝加：《近代汉语介词》，中华书局，2002年，第159页。

表 10

介词	乘	趁
用例数量	32	12
占自身用法比例（%）	53.33	66.67
占介词总体比例（%）	0.48	0.18

（五）正当（当、值、适值、恰值、正值）

这类介词强调动作行为正发生于某个时间，基本上相当于“当”。

1. 当

时间介词“当”在先秦时期就已经产生，如《左传·襄公》：“当今吾不能与晋争。”近代汉语中继续沿用，至今仍活跃在现代汉语中。《型世言》中这种用法的介词“当”共有 24 例，都表示正当。如：

①若当事机仓猝，成败治乱只在转眼之间，毕竟要个见机明慧，才是做官的手段。(22 回)

②当晚，日休又做东道请韦梅轩……（38 回）

③当父亲被害时，岂不难挺剑刃仇？(2 回)

④每晚当月白风清时，仍旧去观察天象。(8 回)

⑤那王览当母亲要药死王祥时，他夺酒自吃，母亲只得倾了。(13 回)

表示“正当”的介词“当”，往往和“时”配套使用，形成“当……时”的格式，如例③~⑤。

2. 值（类）

介词“值”表示正当，在《型世言》中共有 13 例，是其在《型世言》中所有的介词用法。另外需注意的是，除“值”外，《型世言》中还出现了有关“值”的组合结构“适值”、“恰值”、“正值”等，它们和“值”一样，都表示“正是……时”，在句子中作时间状语。

● 值

①到如今因做亲在家，又值寡妇见儿子、媳妇做亲闹热，心里也热，时时做出妖娆态度，与客人磕牙撩嘴，甚是不堪。(6 回)

②未几才娶得一个妻子，又值了双亲交病，日间汤药不离，晚夕告天祈代，那有工夫到书上？(8 回)

● 适值

③到十五六岁时，适值连年大熟，家中到也好过了。(9 回)

④适值沈实不在，花纹更筆一嘴道："趁他不在，盘了当，另换一个人罢。"（15回）

● 恰值

⑤秦凤仪到京，恰值司成考试，取了前列。（20回）

⑥这日恰值守道临府，只得离县往府迎接。（22回）

● 正值

⑦荏苒半年，正值靖难兵起，朝廷差长兴侯耿炳文领兵征讨，着他管理四十万大军粮草。（1回）

⑧正值邓氏在门前闲看，忽见女墙上一影，却是一个人跳过去。（5回）

"值"类介词后接的宾语多为谓词性成分，又以主谓短语为多。

《型世言》中表示"在……时"或"正是……时"的时间介词有"当、适值、恰值、值、正值"5个。其中介词"当"的用例数量最多，共24例。而介词"适值"、"恰值"、"正值"、"值"的用法功能几乎一致，因此不妨把它们合称为"值（类）"介词，它们之后绝大多数为谓词性成分，尤其以主谓短语为常。由此类介词构成的介词结构既可以处于谓语前充当状语，也可以在句首作句首状语。与稍前的《水浒传》相比，《水浒传》还多出了一个"方"及其介词组合"方当"，不过用例也不是很多，其中"方"7例，"方当"仅有2例。由此可以看出，"方"类逐步被淘汰出局，"当"和"值"类正处于并存争竞阶段。

表11

介词	当	适值	恰值	值	正值
用例数量	24	20	16	13	12
占自身用法比例（%）	64.86	100	100	100	100
占介词总体比例（%）	0.36	0.30	0.24	0.19	0.18

（六）临近点（临）

正如前所述，介词"临"除具有表示临近处的功能之外，还具有表示临近点的功能。表示临近点的时间介词"临"产生于汉代。如《史记·大宛列传》："临死谓其父昆莫曰：'必以岑娶为太子，无令他人代之。'"时间介词"临"在《型世言》中共有37例，数量远远超过其表示临近处的用法，是其在《型世言》中最重要的功能，占其介词本身的86.05%。如：

①解下腰间金带打去，众寡不敌，为宁王所擒，临死时也不肯屈膝。（1回）

②临期我自教导你，决不做出来。（3回）

③翘儿临别时，母子痛哭。(7 回)

④正是鸡骨空床不久支，临危执手泪交垂。(10 回)

表示临近点的“临”往往和“时”配套使用，构成“临……时”的格式，其间插入的语汇，可以是名词性成分，也可是谓词性成分，由它构成的介词结构常作句首状语。

总结：时间、处所类介词是《型世言》中最主要的介词，其中处所类介词高达2 379个，时间类介词共有 555 个，两者之和占《型世言》中介词总体用法的43.99%。就单个介词而言，“在”居处所类介词首位，达1 426 个，占其自身介词用法的95.51%，占《型世言》中介词总体用法的21.38%；“到”居时间类介词首位，用例共 197 例，占其自身介词用法的 25.95%，占《型世言》介词总体用法的2.95%。

第二节 凭借、方式类介词

一、凭借介词

(一) 凭借 (以、凭、乘、用、把、靠、倚、趁、依、因、将)

这类介词表示动作行为发生所凭借的某人、某物、某事或某种条件。

1. 以

“以”字在甲骨文中是一个动词，西周以后是一个非常活跃的虚词，先由动词虚化成介词，再由介词虚化成连词，或构成固定结构，再凝固成词，转化成构词语素。中古以后，“以”逐渐衰落，被新的介词所取代，但是仍作为古语成分保留至今。①《型世言》中，介词“以”表示凭借的用例共有 40 例，占其介词用法的 23.67%。“以”后的名词性成分就是动作行为发生所凭借的方式、手段或条件、身份，与介词“以”构成介词短语在动词前作状语。如：

①不遇盘根错节，何以别利器！(1 回)

②望见程编修道：“程卿何以策我?”(8 回)

③这须以术驾驭他才妙。(24 回)

④李公子收了这些簪珥，道：“正是，炎凉世态不足动我，但他以宦室女随我，甘这淡薄，又叫他受人轻笑，亦是可怜……”(18 回)

⑤又因苗夷畔服不常，议要恩威素著大将镇守，题请把沈参将以副总兵管参将事，驻札田宁府。(24 回)

---

① 郭锡良：《介词“以”的起源和发展》，《古汉语研究》1998 年第 1 期。

例①、②中的“何以”其实就是“以何”即“凭借什么”，“何以”这种组合在《型世言》中常可见到，例④、⑤中“以”后的宾语都表示凭借某种身份。

2. 凭（着）

“凭”原本是动词，是“依几也”（《说文》）。先秦时期，“凭”已有“靠、倚”义，而不限于“几”。至东汉，“凭”的后随名词逐步扩大，其词义进一步引申为“倚仗、凭恃”，凭借介词“凭”就是由此演变而来。晋、南北朝是其萌生期，至唐发育成熟。介词“凭（着）”在《型世言》中的介词用例共有34例，而表示凭借的就有32个，占其自身介词用法的94.12%。由介词“凭（着）”构成的介词结构主要表示动作行为所凭借的物（或人），常位于谓语之前充当状语。如：

①满四道：“凭着咱胆气，料没得与他拿去，只他官兵来奈何?”（17回）

②凭着这张嘴，一双眼睛，看见衣服齐整的拱上一篇，衣衫蓝缕的将上几句，一两句讨不马来，只得葫芦提收拾。（31回）

③他只凭了一个张继良，不能为民辨明冤枉。（39回）

3. 乘

表示凭借（有利条件）的“乘”战国时期已有用例，后沿用之。此种用法的介词“乘”在《型世言》中共有28例，占其介词用法的46.67%。如：

①王世名便乘势一推按在地，把刀就勒。（2回）

②便依他言语，乘靖难兵在大宁，乘虚攻他北平。（8回）

③马巡抚道：“贼首已擒，城中丧胆，可乘势攻城。”（17回）

介词“乘”后经常出现的名词性成分是“势”、“虚””等，表示动作行为所凭借的有利条件。例②中出现了两个“乘”字，虽然结构形式有别——前者后接主谓短语，后者后接形容词性成分，但语义内容都是一样的。

4. 用

“用”表示凭借，在《诗经》中已有用例，后沿用之。介词“用”在《型世言》中表示凭借的用例不是很多，而且有时与表示工具的用法交叉、渗透。为便于操作起见，我们把表示抽象工具的用法归于凭借介词，把表示具体工具的用法归于工具介词。表示凭借的“用”共有17例，占其介词用法的37.78%。如：

①总督道：“这等明日你可着他到东山口，我这里用计擒他。”（17回）

②钱公布心中便也怏怏，道：“这不识好的，须另用法儿敲他。”（27回）

③初时翠翘尚在疑惧之际，到后来见徐和尚输情输意，便也用心笼络他。（28回）

上述之例中，“用”后的宾语无疑都是抽象工具，即所凭借的方式、方法和手段，如“用计”、“用法儿”、“用心”等等。

5. 把

“把”也能表示凭借，如《古今小说·滕大尹鬼断家私》（卷10）：“教我母子两口，把什么过活?”“把”表示凭借的用例在《型世言》中共有4例，所凭借的有物、有事，也有人。

①每遇解审，审录时，上司见他义气，也只把一个抵命，并不深求。(13回)。

②若是个处困时，把那小人图报的心去度量他。(14回)

③我如今听相公说，饶你这干狗命！再来引诱，我把老性命结识你！(15回)

④就如目下魏忠贤，把一个“三案”，一网打尽贤良。(36回)

6. 靠（着）

“靠”表示凭借，明代有见，如《水浒传》(第39回)：“牢里哥哥饭食，朝暮全靠着你看觑他则个。”介词“靠（着）”在《型世言》中只表示凭借，共有8例。如：

①初时还靠个亲娘顾看，到后头自己生了女儿，也便厌薄。(4回)

②他母亲原待要靠陈有容过活，便假吃跌收了他礼物，与他往来。(23回)

③他兄弟两个原靠田庄为活。(37回)

7. 倚（着）

“倚（着）”在《型世言》中共有7例，无一例外都是表示凭借。如：

①临江侯倚部下有兵万余，叫奋勇杀上去。(9回)

②这阉奴王振，倚着人马多，那里怕他?(17回)

③陈相公倚势强奸他妻岑氏，以致身死。(27回)

另外，《型世言》中也出现了组合结构“倚恃”表示凭借的用法。

一个富尔谷，年纪虽大，一来倚恃家事充足，无心读书，又新娶一妻，一发眷恋不肯到馆。(13回)

8. 趁（着）

介词“趁”和“乘”的用法差不多，但在《型世言》中，表示凭借并不是介词“趁”的主要用法，只有6例。如：

①他疑你，你也疑他。使他不防备你，便可趁势入海，得以自由。(7回)

②若打交昏晕好了，或者打得他这把刀落，喻提控趁势把老爷抢进后堂，咱们这里短刀石块一齐上，怕不拿倒他?(22回)

③总之趁着这何知县，尝与他做些歪事，戏脸惯了，倚他做个外主文。(30回)

例③中，出现了“趁着”和“倚”两个凭借介词，具有相辅相成之效。

9. 依

表示凭依的介词“依”最早出现于汉代，魏晋南北朝常见，沿用至今。表示凭借的“依”在《型世言》中只出现3例，占其自身介词用法的14.29%。

①孙依祖泽成翎羽，祖仰孙枝保暮年。(4回)

②家中有几个能干家人，原是要依势攞些钱来靠的，见公子小，门户冷落，都各

生心。(18 回)

③呈为恳恩除逆事。切青年幼丧父，依母存活。(26 回)

10. 因

“因”本义是“依靠”，用作动词。表示凭借方式的介词“因”由此引申虚化而来，于先秦时有了进一步的分化：一是表示“利用、通过某人以办成某事”；二是“凭借、利用某种有利的态势、时机以办成某事；三是“依据、按照某种标准做某事”。[①]两汉至南北朝时期，凭借义“因”的使用较为盛行，宋之后，这种用法呈下降趋势，只保留在一些固定结构中。凭借义的“因”在《型世言》中只出现3 例，占其自身介词用法的 3.85%。

①因便来见纪指挥，纪指挥忙教请进相见。(1 回)

②今圣上有怜惜之意，足下何不因风吹火…… (1 回)

③若他当日也只凭着下司，因人成事，不为他用心研求…… (21 回)

上述之例中所出现的“因便”、“因风吹火”、“因人成事”等都是一些较为凝固的格式。

11. 将

表示凭借的介词“将”，在《型世言》中仅有1 例，且出现于诗句中。

羞将辛苦邀君宠，甘丧遗骸野水边。(8 回)

《型世言》中表示凭借的介词非常丰富，但是每个介词的出现频率都不是太高，最多的介词“以”也只见到40 例。最富有特色的是此类介词还可以依据用法的接近程度，分成若干“介词小组”，如“凭（着）、靠、倚（着）”、“乘、“趁”、“把、将、用”、“依、因”等。再有，此类介词后接成分无非是些“人、事、权、势”等可以凭借的资本、优势。

表 12

介词	以	凭（着）	乘	用	把	靠	趁（着）	依	因	将	倚（着）
用例数量	40	32	28	17	4	8	6	3	3	1	7
占自身用法比例（%）	23.67	94.12	46.67	37.78	0.59	100	33.33	14.29	3.85	0.38	100
占介词总体比例（%）	0.59	0.47	0.42	0.25	0.04	0.12	0.09	0.04	0.04	0.01	0.10

① 马贝加：《近代汉语介词》，中华书局，2002 年，第 278 页。

（二）依据（论、据、依、以、从、随、照、凭、因、循、按）

这类介词是指动作行为发生的依据，由它们构成的介词结构基本上都是在动词前充当状语。

1. 论

现代汉语中表示某种类别或单位的介词“论”，源自古代汉语表示“议论、评议”的动词“论”，其中表示某种类别的“论”在汉代已出现①，表示某种计量单位的“论”则出现于唐代。这两种用法在近代汉语中仍继续沿用，如《水浒传》等。《型世言》中表示依据的介词“论”共有12例，主要表示某种类别。如：

①朝廷论功，封盛总兵为历城侯、充平燕将军。（1回）

②我想那严嵩弄权，只论钱财，管甚功罪？（7回）

③论理他是礼聘，你这边私情，还该断与朱安国才是。（25回）

④官人，如今时势，只论银子，那论文才？（32回）

上述各例“论”后的名词多是表示类别的“功、理、才、钱”等等，表示计量单位的却十分少见。

2. 据

“据”，《说文》云：“持杖也。”“据”在先秦已有“倚恃、依靠”义，且与其组合的名词已不限于具体的人、物，“据德、据法、据效”等已出现，汉代使用较为频繁，后沿用之。介词“据”在《型世言》中表示依据的只有11例，但这是介词“据”在《型世言》中用例最多的用法了，占其自身介词用法高达84.62%。如：

①道中驳道：“据招赶逐，是出有意，尸单多伤，岂属偶然？”（13回）

②且据项总督所奏，止须朱永率宣大精兵五千，沿边西来，贼平自止。（17回）

③据子之言，似感我德。（39回）

3. 依

依据介词“依”是由本义“依靠、倚仗”直接引申虚化而来的。表示依据是介词“依”最主要的用法，《型世言》中只出现了10例，占其自身介词用法的47.61%。如：

①便依他言语，乘靖难兵在大宁，乘虚攻他北平。（8回）

②各将官选精锐从行，依他将令前去。（24回）

③你只明日具呈，我依理行。（31回）

“依”后所接成分多是“言、令、理”等名词，表示动作行为有据可依。

4. 以

表示依据的介词“以”在《型世言》中并不多见，只有8例，占其自身介词用法

---

① 马贝加：《近代汉语介词》，中华书局，2002年，第272页。

的4.73%。如：

①晋公听了，也不胜悲伤，着有司以礼殡葬，仍立庙在绵山。(8回)

②贼势猖獗。连连进京报警，圣旨便拿了陈巡抚，任、吴两总兵并刘参将、冯指挥，俱以军令失机听勘。(17回)

③律以无故杀妻之条，一抵不枉。(21回)

表依据的介词“以”后所接名词多与“规章、制度、命令”有关，如“礼、军令、律”等等，具有极强的权威性。

5. 从

介词“从”来源于本义为“依据”的动词“从”。介词“从”于五代宋时期已见，明代用例较多，一直沿用至今。表依据的介词“从”在《型世言》中出现8例，占其自身介词用法的13.11%。如：

①如今我们计议，一边折命，一边折钱，不若叫他从重断送，七七做，八八敲，再处些银子，养赡你母子，省得使在衙门中。(2回)

②喜得宦囊还好，徐公子将来从厚安葬。(29回)

6. 随

“随”于先秦时便有“跟从”义。表示跟随前人行走，前人有变化，后人也随之而改，后人是依据前人的变化而变化的。“随”表示依据的介词由此而来。“随”在《型世言》中虽只有8例，却是其在本书中最主要的用法，占其自身介词用法的47.06%。如：

①随例饮宴参谒，耽延月余。(11回)

②公子没奈何，只得随着皮匠口里说写去……(26回)

③何知县信得他紧，也就随他说写去。(30回)

7. 照

正如第一节所述，介词“照”的主要功能是表示动作行为所依据的标准，这一介词用法最早见于宋代[①]。“照”在《型世言》中虽只有5例，但依然显示出其主流功能，占其自身介词用法的62.5%。如：

①典史道：“极贫银五钱，谷一石；次贫银二钱，谷五斗。照册序次给散。”(9回)

②我道：“……照这样做去，吃咱上去一连三枝箭，客人只求饶命。”(22回)

③钱公布却令小厮，将文字粘在茶杯下送与他，照本誊录。(27回)

8. 凭

介词“凭”主要表示凭借，但也有表示依据的用法，《型世言》中共有2例。

---

① 马贝加：《近代汉语介词》，中华书局，2002年，第268页。

①天启六年二月凭媒张氏礼聘郑敬川女为妻。(25 回)

②量不出老杜不肯纵人为非的?却凭着妇人女子之见。(36 回)

9. 因

表示依据的介词“因”在先秦已见,如《韩非子·奸劫是弑臣》:“循名实而定是非,因参验而审言辞。”这种功能保留到近代汉语书面语中。表依据的“因”在《型世言》中非常少见,只有 1 例。

两边寡妇,彼此相倚,过了百余日,阴氏因遗言,叫陈氏出嫁。(16 回)

10. 循

介词“循”在《型世言》中只见 1 例。

循例颁了些赏,十营寂然。(22 回)

11. 按

介词“按”在《型世言》中也只见 1 例。

沈实道:“房租是要按季收的,当中银子,也没个整百十支的理。”(15 回)

《型世言》中表示依据的介词使用频率差异并不是很大,以“照”(5 例)为分界点,稍多的“论、据、依”数量分别为“12、11、10”,而“以、从、随”的用例则各有 8 例;较少的除介词“凭”(2 例)外,其余的“因、循、按”各只有 1 例。表示依据的介词和表示凭借的介词在用法上有相似之处,而且有很多词既可以表示依据,也可以表示凭借,只是侧重点有所不同:表示凭借的介词后接的成分多跟“钱、财、权、势”等有关,而表示依据的介词后接的成分则多与“人为的规章、制度”等有关。

表 13

介词	论	据	依	以	从	随	照	凭	因	循	按
用例数量	12	11	10	8	8	8	5	2	1	1	1
占自身用法比例(%)	100	84.62	47.61	4.73	13.11	47.06	62.5	5.88	1.28	100	100
占介词总体比例(%)	0.18	0.16	0.15	0.12	0.12	0.12	0.07	0.03	0.01	0.01	0.01

二、方式介词

(一)工具(把、以、用、将)

这类介词表示动作行为所使用的工具。正如前述,归入工具类的介词宾语多是具体性名词，至于抽象性名词则根据其语义范畴另归他类。

1. 把

表示工具的介词“把”是由含“执、持、拿”义的动词“把”引申虚化而来的，南北朝时已有所萌芽，至五代才有较多用例，后沿用之。“把”在《型世言》中引进工具的用法共见70例，占其介词用法的10.25%。如：

①……又因没青线，把白线缝了。(9回)

②又到洪姬元年五月，李侍讲又上两个时政阙失的本，激怒了圣上，道他出位言事，叫武士把金瓜打。(12回)

③忙把手揿水泼，几件衣服都是酱了。(29回)

④韩成分付叫推，军士一齐把篙子去退，果然两个水窝儿，又下去了。(34回)

上述各例中“把”后所接名词“白线、金瓜、手、篙子”都是具体名词，整个介词结构引进动作行为所使用的工具或材料。

2. 以

介词“以”的用法十分丰富，表示工具在《诗经》中已见，如：“酌以大斗，以祈黄。”后沿用之。“以”在《型世言》中也有表示工具的用例，共38例，占其介词用法的22.49%。如：

①其时胡少卿女故意髡发跣足，以烟煤污面，毁面目。(1回)

②不特西虏，我朝先以冠带羁縻他。(24回)

③此子见他汗流如雨，以皮刀刮之。(35回)

上述各例中“以”后所接名词“烟煤、冠带、皮刀”都是具体名词，整个介词结构处于谓语之前，表示动作行为所使用的工具或材料。

3. 用

介词“用”是由表“使用”义的动词“用”发展演变而来的，早在先秦文献中就已出现。近代汉语中日渐常用，现代汉语中“用”依然十分活跃，是引入工具的常用介词。《型世言》中引进工具的“用”共有28例，是其最主要的用法。如：

①（内中）却也好个房，上边顶格，侧边泥壁，都用绵纸糊得雪白的。(5回)

②因是荡酒的不小心，飞了点灰在里边，斟出来，觉有些黑星星在上，张罗用指甲撩去。(13回)

③又写方道：“用金盏注石，磨药注之，沉香盏服。”(34回)

上述各例中“用”后所接名词“绵纸、指甲、金盏”都是具体名词，整个介词结构处于谓语之前，引进动作行为所使用的工具或材料。

4. 将

“将”表示工具，汉代之前已见，但真正的介词用例始见于南北朝，如庾信《杨柳歌》："欲与梅花留一曲，共将长笛管中吹。"①"将"在《型世言》中表示工具的共有12例，占其介词用法的4.58%。如：

①他闯进去，强去抱他，被他将刷帚泼了一身秽污去了。(6回)

②或时又将丫头们剥得赤条条的，将皮鞭毒打道……（12回）

③可怜那真氏呵：愁深日似深填黛，恨极时将泪洗妆。(29回)

《型世言》中引进工具的介词不是很多。其中用例最多的是介词"把"，共70例，占其自身介词用法的10.25%。介词"用"在引进工具的用法中数量虽不及介词"把"，共38例，但它却占其自身介词用法的62.22%，而且它的这种功能沿用至今，在现代汉语中居于主流地位。再者，"以"的多面性也不容忽视，它几乎分布在《型世言》介词的所有类型中。

表14

介词	把	以	用	将
用例数量	70	38	28	12
占自身用法比例（%）	10.25	22.49	62.22	4.58
占介词总体比例（%）	1.05	0.57	0.42	0.18

（二）顺应（随、因、顺）

1. 随

介词"随"表示顺应，在《型世言》中虽只有6例，但也是其主要用法之一，占其自身介词用法的35.29%。如：

①便随口嘲出个《驻云飞》道："金剪携将，剪出春罗三寸长"。(6回)

②去揭时，那帖粘不大牢，随手落下。(23回)

③只是没本心的银子偏不彀用，随手来，随手去，不多几日，弄得精光。(36回)

2. 因

表示顺应的介词"因"，汉代之前已有用例。《国语·越语下》："古之善用兵者，因天地之常，与之俱行。"这种用法的"因"在《型世言》中仅有1例，且出现在诗句中：

因九霄入谢酒，且辞归，令取之。(7回)

3. 顺

"顺"原来是动词，有"遵循、听从"之义。介词"顺"是由动词"顺"发展演

① 马贝加：《近代汉语介词》，中华书局，2002年，第288页。

变而来。表示顺应的介词“顺”在魏晋南北朝时期已经有较多的用例了。介词“顺”在《型世言》中表示顺应的用法虽然只有3例，但就其自身介词用法比例看，却高达75%。

①这王师姑拜在他门下，因常在张家打月米，顺口替他荐扬。(28回)

②尝恐做官的喜他的颜色，可以供得我玩弄；悦他的性格，可以顺得我使令，便把他做个腹心。(30回)

③有一种佞人，和言婉气，顺旨承欢，浑身雌骨，这便是男子中妇人。(37回)

《型世言》中表示顺应的介词，去掉只有1例的“因”，只有“顺、随”两个，且二者有极强的共性，其后成分大都跟人体部位有关，如“随口、随手、顺口、顺手”等，它们的这种用法一直沿用至今。

表15

介词	随	因	顺
用例数量	6	1	3
占自身用法比例（%）	35.29	1.28	75
占介词总体比例（%）	0.09	0.01	0.04

总结：具有表示凭借、方式功能的介词非常多，但每个介词的用例数量却不是很多，就《型世言》来说，此类介词总和为374个，占所有介词用法的5.15%，与时间、处所类介词数量悬殊。就单个介词来说，其中“以”出现频率最高，共有86例，占其介词用法的48.59%，占《型世言》所有介词总量的1.27%。尽管凭借、方式类介词不如时间、处所类介词界限清晰，但它们依然有自己大致的功能取向，我们认为，凭借类介词侧重于优势资本，而方式类介词则侧重于动作行为的伴随状况。由此类介词构成的介词结构一般处于动词之前充当状语。

第三节　原因、目的类介词

一、原因介词

原因介词主要表示动作行为产生的原因，主要有为、因、以、被、缘、由、吃。

1. 为

“为”用作原因介词，《诗经》已见，不过其当时的宾语都是疑问代词“胡”。后来，“为”后宾语的范围扩大，表原因的介词“为”就沿用了下来。原因介词“为”在《型世言》中十分常见，共103例，占其自身介词用法的24.94%。如：

①夏学道："我日日在你家，说这话，你尊脸为甚么破的？昨日这样热，怎不赤剥？"（13 回）

②如今又为要用人参、不用人参争了。（16 回）

③孙监生道："是了，是了。他说我局赌，应是为龙文鼎起的祸了。"（32 回）

"为甚（什）么"在现代汉语中已成为询问原因的惯用语。

此外，《型世言》中也出现了表示原因的双音节连词"因为"和"为因"。其中"因为"4 例，而"为因"只见 1 例。①

2. 因

正如前所述，由于方式类介词"因"的分化，产生出"凭借……以成事"的语义结构，由此产生了"缘……以成事"之义，原因介词"因"便是其进一步引申虚化的产物。可以说，"因"既可作方式介词，也可作原因介词，其实两者在共时平面上（汉代以前）的区分并不明显。原因类介词"因"在《型世言》中，数量虽不及"为"，只有 73 例，但却是其最重要的的用法，占其自身介词用法的 93.59%。如：

①善世听了，不觉叹道："……生有一女，又因痘没了。"（10 回）

②只是身体因疮累，觉神气不足。（38 回）

③前日有邻人阮胜，因穷将妻子嫁这庾盈。（33 回）

④单邦笑道："他有话，道因屋坍压死，你图赖他，阖家去将他打抢。"（2 回）

⑤问了几次，道："我是侯氏之女，去此不远，因采花至此。"（40 回）

"因"后所接成分十分简洁，但形式多样，既有名词，如"痘、疮"，也有谓词，如"穷"，还有的是短语，如"屋坍、采花"等等。

3. 以

"以"表示原因汉代之前已有用例，如《论语·卫灵公》："君子不以言举人，不以人废言。"后沿用之，保留在近代汉语书面语中。原因介词"以"在《型世言》中共有 49 例，占其自身介词用法的 28.99%。如：

①不敢以功高而有藐孺子之心，不敢以尊属有轻天子之意。（1 回）

②令郎虽云被局，亦以不捡招衅，这学生还要委曲。（27 回）

③张秀才也因事体昭彰，学道以行捡退了前程。（28 回）

④又过月余，华旗牌以功升把总，渡曹娥江。（7 回）

"以"后所接宾语大多为谓词性结构，如例①～③中的"功高、不捡、行捡"等等，也有的是名词，如例④中的"功"。

4. 被

表示原因的介词"被"，最早出现于元代。《型世言》中，"被"字句可说是形式

① 见本书第四章连词系统的讨论。

多样，复杂丰富，“被”的功能也各种各样，不一而足。[①] 表示原因的“被”在《型世言》中并不是其主要用法，只有 5 例，占其自身介词用法的 2.87%。

①李御史又有丝肠没力气道：“两日被胁骨不接，交擦得疼不可言，今早是用挺挹一闪，忽然接了。”（12 回）

②忙来夺时，扯着挂箱皮条，被姚明力大，只一拽，此时九月霜浓草滑，一闪早把朱恺跌在草里。（23 回）

③当日有一个秋尼徒弟管净梵，与妙智年纪相当，被秋尼吃醋，管得紧，两个有心没相，亏得秋尼老熟病死，净梵得接脚，与妙智相往。（29 回）

④二年来犯边，都被项副都设奇制胜，大败鞑贼，一省士乐民安。（17 回）

⑤那女子早被箱子一荡，也滚落水，狠扯箱子，朱安国又是一篙，向妇人手上下老实一凿。（25 回）

上述各例“被”后所介引的原因成分多由主谓短语承担，如“肋骨不接”、“姚明力大”、“秋尼吃醋”、“项副都设奇制胜”、“箱子一荡”等，这样更能清楚地表达事件的原委。

5. 缘

“缘”原为名词，本义是衣裳鞋帽等的镶边，由此引申出“沿、循……（运行）”义（动词性）。在汉语史上，介词“缘”有三个义项，即“依据”、“因为”、“沿着”，均从动词义项发展而来。“因为”义始于战国末期。[②] 介词“缘”引进原因在《型世言》中共有 15 例，也是其在本书中所有的介词用法。如：

①“这事都是你主张，缘何要卖我立功?”（7 回）

②一见便问他缘何衣衫蓝缕，在这异乡?（9 回）

③利仁便叫道：“彼时哥哥与富尔谷结纽在一处，缘何能打人?”（13 回）

表示原因的“缘”，都是和疑问代词“何”搭配使用的，其中“缘何”出现 11 例，“何缘”则只有 4 例，且都以反问口吻出现。如：

④何缘得遂生平愿，化作鸾凰相对飞。（11 回）

⑤何缘得似当垆女，重向临筇谒老亲。（11 回）

⑥茫茫天远无从问，尺素何缘达帝阍。（28 回）

⑦忠孝本同理，何缘复低昂。（4 回）

6. 由

“由”最初是动词，表示原因，《诗经》中已有用例。先秦时期，“由”后的宾语范围逐渐扩大，整个动宾短语大都表示某种罪行、错误、过失的根源，意谓“缘……

① 张云峰：《〈型世言〉特殊“被”字句研究》，《阜阳师范学院学报》（社会科学版）2006 年第 5 期。
② 马贝加：《介词“缘”的产生及其意义》，《山西大学学报》（哲学社会科学版）1996 年第 2 期。

而起”。表原因的介词“由”便由此引申虚化而来。表示原因的介词“由”在《型世言》中只出现3例。

①事由汝辈作，今日俱弃我去，叫我如何？(8回)

②如夫人之死，实由此三人，但不便检验，不若止坐以假牌。(27回)

③妖由人兴，灾云天运。(36回)

7. 吃

同“被”一样，介词“吃”除了表示对象之外，还可以表示原因。表示原因的“吃”在《型世言》中只有4例。

①“可意哥，咱委实喜欢你，真意儿要随着你，图个长久快乐。只吃这攮刀的碍手碍脚，怎生设一计儿了了他，才得个干净。”(5回)

②婆子又吃地方飞申，亏毛通判回护自己，竟着收葬，也费了几两银子，房子也典与人。(6回)

③王尼只得又去，道：“好了，吃我只替他雌儿缠，许出五十两。”(28回)

④江花来对我说，吃我走来。他来白嘴怎处？(29回)

“吃”后宾语多以谓词性成分尤其是主谓短语为常。

《型世言》中引进原因的介词主要有“因、为、以”三个，其中“为”的数量最多，共103例，占其自身介词用法的24.94%；“因”的数量仅次于“为”，共73例，但用法功能却相当集中，占其自身介词用法的93.59%。介词“缘”也不应忽视，《型世言》中“缘何”的复呈性已初步具备了双音词的特质。至于“吃、被”表示原因的用法，只是历史长河中的细浪微波，在现代汉语中已了无踪迹。

表16

介词	为	因	以	被	缘	由	吃
用例数量	103	73	49	5	15	3	4
占自身用法比例（%）	24.94	93.59	28.99	2.87	100	33.33	21.05
占介词总体比例（%）	1.53	1.07	0.72	0.07	0.22	0.04	0.06

二、目的介词

这类介词表示动作行为的目的。《型世言》中引进动作行为目的的介词只有“为（了/得）”1个。

表示目的的介词“为（了/得）”在《型世言》中共46例，占其自身比例的11.14%，这也是近代汉语中最常见的表示目的的介词。如：

①是可为得你，还可多处些，到官烧埋有限。(2回)

②樊氏早已见了光景，道："凡人富时来奉承你的，原只为得富，穷时自不相顾。"（15回）

③可见从今人果实心为儿女去，须得寻好人，学好样。（27回）

④张继良道："是老爷除强抑暴，为了百姓，自然不得乡绅意。"（30回）

目的类介词在《型世言》中只有"为（了/得）"，用例共有46个，仅占《型世言》所有介词总体的0.69%。参见有关的论著文献，有学者把"以"也列入目的类介词，笔者并不认同，虽然"以"有表示目的的用法，但依据其主要的语法功能——主要连接谓词性短语或小句，本书把它处理成"连词"，见《型世言》连词计量研究章。

总结：原因目的类介词从总体上来说功能比较集中、单一，易于把握，但也有一些介词处于游移状态，如"为"，其原因、目的两种功能常常交叉、渗透，难于分辨，需仔细甄别。就数量而言，此类介词共有298例，也是本书所有介词中数量最少的一个次类，只占4.47%。由它们构成的介词结构一般处于谓语之前充当状语。

第四节 对象、范围类介词

一、对象介词

（一）接受者（与、把、于、至）

这类介词表示动作行为的接受对象，相当于介词"给"。

1. 与

表示接受者的介词"与"萌芽于汉代，其时多出现在"施予"义动词之后，后沿用之。《型世言》中"与"兼有动词、介词和连词三种词性。介词"与"共出现945例，也是所有对象类介词出现频率最高的一个。《型世言》中介词"与"表示引进动作接受对象的共有226例，占其自身介词用法的23.92%。如：

①张知县道："拿纸笔来，我写与你。"（22回）

②果然沈刚自此把家事托与沈实，再不外出……（15回）

③不若我问本县大户借银五千，送与二位。（22回）

④回寓对芳卿说了，叫了一乘轿，连他箱笼，一一都交与杨典史。（11回）

引进接受对象的"与"常常和具有"给予"义的动词配合使用，如上述之例中的"托、送、交"等等。

2. 把

介词"把"引进接受者，马贝加认为，清代偶有见之①。其实这种用法在本书中

---

① 马贝加：《近代汉语介词》，中华书局，2002年，第173页。

就已出现，共有6例，占其自身介词用法的0.88%。如：

①先时卢大来长女，已许把一个许彩帛。(14回)

②他又道先前已曾许把一个朱家。(25回)

③这明是庾盈先奸后娶了劳氏，如今虽讨了有夫妇人，怕有后患，故此来谋害他，要移祸把小的们邻里。(33回)

3. 于

"于"引进接受者，汉代之前已见用例，如《诗经·皇矣》："既受帝祉，施于孙子。"汉代沿用。在近代汉语中，接受者"于"逐渐被"与、给"所取代。"于"在《型世言》中表示引进接受对象的仅有4例，占其介词用法的2.12%。如：

①仅以上帝封翠翘事泄于人，后胡卒以糜费军资被劾下狱死，言卒验云。(8回)

②着江夏侯护送岑伯颜为田州土官知府，职事传授于子孙，代代拥继承袭。(24回)

③财物有主，詹博古还是以财求的，孙监生便以术取，王司房却以势夺，如今都不能得，终归于我。(32回)

4. 至

引进接受对象的"至"，在《型世言》中仅见2例。

①贪花郎累及慈亲，利财奴祸贻至戚。(27回)

②但这表要直符使者传递，要进天门，送至丘、吴、张、葛各天师，转进玉帝。(28回)

上述例子中的"至"也常常跟在"施予"义动词如"送、贻"之后，表示引进接受者。

《型世言》中表示引进接受对象的主要介词只有一个"与"，共226，占其自身介词用法的23.92%。其他几个表示接受对象的介词，虽然各自的数量都低于10例，而且在现代汉语中业已消失，但它们的文献语料价值却不容忽视，它们的出现和消亡恰恰反映出语言的动态历史变化。

表17

介词	与	把	于	至
用例数量	226	6	4	2
占自身用法比例（%）	23.92	0.88	2.12	2.30
占介词总体比例（%）	3.35	0.09	0.06	0.03

（二）协同者（与、同、替、和、跟、于、向、从、共）

此类介词表示动作行为的协同对象，相当于现代汉语中的介词“跟、和”等。

1. 与

“与”引进协同者，《诗经》中已有较多用例：“死生契阔，与子成悦。执子之手，与子偕老。”这种用法一直沿用至今。引进协同者是介词“与”在《型世言》中又一重要用法，共有447例，占其介词用法的47.30%。如：

①好笑一个李实甫，那一个豪门宦族，除没女儿的罢了，有女儿的便差上两三岁，也都道好个公子，要与他结亲。（18回）

②只因他有了才，又有侠气，缙绅都与他相交。（20回）

此种用法的“与”后所接的宾语往往有省略的情况，这恰恰也是连词“与”所不具备的语法特征。如：

③世名道：“前日与和，原非本心，只因身幼母老，无人奉养，故此隐忍……”（2回）

④及至坐席，四人自坐一处，不与同席。（18回）

例③、④中的“与”后宾语都承前省略了，这种状况在古代、近代汉语中都是十分普遍的。

2. 同（着）

介词“同”是由“共同、偕同”义的动词“同”虚化而来，始见于唐代。[①] 动词“同”发展成为介词主要受其同义词“共”的影响。但引进协同对象的介词“同”在《型世言》中共有30例，而介词“共”却只有1例。可见，宋元明时期，受“共”的影响发展成为介词的“同”反而越来越占优势了。“同（着）”在《型世言》中的用法比较单一，表示动作行为所协同的对象，由它构成的介词结构作状语。“同”的这种用法在现代汉语中也很普遍。如：

①这边建文君入官，那边程道者已同胡僧去了。（8回）

②富财不敢做声，只好同妻子暗地里哭。（13回）

③陈望湖道：“你如今且回去，再接他阿哥，同着我们劝他一番……”（26回）

3. 替

在近代汉语中，“替”与“和”一样，也可以表示协同对象。李崇兴（1994）认为，“替”也可以引进协同者，他引了《元曲选》宾白和《拍案惊奇》、《西游记》、《海上花列传》的例子。表示协同的“替”在《型世言》中共出现18例，占其自身介词用法的20.45%。如：

---

① 马贝加：《介词“同”的产生》，《中国语文》1993年第2期。

①这妇人听了，把脚来连顿几顿，道："……明早央你替我同去寻他。"（26回）

②一破了阵，便日日戏了脸，替这两个小厮缠。（28回）

③且是会养女儿，替个里皮三哥一发过得好。（33回）

"替"的这种用法在《金瓶梅词话》、《水浒传》中都没有见到。马贝加（2002）认为，"替"当是元明时期吴语中的引进协同者介词。倒是在《金瓶梅词话》中，"替"有引进动作、行为所涉及对象的作用。如：

李瓶儿说毕，望着他笑嘻嘻说道："今日与孩子定了亲，累你，我替你磕个头儿。"（41回）

这种用法《型世言》中未见。

4. 和（着）

"和"本义是"声音相应，和谐地跟着唱或伴奏"，后引申为"伴随着、连带、连同"，这成为动词"和"虚化为介词"和"的关键。① 介词"和（着）"在《型世言》中的用例并不多见，共见12例，而其中就有10例是表示协同对象的，占其自身介词用法的83.33%。如：

①霍氏道："这你也是一起的，你阎罗王家去寻王喜，咱只和你两个县里去。"（9回）

②这真氏原是个本分人，先着了气，不和他争。（29回）

③吕达和着一个妇人在那厢开酒饭店问他哥哥，他道这妇人便是。（37回）

5. 跟

在"和"类虚词中，"跟"字虚化的时代最晚，它是由"跟随、随同"义的动词"跟"引申虚化而来。当初，"跟"和"从"意义相近。"从"发展演变为介词后，"跟"受其影响也逐步转化为介词，这和介词"共"与"同"的情况极为相似。在现代汉语中介词"跟"引进协同对象的用法很常见，但在《型世言》中却只有7例，不过它们都表示协同对象。如：

①掌珠道："我原叫你不要出去，若在家里，你娘也不得跟人走了。"（3回）

②他是元时义兵统领，归降作了燕山佥事，领兵跟临江侯做前哨。（9回）

6. 于

"于"引进协同对象，《诗经》有例，如："如彼筑室于道谋，是用不溃于成。"杨伯峻、何乐士（1992）认为，"于"引进协同者，春秋战国时期用例很少，汉代以后更很少见到，在近、现代汉语中这种用法已消失。笔者以为，这个论断不甚确切，"于"引进协同者在本书中亦出现过，共有2处。

---

① 陈昌来：《汉语介词的发展历程和虚化机制》，《柳州职业技术学院学报》2002年第3期。

①予竟落此。倚门献笑，何以为情？于君昔日之言俱验，使予当日早从君言，嫁一村庄痴汉，可为有父兄夫妻之乐，岂至飘泊东西，辱亲亏体？（11 回）

②识者犹以孟端有才未尽用，不得如刘伯温共成大业，是所深恨。然于朋友分谊，则已无少遗恨，岂不是今人之所当观法！（14 回）

7. 向

“向”偶尔也能引进协同对象，《型世言》中只有 2 例，且都出现在诗句中：

①休将七尺昂藏骨，却向狂夫换浊醪。（15 回）

②姻缘复向他人结，讼狱空教成雀鼠。（25 回）

“向”引进协同对象的功能尽管不见于现代汉语中，但上述之例中的动词“换、结”却提供了极为重要的理解线索。

8. 从

表示协同对象的介词“从”是从“随从”义的动词引申虚化而来。《型世言》中表示协同对象的“从”只有 1 例，而且出现于诗句中：

投老欲从猿作伴，抒忱却有蚌倾心。（39 回）

这种用法在现代汉语中已经消失。

9. 共

“共”在上古汉语中，用作副词的情况比较多，引进对象的介词用法萌生于南北朝时期，到唐朝，介词的性质已十分明确。《型世言》中介词“共”表示引进协同对象的只有 1 例：

今日姜兄有红哥作伴，陆兄、王兄无偶，可共我三人清谭。（11 回）

《型世言》中引进协同者的介词是比较丰富的，不过使用的频率却参差不齐。用例最多的是介词“与”，共 447 例；而最少的只有 1 例，如介词“从、共”；其中“替、向、从、共、于”表示协同对象的功能在现代汉语中已消失不见。这类介词后的宾语绝大多数是指“人”名词。由它们构成的介词结构一般处于谓语之前充当状语。

表 18

介词	与	同（着）	替	和	跟	于	向	从	共
用例数量	447	30	18	10	7	2	2	1	1
占自身用法比例（%）	47.30	76.92	20.45	83.33	100	0.03	1.79	1.64	100
占介词总体比例（%）	6.64	0.45	0.27	0.15	0.10	0.03	0.03	0.01	0.01

（三）受益者（为、与、替、把）

这种介词表示动作行为受益的人，相当于介词“替、为”。

1. 为

“为”引进受益者，汉代已见，如《汉书·龚胜传》：“朝廷虚心待君以茅土之封，虽疾病，宜动移至传舍，示有行意，必为子孙遗大业。”“为”后来也被“与、给”所取代。上古汉语中已经有此用法，《型世言》中引进动作行为受益对象的介词“为”共有208例，占其介词用法的50.36%，是介词“为”最重要的功能用法。如：

①尔等若能为我讨捕，便以功赎罪。（22回）

②只是家有老母，求君为我看管耳。（24回）

有时“为”后的宾语省略。如：

③亲族邻里又为扣头求饶，县尊也就将就。（25回）

④次日，果然吏温具呈，他便为清查，原系别籍。（31回）

2. 与

介词“与”在《型世言》中引进受益对象的用法也比较多见，共有121例，占其介词用法的12.80%。如：

①叫采菱道：“你与我将来藏在陆相公鞋内。”（11回）

②那官道：“张爷可点八个精壮汉子与咱拿着，张爷自送咱到城门外。”（22回）

③“关你甚事，你与他出色？”（23回）

“与”后的宾语主要是人称代词，如上述之例中的“我、咱、他”。

3. 替

介词“替”是近代汉语中新出现的一个介词，由六朝时表“代替”义的动词“替”发展演变而来，至晚在唐代已虚化为介词，如白居易《山枇杷花二首》：“为他作保见，替他说道理。”“替”在《型世言》中表示受益者的功能十分显著，出现69例，占其自身介词用法的78.41%。如：

①自己就在杭州，替户大来照管二女。（14回）

②待我替你筹画。（23回）

③妇人道：“如何等得他回？一定累你替我去寻他。”（26回）

另外，《型世言》中出现“替”和“就”连用的情况，不过，此时的“替”、“就”是“代替”之义，依然是动词。如：

客官不若留下他在舍下，替就老夫这些用儿，便在这里吃些家常粥饭，待客官回来再处，何如？（1回）

4. 把

表示受益者的“把”在《型世言》中极为少见，仅有1例：

水心月道：“兄呀，他当日看鼎分上，便把你多推些。如今论银子，他自要一百八十两。”（32回）

《型世言》中引进动作行为受益对象的介词“为”的使用频率最高，共见208例；其次是介词“与”，出现了121次；“替”虽然数量不及“为、与”，但在《型世言》中受益介词是它最重要的用法，占其自身介词用法的78.41%。由它们构成的介词结构一般位于谓语之前充当状语。

表19

介词	为	与	替	把
用例数量	208	121	69	1
占自身用法比例（%）	50.36	12.80	78.41	0.15
占介词总体比例（%）	3.09	1.80	1.02	0.01

（四）涉及者（于、及、在、到、与）

这种介词表示动作行为所涉及的对象，相当于介词“对”，也有些类似于表示方向的介词。

1. 于

“于”引进涉及者，先秦至汉代已见。如《论语·公冶长》：“吾始于人也，听其言而信其行；今吾于人也，听其言而观其行。”后来，“于”的这种功能被“对于”所取代。表示涉及者的“于”在《型世言》中共有26例，占其自身介词用法的13.76%。如：

①这一定是他做的，诗中词意似有意于我。（11回）

②原不曾有私于你，钱也不要，还敢污蔑你么？（31回）

③蒋日休见了，有心于他，赶上前……（38回）

由“于”构成的介词结构常位于谓语之后充当补语。

2. 及

表示涉及者的“及”，义近“至、到”，最初为动词，后逐渐虚化为介词，表示引进涉及对象，由此又再次引申，表示涉及范围。表示涉及对象的“及”早在先秦就有所见，如《诗经·大雅·假乐》：“之纲之纪，燕及朋友。”这种用法的“及”在《型世言》中共有9例，占其自身介词用法的27.27%。如：

①你父亲被拿至京，必然不免，还恐延及公子。（1回）

②仲含道:“我寒儒有甚阴德及人?”(11回)

③如尚书固执,不唯此女不保,还恐祸及池鱼。(39回)

3. 在

介词“在”也有表示涉及对象的用法,先秦已见用例,如《左传·昭公九年》:“我在伯父,犹衣服之有冠冕。”近代汉语中“在”的这种用法逐渐趋于消失。表涉及对象的“在”在《型世言》中只有8例。如:

①在那媳妇,也有不好的,或是倚父兄的势,作丈夫的娇……(6回)

②有官的与世家不必言了,在那一介小人,也桩起憨来。(23回)

③这在老大人可以免祸,在教官可以不致取怨。(30回)

4. 到

表示涉及对象的“到”在《型世言》中非常少见,只出现4例。

①如今买来的只够供养阿婆,不得轮到你,怕淘坏身子。(3回)

②这搭袄子,可也有半寸厚,光耀耀的,油腻却无一些儿轮到他。(17回)

③或是亲家,或是好友,甚是出荐馆钱与他陪堂,要他帮衬,如何轮得到平常人?(19回)

④轮到虞姬身上,至死犹然恋恋。(26回)

5. 与

表示涉及对象的“与”在《型世言》中只见1例:

不知那卖主怕他打退船鼓,也听与他。(19回)

此句中的“与”也可以理解为引进受事者,即“也听他(的意见)”,“与”可以省略。

《型世言》中引进涉及者的介词用例并不太多,最多的介词“于”也不过26例。表示涉及者的功能与下文论及的表示范围的关涉功能虽有共性,但有本质的不同,前者涉及的对象侧重于“人”,后者则侧重于事件发生的“方面或范围”。由此类介词构成的介词结构绝大多数处于谓语之后,充当补语。

表20

介词	于	及	在	到	与
用例数量	26	9	8	4	1
占自身用法比例(%)	13.76	27.27	0.54	0.53	0.11
占介词总体比例(%)	0.39	0.13	0.12	0.06	0.01

（五）施事者（被、为、吃、与、于、教、把、叫）

1. 被

介词“被”是由表“遭受”义的动词“被”虚化而来[①]，一般认为介词“被”萌芽于战国时期，发展于魏晋南北朝时期。“被”同“受、蒙、遭、荷”等在汉语史上原本属于同一个次类，可以称为“蒙受”次类或表被动次类。《型世言》中“被”字句复杂多样，[②]表示施事者的“被”在《型世言》中共出现169次，是其最重要的用法，占其自身介词用法的97.13%。如：

①铁尚书全家反被这些贪功的拿解进京。(1回)

②我被他借小姑病重赚我来时，眼目已气昏了，也未必能见你。(3回)

③还有两碗米饭，一个小沙弥半日夹不上，这番扑起灶上来盛，被他扯住耳朵，一连几个栗暴，打得沙弥大哭。(34回)

④这巡抚没担当，见人来一跑，反被他拿去，把他丢在草荐上。(22回)

⑤王原见了也走来作上一个揖，老者问少年何来，王原把寻亲被溺之事说了，老者点头道：“孝子，孝子！”(9回)

⑥汪涵宇极了，买求，被二个身边挤了一空。(6回)

同现代汉语相比，近代汉语中的“被”字句，结构要复杂得多，如例③，“被”字句中的动词性成分本身就是一个结构较为松散的连谓式，而表示动作伴随方式的“一连几个栗暴”的插入，更给整个句子增添了几许复杂。再如，例④、⑤中“被”和“把”共现，例⑥则更为特殊，“被”后施事者（二个人）和当事者（汪涵宇）共现，这在现代汉语中是不曾见过的。

2. 为

介词“为”引进动作行为的施事者在汉代之前就有用例，在汉代可能已发展成口语词，如《汉书·郑崇传》：“傅太后大怒曰：‘何有为天子乃反为一臣所颛制邪！’”“为”引进施事者在《型世言》中有55例，占其自身介词用法的13.32%。如：

①不料李景隆累次战败，在白沟大为永乐爷所破。(1回)

②朱恺仍旧与陈有容往来，又为姚明哄诱，渐渐去赌。(23回)

③看将起来，真是巧为拙奴，巧为拙笑。(27回)

3. 吃

表被动之义的介词“吃”本义是表示“吃食”义的动词“吃”，自唐代始有“遭受”义，“吃”的被动用法即来自于“遭受”义[③]。在古代汉语和近代汉语中“吃”也成为被动句的主要标志之一，但在现代汉语中这一用法已经消失。《型世言》中表

---

① 王力：《汉语史稿》，中华书局，1980年，第430页。

② 张云峰：《〈型世言〉特殊“被”字句研究》，《阜阳师范学院学报》（社会科学版）2006年第5期。

③ 江蓝生：《被动关系词“吃”的来源初探》，《中国语文》1989年第5期。

示被动的“吃”共有 15 例，也是其最主要的用法，占其自身介词用法的 78.95%。如：

①那同窗轻薄的道：“父亲吃人打死，得些财物便了，成甚么孝！枉读了书！”（2 回）

②皮匠道：“苍蝇戴网子。好大面皮，虽是不曾到手，也吃渠亲了两个嘴，定用打杀。”（27 回）

③他行术半年，说些眼前气色，一般也吃他闯着几个，生意略兴，却也吃这些僧人抢了一光。（34 回）

用“吃”表被动的用法在清代白话小说中就看不见了。[①]

4. 与

“与”跟“被”通，大约始于唐代。如寒山《世间》：“世间一等流，诚堪与人笑。”后沿用之。介词“与”在《型世言》中引进施事者共有 8 例。如：

①没的相公留这家当，也非容易。如今终日浪费、嫖赌，与光棍骗去，甚是可惜。（15 回）

②皮匠便跳起道：“放屁！你家老妈官与人戏，拿三五两便歇？”（27 回）

③要自去望看，庚盈道：“你是他家人，来的两日又去，须与人笑话。”（33 回）

“与”的这种表施事者功能在现代汉语普通话中已消失不见。

5. 于

表示施事者的“于”，《诗经》中已见，如：“忧心悄悄，愠于群小。”“于”的这种用法在近代汉语中逐渐消失，而在《型世言》中共有 7 例，占其自身介词用法的 3.70%。如：

①这些人尽有迫于饥寒，不得已为盗的。（20 回）

②下官急于请教，奈迫于公事，不得羁迟。（24 回）

③公又道：“此事是真而怪，不足取信于后，不可传。”（39 回）

6. 教

表示施事者的“教”，大约也是始于唐代，如寒山《养子》：“五月贩鲜鱼，莫教人笑汝。”后沿用之。“教”在《型世言》中只见 2 例。

①未见黄金归橐，却教白刃陨身。（22 回）

②昨日他送这妇人到门，兑七十两银子去，却教这王生员道小人强占，希图白赖。（26 回）

7. 把

表示施事者的“把”在《型世言》中仅见 1 例。

---

① 蒋绍愚：《近代汉语研究概况》，北京大学出版社，2001 年，第 234 页。

就此一节看，如今人捐金聚古玩，把后人贱卖，为人智取，也是没要紧。(32 回)

本句中“把”、“为”对举出现，都表示施事者。

8. 叫

马贝加（2002）认为，表示施事者的“叫”出现较晚，清代始见用例①。其实，“叫”表示被动在《型世言》中已见，仅有1例：

这阉奴王振，倚着人马多，那里怕他？还作威福，腾倒得户、兵二部尚书，日日跪在草里；百官上本请回驾的，都叫他掠阵，督兵上前。(17 回)

“叫”的这种用法不见于稍前一些的《水浒传》。② 这可以说明，表施事者的“叫”明末正处于萌芽状态。

近代汉语中介词“被”和“吃”都是被动句的主要标志，所不同的是“被”的“遭受”义是从它的本义自然引申出来的，符合词义引申的一般规律，而“吃”的“遭受”义是从“吃杖”、“吃棒”之类的比喻义产生的。③《型世言》中以介词“被”的用例为最多，共169例。“被”和“为”存在着很大的共性，二者既可以接人，也可以接物，但“吃”后宾语主要是人。另外，表施事者的“教、叫”尽管在《型世言》中为数甚少，但其用法一直沿用至今，尤其是出现在北方的一些方言口语中。

表 21

介词	被	为	吃	与	于	教	把	叫
用例数量	169	55	15	8	7	2	1	1
占自身用法比例（%）	97.13	13.32	78.95	0.85	3.70	100	0.15	100
占介词总体比例（%）	2.51	0.82	0.22	0.12	0.10	0.03	0.01	0.01

（六）处置者（把、将、以）

1. 把

介词“把”是由有“持、拿”之义的动词“把”发展演变而来的，而且“把”在发展过程中受到了“将”的影响。一般认为，“把”从唐代开始引进处置者，如方干《李侍御上虞别业》：“若将明月为俦侣，应把清风遗子孙。”《型世言》中引进动作行为处置者的介词“把”共有576例，是其最重要的用法，占其介词用法的

① 马贝加：《近代汉语介词》，中华书局，2002年，第225页。

② 曹炜等：《〈水浒传〉虚词计量研究》，暨南大学出版社，2009年，第47页。

③ 江蓝生：《被动关系词“吃”的来源初探》，《中国语文》1989年第5期。

86.36%。如：

①他已瞒了母亲，暗暗的把刀藏在袜桶内，要杀王俊。(2回)
②小妹把头摇一摇。(6回)
③小厮把书捏捏道："只怕不是原封的了。"(20回)
④史温相送出门，把门带上。(31回)

上述各例，已基本具备现代汉语"把"字句的特点。

2. 将

处置式中的介词"将"是从"率领、带领"义的动词"将"发展而来的，萌生于汉魏之际，发展于南北朝时期，唐代广泛使用。"将"取代"以"而成为处置式中常用的介词，是语法化的结果。① 引进处置者的介词"将"的出现要早于介词"把"，在《型世言》中共有249例，是其最重要的用法，占其自身介词用法的95.04%。如：

①又将神机，佛狼机随火势施放，大败北军。(1回)
②有许多豪门贵族，都要将女儿与他。(16回)
③这厢徐游击暗暗差人，将这九人擒下，解入军门。(22回)

3. 以

"以"是汉语中最早引进处置者的介词，梅祖麟先生（1990）认为早期处置式介词有三种结构，即处置"给"结构、处置"作"结构、处置"到"结构。马贝加先生则把先秦至汉的"以"字处置式结构以语义为标准分为五种：一是将某物授予某人（处置"给"结构）；二是视某人/物为某类人或物（处置"作"结构）；三是让某人担任某职务（处置"作"结构）；四是将某人/物作某种处理；五是将某人/物置于某所（处置"到"结构）。这五种结构都保留在近代汉语书面语中。《型世言》中引进处置者的介词"以"共有23例，占其介词用法的13.61%。如：

①王翠翘尝怏怏，以不得同明山死为恨。(7回)
②识者犹以孟端有才未尽用，不得如刘伯温共成大业，是所深恨。(14回)
③恺以比匪为招，明以负心为应，奇矣。(23回)
④总之，一有狐气，便能以媚为魅。(38回)

表示处置者的"以"常和动词"为"搭配使用，形成"以……为"的凝固格式，一直沿用至今。

《型世言》中引进处置者的介词虽以"把"的用例最多，但其集中程度并不如"将"，"将"占其自身介词用法的95.04%。可见，表示处置者是"把"、"将"重要的功能用法。纵观整个语言史，二者曾呈现出此消彼长的势头。唐五代时期，"将"占优势，金代以后，"把"已较"将"占优势。此后，引入处置者的任务就主要由

① 马贝加：《对象介词"将"的产生》，《语言研究》2000年第4期。

"把"来承担了。现在,"将"只保留在个别的书面语或者成语里,如"将理论进一步完善"、"将功折罪"、"将心比心"等。"以"虽然是最早演变为引进处置者的介词,但在《型世言》中,"以"引进处置者只有23例,由此可以看出,"以"引进处置者的用法已经逐渐衰弱了。

表22

介词	把	将	以
用例数量	576	249	23
占自身用法比例(%)	86.36	95.04	13.61
占介词总体比例(%)	8.55	3.69	0.34

(七)言谈者(对、与、向、把、替)

1. 对(着)

介词"对"是由表"面对"义的动词"对"发展演变而来,始见于东汉时期文献[1],唐代已大量使用。表示言谈者是介词"对"最主要的用法,《型世言》也不例外,共出现142例,占其自身介词用法的95.30%。如:

①小简对这些邻居道:"今日曾有人来么?"(21回)

②王尼对着张秀才道:"好不老成相公,当日仔么替你说?又留这空儿等和尚钻。"(28回)

③这经历官小,压不伏,对了冯外郎道:"这原有些形迹。"(36回)

例③中"对"后附加有"了"字,这在现代汉语普通话中是不存在的。

2. 与

引进言谈者的介词"与",汉代已有用例,如《史记·龟策列传》:"近世江上有人得名龟,畜置之,家因大富,与人议,欲遣去。"后沿用之。"与"在《型世言》中也比较常见,共112例,占其自身介词用法的11.85%。如:

①事一明白,奶子要赶到冯外郎家,与他女人白嘴,道冤他做贼,害他出丑受刑。(36回)

②这狐不听,却到洛阳化一书生,与张公谈。(40回)

3. 向(着)

引进言谈者的介词"向",汉代已见,如《史记·秦本纪》:"三将至,缪公素服郊迎,向三人哭曰:'孤以不用百里奚、蹇叔言以辱三子……'"晋、南北朝时期,由

① 吴福祥:《敦煌变文语法研究》,岳麓书社,1996年,第221页。

“向”构成的介词结构后面才开始出现了言谈动词，如《三国志·魏书·阎温传》：“温向城大呼曰：‘大军不过三日至，勉之!’”后沿用之。“向（着）”在《型世言》中共有16例，占其自身介词用法的14.29%。如：

①芳卿倒向丫头采菱问道：“先生曾道这茶好么?”（11回）

②胡行古又备向各官说利仁弟兄友爱，按院又为他题本翻招。（13回）

③到了第二日，他驼了拐杖，着了草鞋，似要远去的模样，向着太祖道：“你杀了么?”（34回）

4. 把

“把”引进言谈者非常罕见，在《型世言》中出现1例。

这岑氏毕竟做嘴做脸，骂得这侍妾们上不得前，道他哄汉子，打两下也有之。把一个岑猛道：“你是有了得意人，不要近我。”不许他近身，又不与他去，数说他。（24回）

5. 替

引进言谈者的介词“替”，在《型世言》中只有1例。

要说句知心话儿，替那个说？秋夜春宵，也有些不耐烦之意。（4回）

《型世言》中引进言谈者的介词个数并不太多，其中用例最多的介词“对”共有142例。引进言谈者的介词用法有些类似于表示方向的介词，甚至两者存在着交叉现象，但又有非常明显的标志，即表示言谈者的动词几乎都和“说”有关，如“说、道、计议、谈”等等，且介词宾语毫无例外都是指人名词。

表23

介词	对（着）	与	向（着）	把	替
用例数量	142	112	16	1	1
占自身用法比例（%）	95.30	11.85	14.29	0.15	1.14
占介词总体比例（%）	2.13	1.66	0.24	0.01	0.01

（八）求索者（问、向、于、就、在）

这类介词表示动作行为索取的对象，具有“向某人要求或索要某物”之义。

1. 问

介词“问”是由表“询问”义的动词“问”虚化而来的。冯春田（1992）认为，引进求索者的介词“问”最早见于唐五代，如《敦煌变文·叶净能诗》：“宰相琼、崇奏曰：‘陛下何不问叶净能求雨?’”元明时期的口语中引进求索者，多用“问”，不用“向”。《型世言》中介词“问”用法较为单一，所出现的34例无一例外地都引进求索者。如：

①我们问他讨了舟山顿扎，部下已自不离。(7回)

②问他要头，他道："撇在水中，不知去向。"(21回)

③陈有容也便笑纳，问道："兄果是要问老裘借多少银子？"(23回)

"问"表示求索者，常常和具有"索要、取得"之义的动词搭配使用，如"借、要、讨"等等。此种用法一直延续到现代汉语中，如"我问他要本书"。

2. 向

"向"引进求索者，南北朝偶见用例，如《搜神记·马势妇》(卷15)："其兄病，有乌衣人令杀之，向其求乞，终不下手。"引进求索者的"向"在《型世言》中出现11例，占其自身介词用法的9.82%，如：

①扶危自是英雄事，莫向庸流浪乞恩。(14回)

②那黄氏见他回时，不拿银子用，反向黄氏取，还道或者是成锭的，不舍得用。(19回)

③到南京，各寺因上司禁游方僧道，不肯容他，只得向一个印经的印匠徐文家借屋住宿。(35回)

同"问"相似，表示求索者的"向"也常常和具有"索要、取得"之义的动词搭配使用，如上述之例中的"乞、取、借"等等。

3. 于

汉语中最早引进求索者的介词是"于"，早在先秦已有用例，如《左传·桓公六年》："北戎伐齐，齐使乞师于郑。"《型世言》中这种用法的"于"只有1例：

他前日乞命于刘伯温时，已有誓在先，天不肯赦了。(49回)

4. 就

"就"表示求索者是受到"从"影响、渗透的结果。"就"引进求索者在《型世言》中只有1例：

若真人今日杀他，是他就学生求福，反因学生得祸了。(40回)

表求索者的"就"，后面所接的也是具有"取得"之义的"求"。

5. 在

"在"表示求索者的用法非常罕见，在《型世言》中只有1例：

冯指挥在咱们人家要磕头礼。(17回)

表求索者的"在"，后面所接的也是具有"取得"之义的"要"。

《型世言》中引进求索者的介词个数并不是很多，但分歧较少，具有极强的一致性：含有此类介词的语句，往往具有"向某人要求或索要某物"的语义框架，动词一般为"求、借、讨、取"等具有"索要、取得"义的动词。由此类介词构成的介词结构一般处于谓语之前，充当状语。

表 24

介词	问	向	于	就	在
用例数量	34	11	1	1	1
占自身用法比例（%）	100	9.82	0.53	3.33	0.07
占介词总体比例（%）	0.50	0.16	0.01	0.01	0.01

（九）所对者（向、对、与、为）

所对者是表示动作、行为所对之人或物，具有"面对某人/物而 V"之义，句中动词多为带有动作性的身姿、表情动词。

1. 向

表示所对者的介词"向"在《型世言》中共有 20 例，占其自身介词用法的 17.86%。如：

①林森甫看见妇人向水悲哭，也便疑心，就连忙赶上。(19 回)

②把张口向太祖脸上一呵，道："一些酒气也没，那一个再舍些?"(34 回)

2. 对（着）

表示所对者的介词"对（着）"在《型世言》中只有 7 例，占其自身介词用法的 4.70%。如：

①这日忽然对着探望的亲友，长笑一声，俯首而逝，殁在馆中。(2 回)

②蓝氏先起来，床上缠了半日脚，穿好衣服，又去对镜子掠了头。(21 回)

③一到家便焦躁，对着徐文也不曾叫个爷，对着彭氏特不曾叫个娘。(35 回)

"对"引进所对者的用法，在现代汉语普通话中已消失，普通话中的"对"只能引进言谈者。

3. 与

"与"表示所对者的用法，并不常见，《型世言》中共有 6 例。

①刘总兵使刮刀与他赌誓。(17 回)

②胡似庄晓得，便在史温身边取出银子，与他一幌，道："招的在这边。"(31 回)

③记得在我店里估时，挑水的张老儿也来看一看，与他叹口气，毕竟有因，我去问他。(32 回)

④金归箧底何从识，怨切沧肌孰与伸。(36 回)

例④中的"孰与伸"应理解为"与孰伸"，前者是古代汉语句式的遗留，即"疑问句中代词宾语前置"。

4. 为

"为"表示所对者的用法，汉代已有用例："如姬为公子泣，公子使客斩其仇头，敬进如姬。"魏晋南北朝及其后沿用，后来这种功能也逐渐消失了。"为"在《型世言》中只见1例。

我只为花押有些疑心。这人要换，不若你有银子，拿十两来，我替你押来细看。(36回)

《型世言》中引进所对者的介词个数并不是很多，此类介词所有的用例之和才不过34例，其中用例最多的"向"共有20例。含有此类介词的语句，往往具有"对某人（物）而V"之义，"V"一般为"拜、笑、哭、骂"等身姿、表情动词，侧重于动作性，而这恰好也是同涉及者加以区别的关键所在，涉及者往往是侧重于整个事件的。由此类介词构成的介词结构一般处于谓语之前，充当状语。

表25

介词	向	对（着）	与	为
用例数量	20	7	6	1
占自身用法比例（%）	17.86	4.70	0.63	0.24
占介词总体比例（%）	0.30	0.10	0.09	0.01

（十）比较者（与、比、于）

此类介词引进动作行为的比较对象。

1. 与

"与"引进比较对象，先秦已有用例，如《左传·襄公十四年》："我诸戎饮食衣服不与华同。"一直沿用至今。这种用法的"与"在《型世言》中出现24例，占其自身介词用法的2.54%，如：

①我娘儿两个亏你拾得这性命，但病死与饿杀，总只一般。(33回)

②前日师弟标致，如今越标致了。年纪老少不同，可也与无垢师弟面庞相似，一个塑子塑的。(35回)

③明眸皓齿，莲脸柳腰，与文姬无二。(38回)

"与"表示比较，常表示是一种等比，上述各例中出现的"一般、相似、无二"便是最好的提示线索。

2. 比

介词"比"是由表"比较"义的动词"比"虚化而来的。"比"的虚化始于唐代①，确切地说，真正的介词“比”出现于宋代，其明显的标志，就是“比”的后面出现了表示数量的词语。表示比较的“比”在《型世言》中虽只有11例，但占其自身介词用例的91.67%。如：

①一双脚又小又值，比朱寡妇先时又好些。(6回)

②臂比刚钩更利，牙如快刃犹铦。(9回)

③有一个族叔，叫做朱玉，比他年纪小两岁。(25回)

④至夜遍体邪热皆除，霍然病起，精神还比未病时更好些。(34回)

“比”表示差比，上述例子中“又、更”等副词的加盟，无疑是十分有力的说明。

3. 于

史佩信（1993）认为，在文献中“比 + N_1 于 + N_2”是历史最为悠久的形式，如《孟子·公孙丑上》：“尔何曾比予于管仲?”此句中“于”的作用是引进比较对象，“比”是主要动词，从意义来看是等比句。表示差比的“于”，在《孟子·公孙丑上》中也出现：“德之流行，速于置邮而传命。”“于”表示等比今已消失，表示差比沿用至今。表示比较的“于”在《型世言》中只有4例，都表示差比。如：

①奇莫奇于柔豺虎于衽席，苏东南半壁之生灵，竖九重安攘之大烈，息郡国之转输，免羽檄之征扰。(7回)

②应笑儒生有寒相，一庭光景冷于秋。(20回)

③裘龙道：“更有甚于此者。”(23回)

④故善用兵的，一纸贤于十万师。(24回)

《型世言》中引进比较者的介词共有3个，其所有用例之和，共有39个，仅占《型世言》中所有介词用例的0.58%。其中“与”表示等比，常和“一般、无二、相似”等语词相辅相成，而“比、于”则表示差比，常和“更、又”等程度副词配合使用。它们的用法都一直沿用到现代汉语中。由此类介词构成的介词结构一般处于谓语之前充当状语。

表26

介词	与	比	于
用例数量	24	11	4
占自身用法比例（%）	2.54	91.67	2.12
占介词总体比例（%）	0.36	0.16	0.59

① 马贝加：《近代汉语介词》，中华书局，2002年，第252页。

（十一）经手者（经、由、把）

此类介词引进动作行为的经办者。汉语中最早引进经手者的介词是“因”。[1] 但《型世言》中表示经手者的“因”却1例未见。

1. 经

引进经手者的“经”，萌芽于汉代，在《敦煌变文》中已见到介词用例。[2] “经”在《型世言》中只有4例。如：

①好状子他要袖下，不经承发房挂号，竟与相知。(30回)

②吃了一会，奶娘原去得此货，又经爱姐狠劝，吃个开怀，醉得动不得了。(21回)

③列位老人家，我丈夫不知仔么，他日后把些差拨来，便这几两银子也不够作用。咱只和他经官立案，后边还有成说。(9回)

2. 由

表示经手者的介词“由”，在魏晋南北朝已有用例，至唐代发育成熟。这种用法的“由”在《型世言》中只有2例。

①毛通判听了，便叫唐贵梅，不由他开口……(6回)

②又还有一二寸，老妻把来接了裙腰，现在裙上。不由人不睹物凄然。(9回)

3. 把

表示经手者的介词“把”在《型世言》中只有1例。

要转去时，也没得把他做主，只得从了史温。(31回)

《型世言》中引进经手者的介词共有3个，用例甚少，最多的一个介词是“经”，也才不过4例。尽管如此，我们还是另立一个次类，因为由它们引进的对象，是事件处理过程的必经环节，具有其他次类不可替代的作用。由此种介词构成的介词结构一般处于谓语之前，充当状语。

表27

介词	经	由	把
用例数量	4	2	1
占自身用法比例（%）	100	22.22	0.15
占介词总体比例（%）	0.06	0.03	0.01

---

① 马贝加：《近代汉语介词》，中华书局，2002年，第248页。

② 马贝加：《近代汉语介词》，中华书局，2002年，第91页。

二、范围介词

（一）程度（到、至、至于）

这类介词表示动作行为所达到的程度。

1. 到

介词“到”表示程度的用法在《型世言》中共有23例，占其介词自身用法的3.03%。如：

①崔科也便口软，处到五两银子、八担谷。(9回)

②你这儿子病到这个田地？(13回)

③里长他道不行救护，该十四石，直诈到三两才歇。(21回)

“到”后所接成分多为数量短语，更能表示程度的精确。

2. 至

介词“至”在《型世言》中表示程度仅有1例。

自十两起，直加至一百两。(27回)

同“到”一样，“至”后成分也是数量短语。

3. 至于

表示程度的组合结构“至于”，在《型世言》中常可看到，共有16例。此时，严格地说，“至”为动词，“于”是介词，“至于”并非凝固成双音词。如：

①无日不向丈夫耳根絮絮，或到公姑不堪，至于呵斥，一发向丈夫枕边悲啼诉说。(3回)

②相公平日只是女儿脸，踢不脱这干人，至于如此，你这一赶，大是有功。(15回)

③起根都只为一个圆静奸了田有获的妾，做了火种，又加妙智、法明拐妇人做了衅端，平白里把一个好房头至于如此。(29回)

《型世言》中，表示程度的介词（结构）只有“到、至、至于”，其所有的用例之和也不过40例。去掉只有1例的“至”，真正能挑大梁的介词只有1个“到”。当然，介词组合“至于”也起到了重要的辅助作用。表程度的“到”，其后成分常常是数量短语，以显明“度”的精确，由它构成的介词结构处于谓语之后，充当补语。

表28

介词	到	至	至于
用例数量	23	1	16
占自身用法比例（%）	3.03	1.15	57.14
占介词总体比例（%）	0.34	0.01	0.24

（二）关涉（于、在、到、以、就、及、自）

这类介词表示动作行为发生所关涉的范围。

1. 于

“于”表示关涉范围，在《型世言》中共出现47例，是具有同类功能的介词中用例最多的一个。如：

①途有隔于幽明，心无分于显晦。（21回）

②柏茂怠于防御，蓝氏敢于卖奸，均宜拟杖。（21回）

③急于脱手，折了一个加三。（36回）

“于”后成分多为谓词性成分，说明动作、性状所发生或出现的范围、方面。

2. 在

表示关涉范围的介词“在”在《型世言》中共有28例，仅次于“于”。如：

①不期代巡见了讨去，看做个奇卷，竟作榜首，是得力在误中。（28回）

②这病越是不好，还听这邹子平要离祖，寄在清凉寺和尚远公名下。（35回）

③那时若叫他出去，毕竟想家，没心想在生意上。（38回）

同“于”不甚相同，“在”常以“在……中/上”等格式出现。

3. 到

表示关涉的介词“到”在《型世言》中共有14例。如：

①观子之诗，怨悔已极。到思亲想弟，令人怜悯。但只恐脱得身去，又悔不若青楼快乐。（11回）

②到书上甚是懵懂。（13回）

③至到父兄之间，不免伤了天性。（18回）

4. 以

表示关涉的介词“以”在《型世言》中共出现8例，常表示动作行为所涉及的内容。如：

①倘恩台曲赐湔除，许以洗涤，假以空御，顿牧舟山，便当率其部伍，藩辅东海，永为不侵不畔之臣，以伸衔环吐珠之报。（7回）

②虽力辨之，不我听。寻以贫极，暗商之媒，卖予娼家，诡曰偕予往扬投母舅。（11回）

③假以职衔，是畔乱作缙绅阶级；列之仕路，衣冠竟盗贼品流。欲弥乱而乱弥增，欲除贼而贼更起。（14回）

例①中的“以”所介引的“洗涤”正是所“许”的内容，即“允许洗涤”；例②中“以”后的成分正是所“寻”的对象，即“寻贫极（之人）”等。此种用法的

“以”虽可以省略不用，但从语言节奏上来看，效果就大不相同了。

5. 就

表示关涉范围的“就”在《型世言》中只有4例，常表示一种可供“选择”的范围。如：

①还要是男子有主持，若是大家恐坏了体面，做官的怕坏了官箴，没奈何就中遮掩。(3回)

②胁折心偏壮，身危国自全。就中结个小因缘。恰遇酬恩义士、起危颠。(12回)

③训练民壮，就里选出十六个好汉，轮番统领，缉捕巡警城里四隅、城外四乡。(22回)

④朱颜绿鬓色偏娇，就里能令骨髓消。(38回)

上述例子中的“就中、就里”，就是“从中（选择）、从里面（选择）”之义，“就”的关涉范围功能也十分明显。

6. 及

《型世言》中表示关涉的介词“及”只有4例，都表示动作行为所关涉的范围。如：

①下及佣工、乞丐里边，都去寻访。(9回)

②岑璋便道：“岑璋有何罪过，至及全家？”(24回)

③不敢伤及那边，只将冯外郎原递失单并两家口词录呈。(36回)

与表示“涉及者”不同，表示关涉范围的“及”，其后的成分只是一个大致模糊的范围，并不具体涉及某个人或物。

7. 自

《型世言》中表示关涉的介词“自”只有1例：

天下事物，尽有可以无心得，不可有心求，自钱财至女色、房屋、官禄，无件不然。(19回)

“自……至”搭配，其关涉范围的功能十分明显。其实第一章我们所论述的时间、处所类介词中也出现了这种固定搭配，也都表示范围。

表29

介词	于	在	到	以	就	及	自
用例数量	47	28	14	8	4	4	1
占自身用法比例（%）	24.87	1.88	1.84	4.73	13.33	12.12	0.98
占介词总体比例（%）	0.70	0.42	0.21	0.12	0.06	0.06	0.01

（三）议题（至于、及、就、至）

此类介词主要表示动作行为所涉及的论题、主题。

1. 至于①

《型世言》中除了前文所论述的表程度的介词组合“至于”外，还有一些表示议题的“至于”。笔者以为，表议题的“至于”，用法已和现代汉语基本一致，义近“关于”，以看成双音词为宜。

①至于两人出外附学，束修、朋友交际、会文供给，这班寡妇都一力酬应。(16 回)

②至于六房，他在文书牌票上，极其详细，一毫朦胧不得。(18 回)

③至于沿海一带沙上，各定了场分。(25 回)

例①中“至于”后面所接成分十分繁杂，牵涉多种事项。

此外，本书中也出现了表议题的“至若”一词，此用法同“至于”无异。

至若耳目所闻见，杭州一个秀才年纪不多，也有些学问，只是轻薄，好挨光，讨便宜。(26 回)

2. 及

表示议题的“及”，在《型世言》中共出现 9 例，占其自身介词用法的 27.27%，如：

①回家与高秀才说及这几位贞节。(1 回)

②说及亲事，公子推却。(18 回)

③谈及李广得宠之事，一个道：“岂有向阉奴屈膝之理?”(20 回)

④闲时也问及他本地风俗，他直口道乡官凶暴，不肯完纳钱粮，又狠盘算百姓，日日告债告租。(30 回)

表议题的“及”常和言谈性动词配合使用，如上述各例中的“说、谈、问”等。

3. 就

“就”可以引进议论、商讨、观察的范围，有“针对……（问题）”之义。《型世言》中，表议题的“就”共出现 7 例，占其自身介词用法的 24.14%，如：

①就理恐残父尸，即死虑绝亲后。岁序屡迁，刚肠愈烈。(2 回)

②却已是石廉使问得明白了，知府只就石廉使审单敷演成招。(21 回)

③四尊要卫护陈公子，不行追究，单就假牌上定罪。(27 回)

---

① 北京大学中文系 1955、1957 级语言班编的《现代汉语虚词例释》（商务印书馆，1982 年，第 556 页）将“至于”处理为连词。就本书中出现的“至于”的语法分布看，它后面常接的是名词性话语成分，我们把它处理为介词。

例②、③中，“就”前都有一个范围副词即“只”、“单”，“就”表话题的针对性十分明显。

4. 至

表议题的“至”，在《型世言》中共有4例。如：

①做得一手好文字，至诗歌柬札，无所不工。(14回)

②守得孝满，年纪十五六岁，夫人也为他寻亲。但只是低三下四人家，公子又道自家宦门旧族，不屑要他。至乡宦富家，又嫌李公子穷，不肯。(18回)

③至能识天子，又能救天子在疾病之中，終飘然高逝，天子尊礼之，不肯官爵，这个是周颠仙。(34回)

例③“至”后的成分，分明是一个故事，其议题之长真是叹为观止。

《型世言》中表示议题的介词并不是很多，只有4个，其所有的用例之和才不过32个。尽管此类介词数量有限，但极有特色。其中“至于、至”的引进话题往往靠句法手段，即处于句首，而“及、就”的引进话题则往往靠词汇手段——“及”常跟表说道的动词配合使用，“就”常跟范围副词“只、单”配合使用。由此类介词构成的介词结构可以充当句首状语、句中状语，也可以充当补语。

表30

介词	至于	及	就	至
用例数量	12	9	7	4
占自身用法比例（%）	42.86	27.27	24.14	4.60
占介词总体比例（%）	0.18	0.13	0.10	0.06

（四）视角（依、就、据、自、以）

这类介词是表述事件所依据的的角度或立足点，即从某个角度看问题。在现代汉语中引进视角的介词主要是“就、从”，但在近代汉语中远不止这些。

1. 依

“依”表视角的功能用法，明代才见，如《醒世恒言》(卷8)：“依老汉愚见，这事一些不难。”表视角的“依”在《型世言》中共有8例，是同类介词中用例最多的一个介词。如：

①屠利道：“你两老人家也做一声，依我只是银子好。”(2回)

②如今我的亲也没干，你的友也没干，沈实年年来看望，你是不采他，依我还去见他的是。(15回)

③你只回去，依着我说，教嫂子嫁人，不要耽惧他。(37回)

2. 就

“就”表示视角，在《型世言》中共有4例：

①只就平常人家说，如汉时李善，家主已亡，止存得一个儿子，众家奴要谋杀了分他家财，独李善不肯。(15回)

②就我耳中所闻，却有个巧计赚人，终久自害的。(27回)

③就此一节看，如今人捐金聚古玩，把后人贱卖，为人智取，也是没要紧。(32回)

④就此见张真人的道法世传，果能摄伏妖邪。(40回)

“就”的这种用法一直沿用至今。

3. 据

表示视角的“据”，宋代已见用例，如蒋捷《翠羽吟》：“据我看来何所似，一似韩家五鬼。”后沿用之。表示视角的“据”在《型世言》中只有2例：

①据我闻见还有个事起于卒，终能除盗保身，这也是极能的能吏。(22回)

②据你要银七千，这也是两个人拿得？(22回)

4. 自

“自”表示视角，汉代之前已见用例，如《庄子·内篇·德充符》：“自其异者视之，肝胆、楚越也。自其同者视之，万物皆一也。”表示视角的“自”在《型世言》中只见1例：

自学生想起来，先生与小妾同舟月余，纤毫不染，绝胜那孝廉。但学生不知何以为报耳！(20回)

5. 以

“以”表示视角，汉代之前有见，如《汉书·晁错传》：“以是观之，往来转徙，时至时去，此胡人之生业。”表示视角的“以”在《型世言》中仅出现2例：

①杨典史道：“以学生言之，甥女已落娼家，得先生捐金赎他，不若学生作主，送老先生为妾。如今一中举，娶妾常事。”(11回)

②以我观之，这支不惟不为外援，还可为我内应。(24回)

《型世言》中表示视角的介词虽数量不多，但其功能用法不容忽视，有些一直沿用至今。就整体来看，这类介词常和人称代词或名词连用，其主要动词常跟具有“发表观点”之义的动词配合使用，如“想、言、观、说”等。由它们构成的介词结构常位于句首，作为发表议论或看法的视角依据。

表31

介词	依	就	据	自	以
用例数量	8	4	2	1	2
占自身用法比例（%）	38.10	13.79	15.38	0.98	1.18
占介词总体比例（%）	0.12	0.06	0.03	0.01	0.03

（五）连带（连、并、带、和）

这类介词表示动作行为发生时所牵连的范围。

1. 连（着）

介词“连”是由表“连带”义的动词“连”虚化而来，一般认为始见于唐代文献。[①]“连（着）”在《型世言》中共出现65例，其中表示“连带”的有13例。如：

①耿埴看看，四下无人，就将袖里一个银挑牙，连着筒儿把白绸汗巾包了，也打到妇人身边。（5回）

②回寓对芳卿说了，叫了一乘轿，连他箱笼，一一都交与杨典史。（11回）

③文姬母亲道：“蒋客人，扶是扶不起，不若连着席儿扛去罢。”（38回）

2. 并

介词“并”萌生于唐代，宋代用例增多，元明时期沿用。[②]“并”在现代汉语中并不属于“和”类虚词，现代汉语中的“并”同“并且”，是个表递进关系的连词。但是在近代汉语中“并”则是“和”类虚词中比较重要的成员，如《金瓶梅词话》中的“并”作并列连词的用例共有237例，作介词的有10例，可见，作并列连词是“并”的主要用法。[③]《型世言》中的“并”既可以作并列连词，也可以作连带介词，但数量并不是很多，其中作并列连词的有8例，作“连带”介词的有12例。在此只对介词“并”加以论述。如：

①满城这些仗义的，并他本村的里邻，都去迎接。（2回）

②屋后有一块空地，有一株古梅，并各色花，任他在里浇植，闲玩。（6回）

③这是邻里见他做亲甚齐备，朋谋杀人劫财也是有的。如今并里长一齐带到我衙中，且发监，明日具个由两请。（21回）

④县尊叫扯去裤子，一看，叫把徐行锁了，并和氏，翠羽都带到县里。（29回）

⑤众人道：“好神明老爷。”带了他妻，并凶器、赃银回话。（23回）

---

① 刘坚：《试论“和”字的发展，附论“共”字和“连”字》，《中国语文》1989年第3期。

② 钟兆华：《汉语牵涉介词试论》，《中国语文》2002年第2期。

③ 曹炜：《〈金瓶梅词话〉中“和”类虚词用法差异计量考察》，《江苏大学学报》（社会科学版）2007年第2期。

上述之例中的“并”有的是用来介绍动作行为的协同者，如例①~④，有的是用来介绍动作行为所涉及连带的另一些对象，如例⑤。“并”的介词用法具有明显的形式标记，即其与前面的成分都有语意上的停顿，在书面上多用逗号断开。“并”的这种功能后来逐渐消失了。

3. 带

介词“带”在南北朝已见，如庾肩吾《奉贺便省余秋诗》：“雁行连雾尽，雨足带云移。”唐代有“带、和”对举的语例，如杜荀鹤《山中寡妇》：“时挑野菜和根煮，旋斫生柴带叶烧。”后沿用之。“带”在《型世言》中只有2例，全表示“连带”，且都出现于诗句中。

①正是战酣红日随戈转，兴尽轻云带雨来。(5回)

②纤枝蔽水，是千年老树带根流；片叶随波，是万丈横塘随水滚。(25回)

此外，《型世言》中还出现了“带……带……”的语言形式，只有1例：

③那霍氏带哭带嚷，死也不放。(9回)

此句中的“带”并不是介词，而是连词，相当于现代汉语中的“连哭带嚷”。

4. 和

介词“和”表示连带的用法大约萌生于唐代，到宋代，使用频率已经比较高了。表示连带的介词“和”在《型世言》中只有2例：

①闷盈怀，何日独把蟾宫桂，和根折得来？(18回)

②到路上，他要水吃，吃了，一脚插入水瓶中，后边和身隐在瓶里。(34回)

《型世言》中，表示连带的介词只有“连、并、带、和”四个，其用例数量也很有限，共有29个。其中“连、并”二词共性较多，除都可以表示“连带”之外，也可以表示“强调”（下面将有所论及）。不过，“连带”是“并”的重要功能，而“强调”则是“连”的最重要功能。表示连带介词的“连、带”还保留在现代汉语中，而表示连带的介词“和、并”已经消失了。由此类介词充当的介词结构常处于谓语之前，充当状语。

表32

介词	连（着）	并	带	和
用例数量	13	12	2	2
占自身用法比例（%）	20	92.31	100	16.67
占介词总体比例（%）	0.19	0.18	0.03	0.03

（六）强调（连、并）

1. 连

表强调的介词“连”是由表“连带”的介词“连”进一步引申虚化而产生的。《型世言》中表示强调的“连”单独使用的几率并不是很高，它常常和别的副词配套使用，形成“连……也……”、“连……还……”、“连……都……”等凝固格式，且沿用至今。

●连……也……

①若我也似你这等大惊小怪，可不连邻里也惊动。(6回)

②莫说苗人不知道，他来捣巢，连兵也不知。(24回)

③此后莫说粥饭不来吃，连水也不来吃。(34回)

●连……还/犹/尚且……

④我想那严嵩弄权，只论钱财，管甚功罪？连你那胡总制还保不得自己，怎保得我？(7回)

⑤王孟端道：“此处不久将生荆棘、走狐兔，排贤嫉正，连脱公还恐不免，我缘何在此？”(14回)

⑥两个差人去时，他正把爱姐藏在书房里，笑那简胜无辜受苦，连你爹还在哭。(21回)

●连……都/俱/一概……

⑦到夏恰值洪武十八年，是亢旱时节，连茹茹都焦枯了，不结得米。(9回)

⑧及至临下葬打金井时，风水叫工人把一个大龟预先埋在下边，这日掘将起来，连众人都道是个稀奇之地了，少不得又撮了他一块礼。(15回)

⑨次日连皮匠夫妇俱已搬去，公子甚是欢喜。(27回)

⑩输了当去翻，先是偷老婆衣饰，及到后头没了，连家中铜杓、镟子、锡壶、灯台一概偷去。(36回)

2. 并

“并”表示强调，并不常见，在《型世言》中，仅有1例：

总督自到山上一看，只见当日枕石卧梦之处，并石池石墙，宛然如故，也不免睹今悲昔。(17回)

句中“枕石卧梦之处”和“石池石墙”，并不属于同类概念，显然，“并”并不是“连带”，而是“强调”。

《型世言》中，表强调的介词主要是“连”，共出现52例，占其自身介词用法的80%。从“连”在《型世言》中的具体用例来看，其所常见的形式和功能已几近于现代汉语。

表 33

介词	连	并
用例数量	52	1
占自身用法比例（%）	80	7. 69
占介词总体比例（%）	0. 77	0. 01

（七）排除［除（了/却）］

介词“除”是由“除去”义的动词“除”发展演变而来，始见于六朝①，至唐宋又出现了“除却”、“除了”等形式。表示范围的“除”、“除却”，至唐代为止，是表示排除的，即“排除特殊，强调一致”。到了唐代，“除却”又出现了一种新的功能，即“排除已知，补充其他”的功能。元明时期，“除（了）”的这两种功能都很常见，《型世言》也承袭了这两种功能，共有22例，只不过，其“补充功能”的用法依然处于弱势状态，只有3例。

1. 排除特殊，强调一致

①赵氏道：“只除他嫁得，可以免得这搬送。”（4回）

②这次翘儿方得自作主张，改号翠翘，除华棣卿是他恩人，其余客商俗子，尽皆谢绝。（7回）

③便将所有田产，除可疑资给老仆，余尽折价与人，得银五十余两，尽带了往滦州进发。（14回）

④除却眉发，无一处不白。（40回）

2. 排除已知，补充其他

⑤除中人酒水之外，着实修理，又用了五十余两，身边剩得百余金。（15回）

⑥写契时原写“上除片瓦，下连基地，俱行卖出”。（15回）

⑦把徐行做了除无故杀死义男、轻罪不坐外，准无故杀妻律，该秋后处决。（29回）

在现代汉语中，介词“除”不能单用，后面必须加“外”、“之外”、“以外”、“而外”等。

《型世言》中表示排除的介词只有“除”及有关的“除”类组合，共有22例。就其功能来看，“除（了/却）”的传统“排除”用法远远多于新增“补充”的用法，共有19例，占其自身介词用法的88. 36%。

① 向熹：《简明汉语史》，高等教育出版社，1993年，第288页。

表 34

词项/意义	排除特殊，强调一致	排除已知，补充其他
除	17	3
除了	1	0
除却	1	0

总结：从总体来看，对象、范围类介词的数量和用例都很丰富，尤其是对象介词。结合大量资料及个人之见，笔者把《型世言》中的对象介词共分成 11 个小的次类：协同者、接受者、受益者、涉及者、施事者、处置者、言谈者、求索者、所对者、比较者、经手者。其中数量最多的是表示处置者的介词，其用例共 848 例，占《型世言》所有介词总量的 12.58%；而其中又以引进处置者的介词“把”出现次数最多，共 576 例，占其介词用法的 86.36%；以介词“与”的用法最为丰富，去掉处置者、经手者，在其他 9 个次类中都可以见到它活动的身影。《型世言》表示范围介词的数量都不太多，但有些次类的用法还是比较丰富的，如关涉类。表示连带介词的“连、带、和”，除“和”已经消失外，其他两个还一直沿用至今。

语言总是以它固有的惯性缓慢而稳定地发展着。近代汉语是连接古代汉语和现代汉语的纽带。近代汉语介词也表现出了其在介词发展过程中的特殊地位和作用。明末作为近代的一个发展阶段，《型世言》介词不仅具有近代汉语介词的共性，而且有其独特之处。本书采用计量研究的方法对《型世言》中的介词系统进行了研究分析，归纳出以下特点。

第一，介词的数量多，用法丰富。

本书统计出《型世言》单音节介词共 57 个，介词连用形成的较为凝固的介词组合（包括双音词）共 9 个。从用例数量上看，“在”是《型世言》用例最多的一个介词，高达 1 493 个，其次为介词“与”，共 945 个。从用法上看，“在、于、与、把、以”等介词的用法都是相当丰富的，其中“以”跨介词四大类型，波及面非常广泛，而从次类用法的丰富性来看，“与”当推首位，在表示对象的次类中除处置者、经手者之外都有它活动的身影。

第二，介词连用现象增多，双音化趋势明显。

古代汉语中介词多为单音节，《型世言》出现了介词组合，如“打从、至于、及至、恰值、正值、适值”等。介词由单音节向双音节发展，是与汉语整个词汇系统演变的双音化趋势分不开的。

第三，介词分工的细致化、一致化。

《型世言》中有很多介词都是身兼数职，介词中的跨类现象非常明显。如介词“凭、依”都具有“凭借”和“依据”的功能，但《型世言》中两者的职能分工越来越明确，其中“凭”表示凭借和依据的用例数量分别是32例、2例；“依”表示凭借和依据的用例数量分别是2例、10例。由此可见，“凭”的主流功能为“凭借”，“依”的主流功能为“依据”。

第四，同一介词形式的丰富化。

《型世言》中出现了很多功能相同但形式不同的介词，也就是我们现代所说的“词位变体”，如“朝（朝着）”、“乘（乘着）”、“除（除了/除却）”等。

第五，介词演变的动态化。

由于近代汉语介词是汉语介词的转型和发展时期，因此介词的动态化现象尤为明显，这也是本书介词系统最重要的特点。就拿“在”来说，它除继承了古代汉语介词“在”的主要用法即引进动作行为的处所，还有所扬弃和发展，如在《水浒传》、《金瓶梅词话》等书中，常有“在于”连用出现，而在《型世言》中极为罕见，从而使其介词性有了进一步的显化。再看介词“就”，宋代用例甚丰，元明时代趋于减少，《金瓶梅词话》中，“就”几乎不见，而到明末的《型世言》，“就”开始复兴，用法十分丰富，不仅表示方向、处所，而且用来表示范围、对象，“就”作为介词，延续到现代汉语里，有的已凝固成一些常用的固定词组，如“就近”、“就势”、“就中”等。“替”是近代汉语新产生的一个介词，《金瓶梅词话》中，它的主要用法是表示动作行为的受益者，至于表示“引进动作行为所协同的对象”的“替”则没有出现；到了《型世言》，两种用法都有所见，但“替”表示“引进动作、行为比较的对象”这一用法在《金瓶梅词话》中见过，《型世言》则无，这是和现代汉语相一致的地方。“与”作为介词，最古老的用法就是表示动作行为所协同的对象，在隋唐以前漫长的历史时期中，这也是它最重要的一种用法。“与”发展到元明之际，表示“给”、“为”、“替”的用法大量出现，《敦煌变文集》、《金瓶梅词话》等作品中都较为常见，这种用法一直到介词“给”兴起之后才逐步减少。而《型世言》中“与”又出现了表被动的用法，这更为“给”代替“与”创造了条件。在现代汉语中，“给”仍有表被动的用法，如“他给人打了”。

总之，《型世言》中的介词，纷繁复杂而又丰富多变，尽管我们作了穷尽式的计量研究，但还存在诸多的不足和缺憾之处，其间的真空地带还有待于我们作进一步的深入探讨。在这里，我们不敢说我们的数字是绝对精确的，但绝对是可靠的，仅希望通过我们的数据给诸多学者提供一个可以进一步研究的平台。

本章参考文献

著作

1. 北京大学中文系1955、1957级语言班编：《现代汉语虚词例释》，北京：商务印书馆，1982年。

2. 曹炜等：《〈水浒传〉虚词计量研究》，广州：暨南大学出版社，2009 年。

3. 陈昌来：《介词与介引功能》，合肥：安徽教育出版社，2002 年。

4. 冯春田：《近代汉语语法研究》，济南：山东教育出版社，2000 年。

5. 傅雨贤、周小兵、李炜：《现代汉语介词的研究》，广州：中山大学出版社，1997 年。

6. 何乐士、敖镜浩、王克仲等：《古代汉语虚词通释》，北京：北京出版社，1985 年。

7. 侯学超：《现代汉语虚词词典》，北京：北京大学出版社，1998 年。

8. 江蓝生：《近代汉语探源》，北京：商务印书馆，2000 年。

9. 蒋绍愚、曹广顺主编：《近代汉语语法史研究综述》，北京：商务印书馆，2005 年。

10. 吕叔湘主编：《现代汉语八百词》（增订本），北京：商务印书馆，1999 年。

11. 马贝加：《近代汉语介词》，北京：中华书局，2002 年。

12. 马真：《现代汉语虚词研究方法论》，北京：商务印书馆，2004 年。

13. 王力：《汉语史稿》（中册），北京：中华书局，1980 年。

14. 吴福祥：《敦煌变文语法研究》，长沙：岳麓书社，1996 年。

15. ［日］香坂顺一，江蓝生、白维国译：《白话语汇研究》，北京：中华书局，1997 年。

16. ［日］香坂顺一，植田均译：《水浒词汇研究》（虚词部分），北京：文津出版社，1992 年。

17. ［日］志村良治，江蓝生、白维国译：《中国中世语法史研究》，北京：中华书局，1995 年。

18. 俞光中、植田均：《近代汉语语法研究》，上海：学林出版社，1999 年。

19. 张斌主编：《现代汉语虚词词典》，北京：商务印书馆，2001 年。

20. 张谊生：《现代汉语虚词》，上海：华东师范大学出版社，2000 年。

21. 中国社会科学院语言研究所古代汉语研究室编：《古代汉语虚词词典》，北京：商务印书馆，1999 年。

22. 中国社会科学院语言研究所词典编辑室编：《现代汉语词典》（第 5 版），北京：商务印书馆，2005 年。

论文

1. 曹炜：《〈金瓶梅词话〉中的时间、处所、方向类介词初探》，《苏州大学学报》2003 年第 4 期。

2. 曹炜：《〈金瓶梅词话〉中“和”类虚词用法差异计量考察》，《江苏大学学报》2007 年第 2 期。

3. 曹炜：《近代汉语中被忽视的“和”类虚词成员“并”》，《古汉语研究》2006

年第 4 期。

4. 江蓝生：《被动关系词“吃”的来源初探》，《中国语文》1989 年第 5 期。

5. 刘镜芙：《〈水浒传〉中一组同义介词》，《暨南学报》1991 年第 2 期。

6. 马贝加、徐晓萍：《时处介词“从”的产生及其发展》，《温州师范学院学报》2002 年第 5 期。

7. 梅祖麟：《唐宋处置式的来源》，《中国语文》1990 年第 3 期。

8. 邵宜：《近代汉语介词“望”的形成及与“往”之比较》，《暨南学报》2005 年第 5 期。

9. 唐钰明：《唐至清的“被”字句》，《中国语文》1988 年第 6 期。

10. 吴金花：《处所介词“到”的产生》，《福建师范大学学报》2005 年第 4 期。

11. 周芍、邵敬敏：《试探介词“对”的语法化过程》，《语文研究》2006 年第 1 期。

12. 周小兵：《介词的语法性质和介词研究的系统方法》，《中山大学学报》1997 年第 3 期。

第三章 《型世言》的助词系统

《型世言》中的助词主要有三大类：一类是动态助词，主要有“得”、“过”、“将”、“来”、“了”、“却”、“着”等；一类是结构助词，主要有“得”、“的”、“个”等；一类是语气助词，主要有“罢/罢了”、“便了”、“哩”、“么”、“呢”、“呀”、“来”、“了”等。下面，我们分别加以讨论。

第一节　动态助词

一、得

“得”作动态助词的用法在现代汉语中已经消失，但在近代汉语中，它却可以是一个用法复杂、组成结构多样的助词。它由其动词义“获得”演变而来，在唐朝时发展为动态助词，宋朝时有所发展，元代以后逐渐趋向消亡。在《型世言》中，“得”保留着其动态助词用法，但多表示“动作已经实现或完成”这一语法功能，用句也以“动+得+宾”结构为常见，“得”作为动态助词的其他用法已不多见。

第一，用在动词之后，表示某种动作已经实现或完成。其功能与现代汉语的动态助词“了”相近，《型世言》中存在着大量的这种用法。“得”前面的动词，除“请教”、“驱除”、“断送”、“答应”、“收拾”等少数双音节词外，多以单音节动词为主。它的否定形式有两种情况：一是前有否定词“不”，表示不能或没有实现某种行为；另一种是前加“不曾”、“未曾”，否定曾经实现过某种行为。

1. 动+得+宾语

这种格式出现广泛，共有452个用例。宾语的形式也比较复杂，大体有以下几类：

●数量短语

①他昨日送得二百两，讲过今日还有三百，他竟然赖了。(29回)

②那和尚气透不来，只在床上挣得几挣，早已断命。(35回)

●偏正短语

③且说麻叶渡口，有个农庄，姓支名佩德，年纪已近三十岁，父母蚤亡，遗得几亩荒山，两亩田地，耕种过活。(19回)

④史继江道：“昨日走去，留也不留。我自回家打得坛白酒，倒也吃了快活。”(33回)

●代词/名词

⑤是那淫妇教我杀张婴，我前日不杀得他，今日又把他偿命，端然是我杀他了。(5回)

⑥当日大小姐自家在街上号泣卖身，忽雷博见他好个身分儿，又怜他是孝女，讨

了他，不曾请教得奶奶。(14 回)

⑦这货虽发一半到店家，还未曾兑得银子，约月半后还。(26 回)

●双宾语

⑧朱恺道："小事。前日苏州朋友送得小弟一柄粗扇在此，转送足下。"(23 回)

●复杂的联合短语

⑨昨日水来，我娘儿两个收拾得几匹织下的布、银子、铜钱、丝绵、二十来件绸绢衣服、首饰、又一家定我的十六两财礼、两匹花绸。(25 回)

●同位短语

⑩这先生无子，止得妻马氏生得一个女儿慧娘，家事贫寒。(13 回)

2. 趋向动词 + 得 + 处所词

这种格式共 21 例。如：

①悔气！才出得门，恰撞了耿埴。(5 回)

②华旗牌出得帐，便悄悄问饶他这人，通事道："这是王夫人，是你那边名妓。"(7 回)

有的在处所词后还加上方位名词，共 10 例（包含在 21 例中）。如：

③那妙珍到得耳中，也便心里明白，举止思想，都要学好人。(4 回)

④到得馆中，陈公子道："先生今日得趣了。"(27 回)

3. 动词（多趋向动词）+ 得 + 时间词

这种格式共 16 例。如：

①不期隔得六七日，周于伦已回，买了些嘉湖品物，孝顺母亲。(3 回)

②那师祖定公甚是奇他，到得十岁，教他诵经吹打，无般不会。到了十一二岁，便无所不通。(35 回)

2、3 两类都是从 1 类中分离出来的，它们的复现率比较高，较典型地体现了动态助词"得"的语法特点。

4. 动词 + 得（不带宾语）

"动 + 得"后不带宾语，置于句末，共 34 例。如：

①富尔谷，先生才死得，你不要就轻薄我女儿！(13 回)

②一路行来，天色已晚，挨城门进得，各饭店都已关了，无处栖止。(18 回)

③那姚明劫来银子不曾用得，也受了好些苦。(23 回)

以上几类常出现在已然的语境中，但在一些假设句或条件句中，"得"也可表示动作的实现或完成的状态。如：

④明鉴道："如今这贼手拿着刀子，紧随着老爷，动不动要先砍老爷，毕竟要先驱除得这贼才好。"（22回）

第二，用在可持续动词（或形容词）之后，表示动作（状态）的持续进行，共8例。

曹广顺（1995）认为，"得"的这种用法近于动态助词"着"，约产生于唐代，经过宋代发展，逐渐消亡。《型世言》中用例较少，反映了这种趋势，但它们的结构形式却比较多样。

1. $动_1$ + 得 + （宾） + $动_2$

①大慈说起途中抱病，路上又亏这檀越扶持得回，就留大喜在寺中安寓。（9回）

②甲首道："现奉本县老爷火签拘你们，怎推得不去？"（26回）

③尝恐做官的喜他的颜色，可以供得我玩弄；悦他的性格，可以顺得我使令，便把他做个腹心。（30回）

2. 动 + 得 + 宾

①只是汪涵宇常在孝堂边，张得贵梅满身缟素，越觉好看，好不垂涎。（6回）

②似此三日，他逃难的人，不带得粮，马也何尝带得料？（17回）

③一嫂，一哥靠得个锄头柄，一嫂靠得这双手，那做得人家起？（33回）

④只好巴巴结结过得日子。（33回）

3. "动 + 得"置于句末

于伦道："他也被我烧香骗去，料也不带得。"（3回）

二、过

"过"是一个在近代汉语中常见，且沿用到现代汉语中的动态助词。但在《型世言》里，它的用例却不像曹广顺（1995）所论及的那样"和元代比，明代文献中助词'过'使用更多了"，而是出现得比较少，全书共见32例。

第一，用在动词后，表示动作的完结，多强调动作本身的状态而非动作结束造成的状态，句子往往不受时态的限制。"过"的这种用法在《型世言》中共有13例。

1. "动词 + 过"后无宾语

这类用法共8例。如：

①兼之两边家伙，一旦接管官来逐封兑过，缺了一千八百余两，说他监守自盗，将来打了三十板。（7回）

②一日回来吃饭，同伴有人锄地，他就把锄头留在地上，回了去时却被人藏过。（19回）

③光棍道："朝奉不忠厚，怎拿这银子出来？要换过。"吴尔辉道："兄胡乱用一用罢。这里寓居，要换不便。"（26回）

④杜外郎道："老丈，小弟如今说过也罢了。只是才方说误听阿价与内人，差了。"（36回）

2. 动词＋过＋宾语

这类用法共4例：

①他叫道："是那个儿子藏过我的？"（19回）

②四尊道："诈过多少银子？"道："银子一百二十两，钱生员分去一半。"（27回）

③王尼道："这做过的事，怎又好起浪。明明白白交与他这四张纸，怎又好说还有一张？"（28回）

④水心月道："这他令尊估过几处才买，都道值一百多两。"（32回）

有1例比较特殊，动词是不及物的，"动词＋过"起修饰限定作用：

⑤李小姐跪下，为他讨饶，道："亡过奶奶只这一点骨血。还求老爷留他。"（27回）

第二，用在动词后，表示过去曾经有这样的事情，一般有时间词语或语境作提示，这种用法在《型世言》中共有18例。

1. "动词＋过"

这类用法后面没有宾语，共5例。如：

①胡似庄也来贺喜……道："县间生意萧条，差不多这几个人都骗过了，还到京中觅封荐书，东跑西走，可以赚块大钱。"（31回）

②季东池道："我说自病自医。你看我说过，想你会排遣，一两日便好了。"（38回）

其中有1例后加补语的：

③晚间着两个丫头伴着他宿，行坐处有两个奶奶心腹丫头贵哥、福儿跟定，又常常时搬嘴弄舌。去得半年，不知打过了几次。（14回）

2. 动词＋过＋宾语

这类用法共11例。如：

①公子道："他昨日送得二百两，讲过今日还有三百，他竟然赖了。"（29回）

②那王司房原做过个主簿，家事也有数千，没来由贪心不足，又入这网。（32回）

有4例（包括在11例中）"过"放在了宾语之后，形成"动词＋宾语＋过"的结构：

③他服事先边老爷过，知事，便留他罢。（18回）

④小简便一抱抱到床里，道："不妨得。别个不知痛养，我老经纪伏事个过的，

难道不晓得路数?”(23 回)

3. “动词+过”

这类用法作定语，共2例：

①头场遇得几个做过题目，他便一扫出来。二、三场，两个王公子道他不谙，毕竟贴出。(18 回)

②王尼道：“这做过的事，怎又好起浪。明明白白交与他这四张纸，怎又好说还有一张?”(28 回)

第三，书中还有1例，其中的“过”表示动作的持续，相当于现代汉语的“着”。

殷知县见了，便叫带过姚明一起来。(23 回)

三、将

“将”是近代汉语中一个比较活跃的动态助词，可以表示动作的趋向性、开始、完成、获得的结果等。它由“携持、携带”动词义语法化而来，大约萌芽于魏晋南北朝，形成于唐代。《型世言》中共有“动+将”结构56例，表现出一些特点：带宾语的少，带补语的多；单音节补语少，复合补语多。

1. 动+将+补语

处于动词和补语之间，形成“动+将+补语”结构是《型世言》中助词“将”最常见的用法。全书共见49例[1]，可分为两类：

A类：

① 只是这节事已沸沸传将开去了，一时邻里要为他具呈讨匾。(4 回)

② 齐环住了这帐儿下，一个捱将近来。(31 回)

③ 邵承坡怕回席不肯来，被他一把扯住，也拖将来。(33 回)

A类的动词，如“传”、“跳”、“走”、“赶”、“送”、“滚”、“撞”、“捱”、“插”等多为表示趋向性的动作动词，它们后边的补语往往表示动作的趋向，“将”用在这类动词之后，便成了趋向补语的标志。

B类：

④ 众人一齐笑将起来。(19 回)

⑤ 陈副使哭将起来，一面打点棺木殡殓，一面便想救儿子之计。(27 回)

⑥ 在里边收拾花园中一间小书房，推上些柴，烧将起来。(30 回)

⑦ 这牵常的病已费调理，不期阮胜因母亲病，心焦了，又在田中辛苦，感冒了风寒，又病将起来。(33 回)

---

① 由于有动词重复的现象，句例没有全部列出，后面的统计分析以全书49例为基础。

B类中的动词所表示的动作多不具有趋向性，如“报”、“笑”、“查”、“哭”、“夹”、“烧”、“病”、“惊”、“烂”，例句中的补语除单音节的“来”外，以“起来”居多，这里的“来”和“起来”已经虚化，只表示动作的开始、持续。这类例句中“将”字的作用主要是和补语一起表示动作的开始、持续、完成、获得的结果等动态。

《型世言》中的49处用例，其中带有动作趋向性的动词有35个，约占总动词的70%。由此可以看出，在《型世言》中，“动+将+补语”结构中的动词，还是以带有动作趋向性的动词为主。这也反映了在助词“将”构成的格式中，“动+将+趋向补语”这一在晚唐五代开始的优势结构经过汉语几百年的发展变化，到《型世言》中已经弱化，但仍留有强势痕迹。两类例句中的补语共49个，其中单音节补语11个，复合补语38个，这表明复合补语占有较强的优势。

另外，在《型世言》中还发现1处不常见的句例：

⑧我看一哥一会子老将下来，真是可惜。后生时不曾快乐得，把这光阴蹉过了。(33回)

“将”用在形容词“老”之后，构成“形+将+趋向补语”的形式。这一用法显然是由“动+将+趋向补语”发展而来，只是其中的动词换成了形容词，表示宾语“哥”具有形容词“老”所具有的性质或状态。“将”在这里还是表示一种动态的变化。

2. 动+将+宾

“将”用在动词和宾语之间，形成“动+将+宾”的结构。“将”的这种用法在《型世言》中很少，只出现4例。如：

①到将死先一日，叫贵梅道：“我病谅不能起……不若待我死后，竟自出身。”(6回)

②直到将午后，他回来，只得相见。(32回)

③公顿首道：“圣上威灵，无远不格。此诸神奉将天威，臣何力之有？”(39回)

4例中，动词为“到”的就有3例，说明在这极少的用例中，动词的选择也极为有限。它们后面有两种情形：一是加上“将”后直接带宾语；一是带上“将”，再带上宾语，再加动词，形成“动+将+宾+动”的结构。“将”的功能主要是用在动词之后，表示动作的完成。

3. 动$_1$+将（+宾）+动$_2$

“将”用在两动词之间，表示动作的持续，相当于现代汉语的“着”。这一用法只出现2例：

①一齐攒将拢来，好场厮杀：剑舞双龙，枪攒众蟒。(22回)

②这猴见了，道：“姻缘事非偶然，我待城中寻个佳偶，他却走将来凑。”(40回)

其中的动词“攒”、“走”都表示持续性动作，它们加上“将”之后，用来修饰“动$_2$”，说明“动$_2$”的伴随方式或进行时的状态。

四、来

助词“来”源于趋向动词，对于它在助词小类中的归属问题，学术界有不同的观点。为了方便讨论，我们把《型世言》中“来”的用句放在一起，这样我们可以比较清晰地了解“来”的功能分布情况，其中有“来”用作动态助词的现象。

第一，用于句子中间，放在动词、形容词之后，表示动作完成、持续、获得结果等状况，共71例。

（1）表示完成，相当于现代汉语的“了$_1$”。与时态无关，可用于过去、现在或将来，共56例。如：

①他也计出无奈，等他趁小年纪好嫁，不要老来似你。(4回)

②直到穷谷之中，只见一个人一堆儿烧死在那壁，看来不是别人，正是介子推。(8回)

③吴氏便把自己钗梳卖来娶了，娶到家中，为他打点一间房，动用床帐，都与自己一般。(16回)

（2）表示动作持续，约同于现代汉语的“着”，共7例。如：

④他若帮来嚷，我便撞上一头，只要吃盐卤，吊杀勒杀，怕他不来求？(3回)

⑤有几个年少的，佛也不念，或是铺排自己会当家，丈夫听教训，或是……更有没要紧的，且讲甚首饰时样，带来好看？(4回)

（3）表示动作获得的结果，用于动词和补语之间，共8例。如：

⑥只是病日沉重，妙珍想来无策，因记得祖母尝说有个割股救亲的……狠狠的将来割下。(4回)

⑦烈妇适送药与他，他看了两眼，泪落道：“娘子，从今这药不须赎了，吃来无益，不如留这些钱财与父母及你养赡。”(10回)

⑧王尼道：“我不晓得这天杀的，绝好一个好人，怎起这片横心？他说造殿，舍五十两与他造殿罢。”张秀才道：“没这等事。舍来没功德。”(28回)

第二，用在分句或全句末，有成句的作用，功能复杂，共89例。

（1）指明某一件事情或过程是曾经发生过的，是已经完成了的，常和时间副词“曾”或时间名词搭配使用。如：

⑨只见一个旺尖嘴，是左邻吴旺，道：“昨日他家说来，是要他嫁汪蛮，不肯告的。”(6回)

⑩到晚想起，石不磷既为我娶来，没个不收的理，分付取一乘轿，到水次抬这女子。(20回)

⑪ 县尊叫郑氏，问道："你母亲在日曾许朱安国来么？"郑氏道："曾许一个朱家，不知是朱安国不是朱安国。"(25回)

（2）表示动作的完成。这一用法和第一种用法中的第一类相同，只不过是置于小句末。和第二种用法中第一类的不同之处是"来"由于语境的作用，它的语义指向是动词，而不是整个事件或过程。如：

⑫ 此时李氏听众人说来，也都有理，只是低头不语。李权便着媒婆与他寻亲。(4回)

⑬ 却也有人晓得他，偶然得个人说了住处，寻来，凑巧石不磷在家。(20回)

⑭ 把一个远公的酒钟便惊将落来，道："师父那里来？"(35回)

（3）表示动作的完成或状态的实现，但同时兼表某种语气。"来"语义指向动词，同时也具有表示事态变化实现的作用。大致相当于现代汉语中处于句尾的重叠的了$_1$和了$_2$。如：

⑮李氏把妙珍头摸一摸，道："且守一守儿，等他大来。"(4回)

⑯汪涵宇对贵梅道："从了我，我与你劝来。"贵梅道："光棍，你搅乱我家里，恨不得咬你的肉！我肯从你？"(6回)

第三，指明某一件事情或过程是曾经发生过，兼表语气，多用于疑问句。共5例。如：

⑰掌珠道："谁记恨来？只是他难为人事。"(3回)

⑱那官不吃，道："你先用。"张知县道："你怕咱用药来？多虑。"(22回)

有学者把"来"当作事态助词，如曹广顺（1995）；有学者再细分为动态助词和事态助词，如吴福祥（1996）；有学者把它称为时态助词，如蔡镜浩、董志翘（1994）；还有的学者如俞光中（1985）干脆没有分类。通过以上的描述，对"来"的定性分类，笔者粗略有几点体会：

第一，"来"在句子中的位置及同前后词语的结构语义关系，直接制约着它的语法功能，进而影响了它的分类。如在第一种用法中，我们可以把"来"定位为动态助词；第二种用法中的第一类我们可以称为事态助词。当然，"来"的具体定性应看哪一种是主导功能，不能仅凭几个或几十个用例。

第二，"来"的这些功能用法有承继性，它们一脉相承。是不是可以这样大胆推断，"来"从表示趋向的动词，发展到表动作的完成，再发展为表某一件事情或过程曾经发生过，到最后可以只表语气。在汉语史中，由于词的语法位置的变化而引起语法意义变化的现象非常多，带有规律性。书中例子也可说明这一点：

⑲向着陆仲含道："陆相公，你曾在马鞍山下谢家处馆来么？"陆仲含道："果曾处来。"(11回)

例⑲中问句虽处句末，且带有疑问词，但由答句可知，“来”并没有表语气的意义。但到了下面的句子中它只表示语气了：

⑳这几个钱，叫老子买了肉没酒，买了酒没肉，当得甚来？(9 回)

第三，“来”表现出的语法功能对语言环境有很大依赖性，这是因为“来”的用法还处在发展之中，并没有稳固下来。如：

㉑座头道：“身边晓得你无钱，但你平日攒下私房藏在那边？或有亲眷可以那借，说来等禁子哥与你唤来。”(6 回)

㉒此时李氏听众人说来，也都有理，只是低头不语。李权便着媒婆与他寻亲。(4 回)

㉓只见一个旺尖嘴，是左邻吴旺，道：“昨日他家说来，是要他嫁汪蛮，不肯告的。”(6 回)

3 例中都有“说来”这一语言形式，但“来”的语法意义却不同，例㉑是虚化了的趋向动词；例㉒表示动作完成；例㉓表示事情曾经发生。又如：

㉔直到穷谷之中，只见一个人一堆儿烧死在那壁，看来不是别人，正是介子推。(8 回)

“看来”一般表示推测，但在这句中却表示“看”这一动作的完成，一确信的动作，因为后一分句中有“正是”二字。

五、了

助词“了”的发展演变有两个层次。首先，唐代由于词汇的更替、语序的变化，动词“了”逐渐演变为表示动作完成的动态助词，即现代汉语的“$了_1$”；其次，在“$了_1$”基础上又逐渐产生了新功能，表示肯定事态出现了（或即将出现）变化的语气，即“$了_2$”，这一过程在宋朝结束。《型世言》中“了”的用法相当完备：“$了_1$”单用，“$了_2$”单用，“$了_1$”和“$了_2$”连用的现象都有；“了”表示动作持续，“了”、“着”不分的现象也大量存在。

第一，用在动词或形容词之后，表示动作的完成或形容词所具状态性质的实现。可出现在现在、过去或将来假设等时体中，共有 1 962 例。

（1）动 + 了 + 宾，动词多为单音节形式，有时是不及物的，宾语形式丰富，共有 1 576 例。如：

①姚居仁在外，竟费了书耕种，将来供养兄弟。(13 回)

②胡似庄道：“我明日问了来说。”(31 回)

③师弟，有甚好处，想他？我那师祖，整整淘了他五六年气。(35 回)

还有 2 例是“名 + 了 + 宾”结构，名词在这里活用：

④ 进会场便中了进士，殿试殿了二甲十一名。(18 回)

⑤这牵常的病已费调理，不期阮胜因母亲病，心焦了，又在田中辛苦，感冒了风寒，又病将起来。(33 回)

(2)“了”前为动补结构的动词或动词词组，“了”不但表示动作的完成，而且表示动作结果的实现，它的语义同时指向动作和动补，共计 22 例。如：

⑥成祖道：“不妨，你且调理好了任职。”(1 回)

⑦来定道：“好自在生性，现今差人拿住了大舍。他到官，终须当不得你。”(3 回)

⑧光棍道：“我为这几两银子毕竟要寻他，只是不好领二娘去。且等明日，寻着了他来回覆。”(26 回)

(3) 动词为单音节形式，加“了”后又接补语，形成“动 + 了 + 补语”格式。“了”语义仅指向单音节动词，共计 364 例。如：

⑨小姐只是不采，十分听不得时，也便作色走了开去。(1 回)

⑩一日回来吃饭，同伴有人锄地，他就把锄头留在地上，回了去时却被人藏过。(19 回)

另外，用在形容词后，表示一种变化已经（或假设）完成。有时接补语，指明程度。如：

⑪只为他虽然哭泣得憔悴了些，本来原是修眉媚脸，标致的；又道是在时年纪，怎不妒忌？(14 回)

⑫他便大了个胆，一日去带饭，把他手掌捏上一把。(33 回)

⑬那帖木儿远了怕看不亲切，近了又怕惊走了他，也这等凫行鹤步，在那厢张望。(40 回)

有时候，“了”用在单音节动词之后，不但表示动作的完成，又有动作实现某种结果的语义。这种现象的出现，跟有些动词的语义有关，也跟汉语动补结构的发展不无关系。我们先看书中几组对比的例子：

⑭a. 光棍道：“我为这几两银子毕竟要寻他，只是不好领二娘去。且等明日，寻着了他来回覆。”(25 回)

b. 寻了一个南濠开南货店钱望濠女儿，叫做掌珠，生得且是娇媚。(3 回)

⑮a. 来定道：“好自在生性，现今差人拿住了大舍。他到官，终须当不得你。”(3 回)

b. 拿了一起江洋强盗，不曾送捕厅，竟自通申，恼了捕厅。(16 回)

在例⑭a 中用了“寻着了”，而例⑭b 用了“寻了”。例⑮a 用了“拿住了”，而例⑮b 用了“拿了”。两例动词后都是接指称人的名词（代词）或名词短语，且都为已然语境。相比而言，两例 a 句更具有助词功能，两例 b 句的“了”则起了动词补语的作用。看一个更为明显的例子：

⑯邻里道：“这也是好笑，难道同在一房，人都杀死了还不醒的？分明是你杀了，却要赖人。”（5 回）

在这个句子中，同时出现“杀死了”、“杀了”，虽然语义表达有所侧重，但两者完全通用。

下面为此用法的例句，句中动词后为笔者加的补语，用括弧标注。

⑰成祖大恼，分付将士负土填（满）了城河，架云梯攻城。（1 回）

⑱因是荡酒的不小心，飞（进）了点灰在里边，斟出来，觉有些黑星星在上，张罗用指甲撩去。（13 回）

⑲相来相去，相（中）了一个本县梧桐里住的李家女儿，十八岁。（16 回）

⑳一时官员都纷纷道：“彭阁老轻敌，定要送（到）了陕西才歇。”（17 回）

㉑陈副使叫声打，这些管家将来下老实一顿，衣帽尽行扯碎，搜（出）了纸牌。（27 回）

第二，现代汉语有“$了_1$”和“$了_2$”共现的情况，《型世言》中也存在这种现象，用例不多，共 12 例，但格式多样。

（1）动＋了＋宾＋了，前“了”表示动作完成，相当于现代汉语中的“$了_1$”；后“了”表示事态出现了（或即将出现）变化的语气，相当于“$了_2$”。如：

㉒小的族兄止得这子，他又未曾娶妻，若老爷正法，是哥子绝了嗣了。（25 回）

㉓这人不容分说，跳进柜来拿过一看，道：“有了贼了。”（32 回）

㉔怪道饿得，他一顿也吃了半个月食了，只当饿得半月。（34 回）

㉕我一时错认，枉了你了，幸得尚未解道，出缺文书还未到布政司，你依旧着役。（36 回）

（2）动＋了＋宾＋动＋了，前“了”相当于“$了_1$”，后“了”表示动作完成并且事态已有改变，相当于“$了_{1+2}$”。如：

㉖吴尔辉道：“他收了银子去了，今日学生就是妹夫了。”（25 回）

㉗只听得楼门口脚步响，回头看，皮匠已拿了一把皮刀赶来了。（27 回）

㉘陈公子又叫他不要吃惊，叫书童与了他工钱去了。（27 回）

（3）另外，有 1 例“动＋了＋宾＋动＋了＋宾”格式，两个都表示动作完成，动词之间有连动关系：

㉙次日拿了一个钱买了个帖子，来拜徐晞。（31 回）

还有 1 例是“动＋了＋宾＋罢了”的格式：

㉚鲍雷道：“这妇人阮大料也留不牢，好歹讨了他的罢了，偷的长要吃惊。”（33 回）

第三，《型世言》中有一种“动+了+时量词”格式，“时量词”说明动作或动作结果持续的时间，“了”表示动作在时间结束时完止。整个格式指称过去，共156例。如：

㉛果然隔了两日，谢老来送一个十二两关，就择日请他赴馆。(11回)

㉜夹了半个时辰，只得招是因奸不从，含怒杀死。(21回)

㉝水心月木呆了半日，道：“也不知骗着那个。”(32回)

第四，表示动作状态的持续，相当于现代汉语里的“着”，共347例。如：

㉞日日捧了案卷，似草木般立在丹墀，何如我或笑或歌，或行或住，都得自快？(14回)

㉟那边吴氏怕李氏年小，不肯守，又萧季泽遗命，叫他出嫁，日日看了世延痛哭，道：“你小小儿子，靠谁照管？”(16回)

㊱一破了阵，便日日戏了脸，替这两个小厮缠。(28回)

㊲法明提了灯笼远远先走，妙智随了，送到菩提庵来。(29回)

有1例是介词“对”后加“了”：

㊳这经历官小，压不伏，对了冯外郎道：“这原有些形迹。”(36回)

六、却

“却”作动态助词始见于唐朝前期，表示动作完成，由动词义“退（始退）”发展而来。据曹广顺（1995）考证，至宋代中晚期，“却”已开始明显地被“了”取代。在《型世言》中，我们已几乎看不到“却”作为动态助词的用例。

①程编修与铁参政、盛统兵，出奇战却。(8回)

②恺儿自小不拘束他，任他与这些游手光棍荡惯了，以后只有事生出来，除非离却这些人才好。(23回)

③蓝氏自知女儿已破身，怕与了人家有口舌，凡是媒婆，都借名推却。(21回)

④只是我也与你相与二十日，不为无情，莫对新人，忘却昔日。(38回)

例①、②中“却”有“离去”之义，作趋向补语；例③、④中有“掉”之义，作结果补语。它们仍带有实义，不是助词。作动态助词的“却”比较明显的全书仅见以下3例：

⑤只是可惜贪却片时云雨意，坏教数载竹松心。(6回)

⑥补锅匠再三要随行，建文君再三谢却。(8回)

⑦始初堂上下来还两持厮杀，只为要奔出门，赶下丹墀，被这些民壮一裹却围在中央，四面受敌，刀短枪长。(21回)

七、着

在近代汉语里中助词“着”的主要功能是表示动作状态的持续或动作的进行，有时表示动作的实现和完成。它是由动词义“附着”发展变化而来，大约产生于唐代前期。《型世言》中“着”的用法不但表现完备，而且呈现出一些新的发展变化。在形式上，虽然以“动+着”的格式为主导，但也不乏“形+着”的格式，而且出现了“名+着”的现象，有的例句还透露出“着”的演化痕迹。在功能上，主要表示动作状态的持续或动作的进行，但也有不少用例是表示动作的实现和完成的，与“了”的分工不是很明确。这说明助词“着”的用法和功能非常丰富，同时也反映出当时的助词体系正处在完善发展之中。

第一，“着”附着在动词之后，表示动作状态的持续或动作的进行，全书共388例。

（1）“动+着”和“动+着+宾”格式，293例。如：

①你若不快，待咱陪着你，或是东岳庙、城隍庙去烧香，就去看做市儿消遣，正是这两日灯市里极盛，咱和你去一去来。（12回）

②张知县便出来，坐了堂上丹墀，里边排了这些民壮，都执着刀枪。（22回）

③因有这小人磕头撮脚、搽脂画粉去奉承着他，昔人道的举朝皆妾妇也。（37回）

在这类例句里，“着”用于“动+着”和“动+着+宾”结构。但在《型世言》中，“动+着+宾”的用例明显多于“动+着”不带宾语的用例。“着”的作用主要是表示动作状态的持续。在上例中“着”黏附的动词以单音节为主，从语义上看有两类：一类如“夹”、“陪”、“牵”、“领”、“做”、“拥”、“供”、“煮”、“怀”、“支”等动词，它们的动作是可以持续下去的，并且在持续之中往往呈现出一种静止的状态，“着”附在此类动词之后，表示这种“静止”状态的持续；另一类是动作在短时间内进行和完成，本身并不表示动作的持续，但它所作用的结果却能保留下来，像“盖”、“插”、“扑”、“披”等动词，“着”的功能就是表达“结果”的持续。

另外，有1例用在存现句中，“动+着+宾+处所词语”形式：

④自己似吃晚饭一般，拿着一碗莎米饭在那里吃，又拿一碗肉汁去淘。（9回）

（2）“$动_1$+着+$动_2$”，共95例。如：

⑤此时徐明山正与王翠翘在帐中弹着琵琶吃酒，已自半酣了，瞪着眼道：“拿去砍了。”（7回）

⑥白了眼是处便撞，垂着头随处便倒，也不管桌，也不管凳，也不管地下。（21回）

⑦又叫徒弟法明临下一张，留着做把柄，以杜后患。（28回）

⑧只见背着一个人下楼，熏得这些人掩鼻的，唾唾的，都走开去。(38回)

以上诸例中，“着”用于“动$_1$+着+动$_2$”格式。在这种格式里，“动$_1$+着”所表达的持续状态用来陈述“动$_2$”，“着”的作用是表示动作的进行态。“动$_1$”与“动$_2$”之间的意义关系比较复杂，但大体上有以下几种情况：

a. “动$_1$”与“动$_2$”两个动作同时进行，其中有的可以理解为“动$_1$”表示“动$_2$”的方式，如例⑤、⑧；

b. “动$_1$”与“动$_2$”之间有一种手段和目的的关系，如例⑦；

c. “动$_1$”正在进行中出现“动$_2$”的动作，如例⑥。

第二，用在形容词之后，表示状态的持续。

⑨罢！嫂子，怎丢了窠坐儿别处去？他不来管咱们，便且胡乱着。(5回)

⑩次早见无垢只坐在房中不出来，彭氏便自送汤送水进去，娇着声儿去撩他。(35回)

“形+着”结构在《型世言》中出现46例，在带宾语的用例中，形容词明显具有动词性。例⑩是“形+着+宾+动”结构，“形+着+宾”修饰其后的动词，整个结构作状语。其余几句中的“着”表示状态的持续。

第三，用在动词之后，表示动作状态的实现或完成。如：

⑪一个趁口长的道：“便是前两日做着死衣服，甚是急。今日到懈懈的，衾褥之类还不完，一定有不死光景了。”(10回)

⑫看时，只见门边死着阮大，里边些死着温氏，惊得魂不附体，转身便走。(33回)

⑬凡是寺中有人取笑着他，便发恼，只是留他在房中，行坐不离。(35回)

⑭况且过活得罢了，怎丢着青年嫂嫂，在外边闯？(37回)

在《型世言》中，“着”表示动作的实现或完成的句例，全书共75例，这从侧面也说明当时的助词体系还处在完善之中。从这75例来看，表示完成的“着”主要用于一些本身不能持续，也不能造成持续状态性结果的动词，如“舍”、“嫁”、“死”、“取笑”、“破”、“批”、“丢”。“着”能够表示动作的完成或实现还有一个因素就是语境，像“收”、“算”、“想”、“做”等虽然可以表示持续性的动作，但句子的意义所构成的语境限制了它们所表示动作的持续，在这种语境里，这些动词所表示的动作无法持续进行。

第四，用在动词之后，但在动词和助词“着”之间插有宾语或补语，简写为“VX着”结构。

⑮徐婆道：“周亲娘央我送老亲娘，待我送到便来。暂躲一躲着。”(3回)

⑯公子笑道：“那里便用得他着？”(18回)

⑰早一点着，爱姐失惊，要走起来，苦是怕人知，不敢高声。(21回)

⑱吴尔辉说："待人进门着。"(26 回)

多数学者认为这种格式中的"着"是一种句末语气词或祈使语气词，助全句语气。但乔全生（1998）从方言和汉语史的角度分析了这一结构，认为"V 着 X"结构对"VX 着"结构有强大的类化作用，二者其实一样，"着"是动态助词，不是句末语气词；和动词发生关系，不是助全句语气。但笔者在《型世言》中又找到了这样1例：

⑲小沙弥道："且关了门着。"正去关门，忽回头见一个人坐在金刚脚下，也吃了一惊。(9 回)

句中的"着"如果表示动作进行或持续，就会与"了"的功能产生矛盾；如果表示动作的实现和完成，又与"了"的语法意义相重叠。认为"着"是一语气词似乎更好一些。

第五，在《型世言》中笔者还发现了名词后直接跟助词"着"的现象，全书共见7例。如：

⑳邓氏任他解，口里道："……就是他来，这灶前有一个空米桶，房里床下尽宽，这酒糊涂料不疑心着我。"(5 回)

形式为"名+着"的用例在唐宋以来的俗文学作品中实为少见，也没见过有关的论述。但在此句中"疑心"前有副词"不"修饰，显然已经有了动词性。

第六，《型世言》中还有介词后紧接"着"的用句，全书共61例。如：

㉑你如今且回去，再接他阿哥，同着我们劝他一番。(26 回)

㉒他夫妇是过得极恩爱的，见他这个光景，便来问他道："为着甚事来?"(27 回)

㉓吕达和着一个妇人在那厢开酒饭店，问他哥哥，他道这妇人便是。(37 回)

石汝杰（2002）认为这是作者在作品中流露出的方言痕迹，现代吴语还保留着这样的用法（与"着"对应的助词是"仔"）。

最后，值得一提的是，《型世言》中有的例句还可以反映出助词"着"演化的痕迹：

㉔左冲雄，右突武，前茅英，后劲勇，都拥着天子中央。(17 回)

㉕那文姬作娇作痴，把手搭着他肩，并坐说些闲话。(38 回)

汉语中表示动态的助词"着"是由意为"附着"的动词"着"演变而来的，在它开始虚化的时候，也在某种程度上保存着"附着"于某一处所的意义。所以"着"在句中的位置便是动词之后、处所词之前。这类"着"近于介词，是介词化了的动词。例㉔、㉕中的"着"能换成"在"。

第二节　结构助词

一、得

关于结构助词“得”的来源，学术界一直争议比较大，没有定论。杨平（1989）从语义角度分析出表完成的“动＋得”和表可能的“动＋得”具有相同的来源，都源于“获得”义的动词“得”，但没有对“得”的性质进一步讨论。郑远汉（1997）持有不同观点，他指出表完成的“动＋得”和表可能的“动＋得”属于不同的系统，其中的“得”不能等同。刘坚等（1992）则认为，动词“得”的本义是“获得、得到”，用在其他动词后面，表示动作的实现或完成，由此进而虚化为表示完成时态的助词和引出结果补语的结构助词。曹广顺（1995）与刘坚的观点一致，“得”作为述补结构的标志是从它在述补结构中作补语发展而来的。吴福祥（1996）更明确地指出，结构助词“得”是由动态助词进一步虚化而来的。

现代汉语中虚词“得”的动态助词用法已经消失，只能作结构助词，这虽然是整个助词系统调整归并的结果，但同时也伴随着“得”这个助词内部功能用法的自我调节。《型世言》中的结构助词“得”句例普遍，用法完备，主要引出趋向、情态、可能、程度等补语。此外，书中还出现了“得来”、“得势”等吴语的用法。

第一，用在动词后，连接表示趋向的补语[①]。《型世言》中用例很少，一般都用于已然的句子中，有两种情况：

（1）动＋得＋趋向补语，“得”引出趋向补语，共29例。如：

①这小和尚对着知客道：“羞！我领得来，你便来夺。”（9回）

②法明走得出去，只见行童慌慌张张的道：“徐相公在轩子里了。”（29回）

（2）动＋得＋宾＋趋向补语，“得”引出动词宾语和趋向补语，共12例。如：

③只见进得房来，邓氏又嚷道：“叫你不要回，偏要回来。如今门是咱开了，谁为你冷冰冰夜里起来关门？”（5回）

④扯了王秀才道：“学生得罪！宅上不曾送得礼来，故尊舅见怪，学生就补来。桶儿亲，日后正要来往，恕罪，恕罪。”（26回）

此外，还有1例趋向补语移到了“得”字前面，形成“动＋趋向补语＋得”的特殊格式：

⑤他便改了这腔，看见这家虽富，却是臭吝不肯舍钱，风水将就去得，他便极其

---

① 对于这一用法中“得”的定性，学术界有争议，有的学者认为是结构助词，有的学者认为是动态助词，本文放在结构助词里来描述。

赞扬，道："不消迁改。"（19 回）

第二，用在动词或形容词之后，引出情态补语。"得"的此种用法在《型世言》中非常普遍，用句的内部结构比较复杂。

（1）动 + 得 + 名词性短语，10 例。如：

⑥那人一边等他二人说话，一边便潜到厢房里一看，道："姐夫，何如？现现掘得七坑、八坎在此！"（15 回）

（2）动 + 得 + 疑问代词，1 例：

⑦又对贵梅道："媳妇，前日说的想得何如？"（6 回）

（3）动/形 + 得 + 动词/形容词，168 例。如：

⑧不知王世名他将银子与契俱封了，上边写得明白，交与母亲收执。（2 回）

⑨光棍道："你二爷在广时，曾阚一个杨窎儿，与他极过得好，要跟二爷来。"（26 回）

（4）动 + 得 + 动词短语/形容词短语，89 例。如：

⑩都身上着得红红绿绿，脸上搽得黑黑白白，头上插得花花朵朵，口里道："客官请香烛去。"（10 回）

⑪只为他虽然哭泣得憔悴了些，本来原是修眉媚脸，标致的；又道是在时年纪，怎不妒忌？（14 回）

（5）动 + 得 + 一（个） + 动词（短语），4 例。如：

⑫掌珠正在船中，等得一个不耐烦，道："有你这样人，一去竟不回。"（3 回）

⑬邓氏嚷道："扯鸟淡，教咱只道是贼，吓得一跳。怪攮刀子的！"（5 回）

（6）动 + 得 + 形容词（短语） + 的，多为形容词的重叠形式，24 例。如：

⑭他家中已有儿子媳妇，不要后生生长得出的，又要中年人生得洁净标致的。（3 回）

⑮吴尔辉正穿得齐齐整整的，站在那边等王秀才。（26 回）

（7）动/形 + 得 + 比况短语，12 例。如：

⑯方完，李景隆早已逃来，靖难兵早已把城围得铁桶相似。（1 回）

（8）动 + 得 + 主谓联合短语，10 例。如：

⑰又被门槛绊了一跤，跌得嘴青脸肿。（1 回）

（9）动 + 得 + 主谓小句，87 例。如：

⑱王奶奶叫勤儿挽上驴子，那掌鞭的豁上一声响鞭，那驴子"扑剌剌"怪跑，却

似风送云一般，颠得一个王奶奶几乎坠下驴来。(12回)

⑲一日，杨寡妇偶然到他家中，急得马氏茶也拿不一钟出。(31回)

(10) 动+得+复句形式，13例。如：

⑳推得董文这醉汉东磕了脸，西磕了脚，叫唤进去。(5回)

(11) 动+得+把字句，2例。如：

㉑吃得把这几个和尚、两个婆娘称，好歹一百。(29回)

(12) 动+得+被字句，仅见1例：

㉒你做贼害得我奶子被夹，小厮腿都夹折，我坏了前程，吃打赔赃。(36回)

(13) 动词+得+复杂结构，3例。如：

㉓今日显出一件手段来，明日显出一件手段来，吹箫唱曲，吟诗鼓琴，把个徐和尚弄得又敬又爱，魂不着体。(7回)

另外，关于"得"前的动词，书中出现了两个特殊的例句。一例是动词的重叠形式，一例为系词"是"。

㉔叔叔，你不知道，女人自有一个穴道，天生成的，怎烂烂得凑巧的？其间必有缘故。(37回)

㉕知县叫韩氏："这是你丈夫么？"韩氏道："是得紧，只少几根须。"(37回)

第三，用在动词后，表示动作的可能性；或者引出结果补语或趋向补语，表示动作的结果、趋向实现的可能性。

现代汉语中可能补语的表示方法有两种：一是用"得"或"不得"；另一种是在结果补语或趋向补语和中心语之间插入"得/不"，《型世言》中这两种格式都已存在，还有现代汉语中没有的格式。

(1)"得"后不带宾语或补语，一般置于句末，表示动作的可能性，多用于反问句，45例。如：

㉖只顾将息你病好，钱财那里惜得？(10回)

㉗他是寡女，我是孤男，点点船中，怎么容得？(20回)

㉘据你要银七千，这也是两个人拿得？毕竟有外应余党。作速招来。(22回)

(2) 动+得+宾语，56例。

与(1)相比，后多了表示动作行为对象的宾语，宾语形式比较丰富，有人称代词、名词、名词短语、主谓词组等简单结构，还有含连动关系的复杂句式。如：

㉙你妇人家不晓事。一个人怎么就害得他？(5回)

㉚这些可以作考中，免省祭，还可超选得好地方。(16回)

㉛若是水利，每年在农工歇时，督率流通堤坊，使旱时有得车来，水时有得泄

去，使不至饥荒，是为民，也是为国。(20 回)

(1)、(2) 的否定形式都是用“不得”来实现，形成“动 + 不得 + (宾语)”格式，表示动作的不可能性。

㉜一个猪舍不得，舍得性命？(1 回)
㉝连你那胡总制还保不得自己，怎保得我？(7 回)
㉞便一生没老婆，也留他不得。(26 回)

宾语有时可以是动词或动词性结构，如：

㉟这岑氏毕竟做嘴做脸，骂得这侍妾们上不得前，道他哄汉子，打两下也有之。(24 回)

(3) 动 + 得 + 补语，57 例。

这种格式中，“得”用来引出趋向补语或结果补语，表示动作的结果、趋向实现的可能性。如：

㊱他捱不起，咱们捱得起来，要送老子下乡，他也不肯去，条直招个帮的罢。(5 回)

㊲姚明道：“一日也难过，如何待得回来？兄若见怜，借小弟一二十两在此处生息，回时还兄，只当兄做生理一般。”(23 回)

(3) 的否定形式是“动 + 不 + 补语”，表示动作的结果、趋向不可能实现，与其肯定式不同，一般用于已然的句子中，因为只有发生了动作行为，才有可能知道其结果。如：

㊳南边烧的是柴，北边烧的煤，先是去弄不着。(14 回)
㊴吴尔辉沉吟半日，道：“怕做不来。”(26 回)
㊵这经历官小，压不伏，对了冯外郎道：“这原有些形迹。”(36 回)

(4) 动 + 得 + 宾语 + 补语，12 例。

“得”先连接动词的宾语，再引出动词的补语，宾语是动作行为对象，补语语义指向动词。与 (2) 类相比，宾语的形式多为名词、代词，比较简单。如：

㊶王举人道：“观子之诗，怨悔已极。到思亲想弟，令人怜悯。但只恐脱得身去，又悔不若青楼快乐。”(11 回)

㊷倘你若能献计，生擒得满四出来，原有赏格：擒获满四，赏银五百两、金一百两，子孙世袭指挥。(17 回)

“得”置于动词和宾语之间，形成动宾关系，后面的补语指向整个动宾结构。书中仅出现 1 例：

㊸他脱得身好了，还敢要钱？(35 回)

（5）动＋得＋补语＋宾语。

“得”用于动词和补语之间，先构成动补结构，后面再接其他成分作整个动补结构的宾语。书中仅出现1例：

㊹这沈刚略也有些资质，都不叫他把在书上，倒教他下得好棋，铺得好牌，掷得好色子。（15回）

它的否定式有两种，一种是“动＋不＋补语＋宾语”，如：

㊺不信和尚有这等造化。我老爷一向寻不出一个人。（30回）

另一种是“不＋动＋补语＋宾语”，如：

㊻或者打得他这把刀落，喻提控趁势把老爷抢进后堂，咱们这里短刀石块一齐上，怕不拿倒他？（22回）

（1）、（2）两类表示动作实现的可能性，（3）、（4）、（5）几类，“得”用来引出补语，表示动作趋向或动作结果实现的可能性。它们一般用于未然的句子中，常有“若”、“倘”、“怎生（管）”、“如何”等词语来提示，也可以用于议论、叙述一般情况的句中，因为所说的动作、行为都没有具体实现。如：

㊼打得一手好算盘，做人极是风流倜傥。（23回）

㊽他道：“我们方术人，要铺排大，方动得人。”（31回）

有时，还用在对已发生过的事情的叙述中，如：

㊾他原识两个字，心里极灵巧，凡一应紧要文书、词状简札，着他收的，问起都拿得来，越发喜他有才。（30回）

另外，《型世言》中还有1例用法，应值得我们注意：

㊿我兵三面受敌，如何抵敌得住？便大败而归，杀得任、吴两总兵直退守东山，才得札住。（17回）

句中是“动＋宾语＋得＋补语”格式，它应该由第五类“动词＋得＋补语＋宾语”变化而来，只不过把“宾语”提到了动词之后“得”字之前，这就更突出了“得”援引补语的功能。

现代汉语中还有一种格式来表示可能补语，即“得/不＋了（liǎo）”格式，《型世言》中没有发现肯定形式，但找到了它的否定形式：

51好造化，从天掉下这一对美人来，我家一生一世吃不了。（1回）

52生他的尚且管不了，没了，你怎管得？（16回）

第四，用于动词、形容词之后，连接表示程度的补语。书中这样的用例很少，仅见3例，补语也仅限于“无极”和“极”。如：

㊿二郎一见，欢喜得无极。(3 回)

㊾他就在徐公子面前道："徐公子，你曾散一散，到他里边去么？绝妙的好房，精致得极。"(29 回)

㉟这日输得极了，意思要来衙门里摸几分翻筹。(36 回)

第五，用在动词后，连接表示动作发生次数的数量补语。补语由表示实数的数量短语来充当。书中仅见 4 例。如：

㊶李权道："这姊姊，我那边东村周小一老婆，老公死得半月就嫁人，也没人说他。"(4 回)

㊷咱与你来往了几时，从不曾痛快睡得一夜。(5 回)

第六，"~得来"、"~得势"。

"~得来"是吴方言词语，主要作用是引出补语，同时含有程度之甚的语义，是一助词。《型世言》中有 37 例，反映了作者的方言特点。如：

㊸不料他的妻赵氏是个小家子，道家里这些柴米也是艰难得来，一粒米是我一点血，一根柴是一根骨头。(4 回)

㊹话说直隶江阴县有一个相士胡似庄，他也是个聪明伶俐人儿，少年师一个袁景庄先生学相，到胡诌得来。(31 回)

⑥他脱得身好了，还敢要钱？哄得来大家好过。(35 回)

此外，还遇到一个"~得势"的用句，它的作用与"~得来"一致：

⑥那李二娘一见便道："向日杨亲娘说周亲娘标致，果然标致得势，那不肯走出来白话一白话?"(3 回)

第七，《型世言》中有时把"得"写作"的"。如：

⑥次早高秀才起来，只见那老人道："你两人商量的通么？"(1 回)

⑥不如嫁的好！你若怕羞不好说，我替你对那老婆子说。(4 回)

⑥先有一来礼拜女人，生的标致，曾在镜中照得他带着皇后冠服，便立做皇后。(8 回)

⑥但见里面有几个内眷，把这女子打扮的花花朵朵，簇拥出来，全不是当日在水里光景了：涂脂抹粉一时新，袅袅腰肢煞可人。(25 回)

二、的

"的"是结构助词"地"和"底"的替代书写形式。作为结构助词，"地"和"底"大约始见于唐代，"地"出现的时间要比"底"早一些。"地"字结构是谓词性的，"底"字结构是体词性的，在产生初期二者的功能是相对相成的，但后来出现了混用。据曹广顺（1995）、冯春田（2000）等学者研究，宋代以后，由于语音的变化，

“的”字开始代替“底”和“地”，至元代中叶最终取代“底”，明代基本取代“地”。《型世言》中“的”的用例非常多，“的”字结构能置于句子的任何位置，充当主、谓、宾、补、定、状等多种成分，其内部的构成成分也非常复杂，有词、词组、小句、单句、复句等形式。此外，还出现了一些不常见的用法。

第一，“的”字结构在句子中充当的句法成分。

（1）作主语或动词、介词的宾语，我们简写成“P的”，925例。

P为名词或代词：

①昨日林相公同一位杨先生看地，正是小人的，特写契送来。（19回）

②他与他不知讲些甚么，又着人去各峒说了，不三日之间，银子的，布的，米谷的，都拿来。（20回）

其中，有1例是现代汉语中不用的“这+的”格式：

③两个会问时，撤定他几件实事，坐了他五百赃，问了充军，着实打了他二十，在广州府监里坐得个不要，家眷流落广州。这的是张继良报应。（30回）

P为动词：

④李公子便将记的略加点窜，赶先面教。（18回）

⑤叫爱姑时，并不见应，寻时并不见人，仔细看时，穿的正是爱姐衣服。（21回）

P为形容词：

⑥朝廷给发我家，便是我家人，教训凭我，莫要鲜的不吃吃腌的！（1回）

⑦陈望湖道：“这也是他们大娘做事拙，实的虚不得。”（26回）

P为动宾短语：

⑧这些家人见了，也有咬指头的，也有喝彩的。（1回）

⑨官军中瞭望见一个骑白马的出城，也知是满四来了，各作准备。（17回）

P为介宾短语：

⑩成祖道：“在教坊的，也一般与人歇宿么？”（1回）

⑪大凡人臣处边陲之事，在外的要个担当，在内的要个持重。（17回）

P为主谓短语：

⑫便着媒婆与他寻亲，自己去相，要人物齐整的。（16回）

P为偏正短语：

⑬铁匠道：“这等，打一把纯钢的。”（2回）

P为联合短语：

⑭支大官，一发回来得蚤，你为煮粥煮饭，一日生活只有半日做，况又没个洗衣

补裳的……（19 回）

P 为同位短语：

⑮王良此时看见道："这房子须不是你一个的，仔么把来弄坍了？"（2 回）

P 为"被"字结构：

⑯他又在军中劝他少行杀戮，凡是被掳掠的多得释放。（7 回）

P 为"的"字短语：

⑰奶奶道："帖木儿，你昨房内那里来的唱的？"帖木儿道："没有。"（40 回）

P 为动补结构：

⑱这都是好人家。两三个媒婆撞着便道："这是我认得的。"（16 回）

P 为复句形式，"的"字结构多作"有"的宾语：

⑲徐婆道："若休了去，我包你寻一家没大没小，人又标致，家又财主的与你……"（3 回）

⑳真有妒悍之妇，夫不能制，遂为所累的。（16 回）

㉑还有怕递白卷被贴出，买了管贡院人，整整在土地庙里坐一日一夜的。（20 回）

（2）在句中作定语，我们简写为"K 的"，755 例。

先看一下"K 的"中"K"的成分：

K 为名词或代词：

㉒我可觅一霞帔报母亲，答他的贫守。（18 回）

㉓吃完，即当面纸一张，写了山的四至都图，道出买与林处，杨堪與作中。（19 回）

K 为动词：

㉔只要娶个二奶奶同去，这是现任，一路风骚，到任时只他一个，就是大奶奶一般，收的礼，括的钞，怕走那里去？（16 回）

K 为形容词或形容词重叠形式：

㉕不数日，石不磷是个豪爽的人，看这衙斋冷落，又且拘局得紧，不能歌笑，竟辞秦凤仪去了。（20 回）

K 为动宾短语：

㉖驼猴出来，扯住一人，正是谋死弄猢狲花子的人。（21 回）

K 为主谓短语：

㉗或时把自己诵习的《心经》、《金刚》等经，与妙珍讲说。(4回)

K为动补短语：

㉘不知他一捱直到二鼓才坐，等不得的人都散了。(21回)

K为偏正短语：

㉙余姥姥道："奶奶，这是夜间消闷的物儿。"(12回)

K为联合短语：

㉚如今第二日了，当用些发表攻理的药。(16回)

K为比况短语：

㉛又扯他手，道："怎这一双笋尖样的手，不带一双金镯子与金戒指?"(21回)

K为数量短语：

㉜哄了一屋的人，也不知那个说的是。(26回)

K为"被"字结构：

㉝进房，却见床上一个没头女尸，身上几剑，连被砍的身上还紧紧裹着一条被。(29回)

K为复句形式：

㉞杨三嫂只说自己钳制家公，家公怕他的模样。(3回)

我们把"K的"所修饰的成分简化为"X"。

"X"为名词或名词性短语，用例很多。如：

㉟若不收去，有我们在这里，学生的银子，师母落得用的。(13回)

㊱相来相去，相了一个本县梧桐里住的李家女儿，十八岁。(16回)

"X"为形容词，用例比较少。如：

㊲我便顶作你儿子，养你的老，何如?(6回)

㊳进去，只见江氏认得的真，道："正是我家的，面前是小女儿不晓得，把簪脚搠破一眼。"(36回)

(3)"的"字结构处于整个句子或小句的谓语位置，45例。如：

㊴房租原是沈实管，一向相安的，换了阿獐，家家都要他酒吃，吃了软口汤，也就讨不起，没得收来。(15回)

㊵吴尔辉如何肯放，旁边人也道："执照真的，没一个无因而来之理。"两下甚难解交。(26回)

（4）“的”字结构作状语，我们简化为“R的”，86例。

“R”多为重叠形式，也有其他形式，但占少数。

“R”为“AA式”，“A”主要是形容词。如：

㊶（方卿）又怕采菱哄他，又自随着他，远远的看他藏了方转。（11回）

㊷他夫妻尚紧紧的扯了一个时辰，方才放手。（35回）

“R”为“ABB式”：

㊸又留他吃了些酒，假喃喃的道：“没要紧，又做这场恶。”（26回）

㊹只见朱安国得了实信，一径走到朱玉家来，怒吼吼的道：“小叔，你收留迷嘴里假强，心中也突突的跳”。（28回）

“R”为“AABB式”：

㊺过了几个营盘，是个大营，只见密密匝匝的排上数万髡头跣足倭兵，纷纷纭纭的列了许多器械。（7回）

㊻觍觍觑觑的缠了一会，把他身上一个香囊扯了，道：“把这谢我罢。”（21回）

“R”为代词：

㊼昨晚间就是婉儿并不曾进真氏房中，不知怎的杀了真氏，又杀小厮。（29回）

“R”为连绵词：

㊽到晚，森甫对其妻趑趄的道：“适才路上遇着一个妇人，只为丈夫欠了官家银八两无还，要将他准折，妇人不欲，竟至要投水，甚是可怜！”（19回）

“R”为成语：

㊾虽不肯学这些假山人、假墨客，一味奴颜婢膝的捧粗腿，呵大卵胞。（20回）

“R”为短语：

㊿尝时没情没绪的倚着楼窗看。（26回）

其中有1例不常见，为“名词+ABB”形式：

51邓氏道：“天光亮亮的吃饭？”董文道：“等待咱打酒请嫂子。”（5回）

“R的”作状语一般来说是放在谓语的前面，修饰谓语的。《型世言》中只有动词谓语的用句，没见形容词谓语的例子。如：

52寂如只道是圆明放的，也不问他，悄悄的吃了酒肉，两个仍旧行事。（4回）

53把他眼睛越弄得饿了，逢着妇人，便出神的看。（26回）

有时会修饰多个动词性短语：

54虽不肯学这些假山人、假墨客，一味奴颜婢膝的捧粗腿，呵大卵胞。（20回）

但作状语的“R的”位置比较灵活，有时会在它和动词间插入一些其他成分：

⑤⑤他已瞒了母亲，暗暗的把刀藏在袜桶内，要杀王俊。(2回)

⑤⑥那王任卿兄弟，狠狠的在母亲前破发。(18回)

“R的”还有置于句（或小句）首的：

⑤⑦可可的走出大街，又撞着巡城御史，几声下来，叫王奶奶好没摆布。(12回)

⑤⑧一日朱恺带着陈有容、姚明一干弟兄在酒楼上唱曲吃酒，巧巧的裘龙也与两个人走来。陈有容见了，便起身。(23回)

当R为“AA”、“ABB”、“AABB”形式时，“R的”多表示某种情态或样态，有很强的描写性。

同时，我们也注意到有时“R的”的语义并不是指向动词，看几个用例：

⑤⑨一日睡去，正是三更，却见两个猪跪伏在他面前，呶呶的有告诉光景。(23回)

⑥⓪水退，街上人簇簇的道：“某人得采，捞得两个箱子……”(25回)

⑥①这女子沉沉的凭他洗涤。却可煞作怪，这一洗，早已脓血都不出了。(38回)

其中，例⑤⑨是说明“猪”的情态，例⑥⓪、⑥①分别指明“街上人”和“女子”所处的状态。

(5)“的”字结构作补语，我们简化为“Q的”形式，21例。

Q为“AA”的形式：

⑥②对小姐道：“咱这里都这般走得路，你那缠得尖尖的甚么样？快解去了。”(14回)

⑥③叫拿那布条来看，原是裹在指上，筒得圆圆的。(36回)

Q为“ABB”的形式：

⑥④甚模样！前日家中没米，情愿饿了一顿，不曾教你把衣帽来当。怎今日出去，弄得赤条条的？(23回)

Q为“AABB”的形式：

⑥⑤吴尔辉正穿得齐齐整整的，站在那边等王秀才。(26回)

Q为其他形式：

⑥⑥此时适值棺至，世名望见，便以头触阶石，喷血如雨，地都溅得火赤的。(2回)

⑥⑦富尔谷吃了一惊，道：“他病得半死的，怎打他？”(13回)

第二，现代汉语中还有一个表示过去的“的”，有强调动作发生的时间和调节音节的作用，有的学者称之为动态助词，如王森（1991）；有的把它看作时制助词，如张谊生（2000）。《型世言》中也有这种用法，共149例。

（1）用在动宾短语的动词和宾语之间。如：

⑱石廉使道："是你入的殓么？"道："不是小人，小人只扛。"（21回）

⑲张篦娘道："那个大胆主的婚？现今你有原聘丈夫在那边，是这家侄儿。他要费嘴。"（25回）

（2）用在句（或小句）末动词的后面。如：

⑳先是张婆进去，适值朱玉不在，竟见了郑氏道："大姑娘，你几时来的？"（25回）

㉑昨夜也不知几时去的，也不知去向。（34回）

"的"的这种用法是指明动作发生在过去，如果把"的"提出来，整个句子就变成了现在时。

第三，在《型世言》中，"的"字（或结构）有些用例比较少，且用法不常见，共37例。

（1）"的"字结构作定语修饰名词时，名词往往前置，放在"的"字结构之前，形成"名词+的字结构"的格式。这种用法有几个特点：名词为称呼名词；组成"的"字结构的必须是谓词性的词或词组；"名词+的字结构"格式的主要作用是将"的"字结构突出，强调定语。如：

㉒到那些少年轻薄的，不免把言语勾搭他，做出风月态度愰他，乍听得与乍见时，也有个嗔怪的意思，渐渐习熟，也便科牙撩嘴。（6回）

㉓远山木植，两年之间，先将树木小的遮盖在大树阴下。（15回）

㉔还有学生好懒惰的，便任他早眠晏起，读书也得，不读书也得；作文也可，不作文也可。（19回）

（2）"的"用于主谓之间。如：

㉕他母亲忙将他双手抱住，婆婆的忙把剑抢去。（10回）

㉖张秀才明有酬谢，其妻的暗有酬谢。（28回）

㉗其妻的道："他昨晚不肯，就去了。"（31回）

第四，在《型世言》中，"……是……的（……）"结构大量运用，共419例。其中"的"字的性质不尽相同，有的组成"的"字短语充当句子成分；有的为动态助词；有的又作语气助词。

（1）组成"的"字短语充当句子成分。如：

㉘项员外道："我是中国随驾官，被鞑子拿去逃回的。"（17回）

㉙这苗子看了不动，秦凤仪道："我是催你粮的，你快同我走。"（20回）

㉚他父亲是一个卖菜的，生下他来，倒也一表人材。（30回）

（2）强调动作发生在过去，王森（1991）称之为动态助词，张谊生（2000）把它看作时制助词。如：

⑧1原是把头磕破的，又加连日不吃，就不觉身体恹恹。(2 回)

⑧2寂如只道是圆明放的，也不问他，悄悄的吃了酒肉，两个仍旧行事。(4 回)

⑧3问公子道："妇人是本日缢死的么？"(27 回)

第五，《型世言》中没有见到结构助词"底"，但发现了少量的"地"字结构，这说明在这本书中，"的"还没有完全替代"地"。"地"的用法有时同于"底"。

（1）"地"字结构作状语：

⑧4那王指挥接了这旨，却似心头上有个鹿儿突突地撞，脚下一条绳儿绊住，走不去一般……（12 回）

⑧5过了一日，又叫两个皂隶："你密访徐铭的紧邻，与我悄地拿来。"(21 回)

（2）"地"字结构作定语：

⑧6那校尉蚤已靴内搜地一声，掣出一把刀来。(22 回)

⑧7将起更时，只见香风冉冉，"呀"地一声门响，走进一个美女来……（40 回）

有的"地"字结构好像具有固定词语的性质，反复出现，书中见"暗地"、"背地"、"悄地"3 个。

⑧8不料他与徐婆暗地将我卖到这章家。(3 回)

⑧9两嫂嫂与姐姐见他不听，便番转脸来，当面嘲笑，背地指搠他。(18 回)

⑨0过了一日，又叫两个皂隶："你密访徐铭的紧邻，与我悄地拿来。"(21 回)

三、个

结构助词"个"是由量词发展而来的。"个"作为一个完整意义上的结构助词在《型世言》中已经很少，但与此相关的用法却大量存在。

第一，用作定语，修饰名词或名词性词组。

（1）用在形容词"好"之后，组成"好个"作定语修饰名词，共16 例。有 1 例用在"大"之后。如：

①外边都哄然笑道："好个石老爷，也不曾断得甚无头事。"(21 回)

②见僧人看经，就便要他讲，讲不出，大个栗暴打去。(34 回)

③好个手帕，双手递与陈御史，道："只在这帕上求他一粒印。"陈御史将来收了。(40 回)

（2）用在"好"或"真"后，修饰名词性词组。"真个"出现 1 例。如：

④好个大胆秀才！你是书生，不是用事官员，与奸党不同。(1 回)

⑤庚大郎！望连联么？好个一枝花娘子没福受用，送与你。(33 回)

⑥湖州连着太湖、风渚湖、苕溪、霅溪、罨画溪、箬溪、余石溪、前溪，是个水乡，真个蛟龙聚会的所在，缘何容得他？(39 回)

(3) 用在比况短语之后，修饰名词。全书只出现 1 例：

⑦杨三嫂道："看这样花枝般个亲娘，周舍料是恩爱，想是老亲娘有些难为人事。"(3 回)

第二，用在形容词"真"或"好"之后，作状语。

(1)"真个"修饰动词"是"，共 3 例：

⑧真个是有是父、有是子。(1 回)

⑨某人标致，极会帮衬，极好德性，好不温存，真个是风流子弟，接着这样人也不枉了。(1 回)

⑩马氏再也不应他，真个难捱。(31 回)

(2)"真个"修饰形容词，见 1 例：

⑪王尼道："说道和尚狠，真个狠！"(28 回)

(3)"好个"修饰谓词性结构，见 1 例：

⑫姜举人便道："陆仲含，好个素性懒入花丛，却日日假拜客名头，去打独坐！"(11 回)

第三，用在动词和补语之间，功能相当于现代汉语的"得"。这种用法有 47 例，但补语多表情态。

(1) 动词（+宾语）+个+补语，动词多是单音节，补语形式多样。如：

⑬便向里边取出银、段，撒个满地。(13 回)

⑭花、甘两个一发引他去嫖个畅快，见他身边拿得出，又哄他放课钱，从来不曾有去嫖的放借，可得还么？(15 回)

⑮不多时，降将祝宗复反，杀个满城流血。(34 回)

有 2 例补语为数量词语：

⑯夏学道："须说不做财礼，毕竟要依我，我这强媒也还该谢个五十两哩。"(13 回)

⑰邵承坡怕回席不肯来，被他一把扯住，也拖将来。猜拳行令，吃个八六三，大家都酒照脸了。(33 回)

(2)"得"、"个"连用。如：

⑱王喜气得个不要，赶到崔科家里。(9 回)

⑲跑得个灰尘四起，天地都黑，两边乱砍。(9 回)

⑳小简便着发财去报。柏清江吃得个沉醉，蓝氏也睡了。(21 回)

关于“个”在这一用法里的定性，语法著述都说得比较模糊。多认为“个”是一量词，但又有结构助词的性质。日本学者香坂顺一（1997）认为“动＋个＋补”是由“动＋（～）个＋宾”类化而来，他还特举1例：

㉑你太莽撞了，就是见了这件衣服，也应问些明白，不可提着手就打。（《金瓶梅词话》2回）

“明白”可用表量的“些”来表示。但是我们也应看到，上述很多例子中的补语已完全没有了“量”的概念，只表示情态，它的助词功能已远远大于量词功能。我们再看两个句子：

㉒夏学瘦小些，被姚利仁一扯，扯得猛，扯个番斤斗，道：“这那个家里，敢放刁？好好收去，让胡兄行礼”。（13回）

㉓小简便一抱抱到床里，道：“不妨得。别个不知痛养，我老经纪伏事个过的，难道不晓得路数？”（21回）

例㉒中“得”、“个”对举出现，“扯个番斤斗”完全可说成“扯得番斤斗”。例㉓中的“个”只起结构助词的作用。

第四，用在动词和宾语之间，形成“动＋个＋宾”的结构，这种用法的“个”不是结构助词，它是后属宾语，由量词虚化而来，不表数量，只表轻松、随便的语气。《型世言》中这种用法最为普遍。如：

㉔若生得一男半女，你后日还望个出头，也可强你守。（10回）

㉕我独养儿子，读出病来怎处？好歹与他纳个监罢！（15回）

㉖与他做三朝，做满月，雇奶子抚养，并不分个彼此。（16回）

有2个比较特殊的例子：

㉗比及太祖升帐，只听得缸一声响，爆做两开，把炭火打得满地是，缸里端然个周颠。（34回）

㉘姐呀你也孤单我也独，不如滚个一团团。相思两好介便容易成，那介郎有心来姐没心。（38回）

例㉗中动词“端然”变成了副词；例㉘中的“个”肯定不表数量。

另外，书中还发现了“代词＋个”作宾语的现象，仅见1例：

㉙夏学道：“罢了，我还要在你家走动，若做这样事，再来不成了，作成别个罢！”（13回）

第三节 语气助词

一、罢/罢了

语气助词“罢”在现代汉语中常写作“吧”，《型世言》中未见“吧”字。它来源于动词，出现在金元时期，据冯春田（2000）考察，“罢”在本质上表示一种抉择或决定语气。在《型世言》中，“罢”作语气助词的共159例。“罢了”是动词“罢”和“了”的组合，有“结束”、“完了”之义，可用作谓语，由于常用于句末，逐渐有了表语气的作用，有较强的实词性，孙锡信（1999）称“罢了”为语气短语词。《型世言》中，“罢了”作语气助词的共52例。

第一，语气助词“罢”最初是表示决定语气的，用在不同的语言环境中，逐渐产生了“要求”、“商量”、“揣测”等语气。我们将《型世言》中“罢”的语法意义作了大体分类，同时也发现它们之间的界限有时不是十分明显，有时具体的某一用例很难归属。

（1）自我宽解、劝慰的语气。一般有副词“只好”、“只当”、“好歹”等协助。如：

①嫂子，他是在官的人，也是没奈何，将就些罢。（5回）

②不能勾救他，只好把他从厚殓殡，赍助他妻子回乡去罢。（12回）

③一动不如一静，大娘劝一劝，多少撒化些，只当布施罢。（28回）

（2）商量、商榷和催促语气，这一用法在《型世言》中很普遍。如：

④适值沈实不在，花纹更耸一嘴道：“趁他不在，盘了当，另换一个人罢。”（13回）

⑤我看后日是个好日，接些房族亲眷拢来，做了亲罢。（25回）

⑥媳妇，我想我们病人再饿了两日，毕竟死了。不若你依了丈夫，救全我们两个罢。（33回）

有时又带有近似请求的语气，有两种情形：

A. 构成“好歹……罢”格式。如：

⑦沈阆道：“我独养儿子，读出病来怎处？好歹与他纳个监罢！”（15回）

⑧只是我亏你救了性命，我家里房屋已汆光，母亲已死，我没人倚靠，没甚报你，好歹做丫头伏侍你罢。（25回）

⑨要依他，他不要田，便与他银子，没有我那边拿来与他。丫头他也不便，好歹再与他二十两罢。（28回）

⑩任天挺道：“水兄在此已还我十六两了，只要，好歹三十两罢。”（32回）

在这种格式中，“好歹”与“罢”须处在同一小句中，否则“好歹”就有了一种随便的语气。如：

⑪我们公道处，少也说不出，好歹处五名极贫的粮与你，只好二两五钱银子、五担谷罢。(7回)

⑫佘姥姥道：“好歹拿几两银子，老媳妇替你打一只一样的罢。”(12回)

B. 语境使之然。如：

⑬手拿着一把刀，两只脚竟不能移动，只叫：“贤弟，凭你要多少，只饶我性命罢。”(2回)

⑭田有获连连两个揖道：“公子，不看僧面看佛面，再不看学生狗面，饶了他罢。”(29回)

⑮时必济道：“委实没有，求爷宽处罢。”(32回)

(3) 表示要求的语气。如：

⑯王奶奶道：“我说了，你与佘姥姥去认罢。”(12回)

⑰那校尉道：“便库中银胡乱拿些去罢，谁有工夫等。”(22回)

⑱鲍雷冷笑了一笑，道：“且停一日，我教他凑足四两罢。”(33回)

有时要求较强烈，就带了点命令的语气：

⑲夏学道：“罢了，我还要在你家走动，若做这样事，再来不成了，作成别个罢!”(13回)

(4) 表示判断，有仅只如此之意。如：

⑳张罗道：“少不得寻个人偿命，事成时还你靠身文书罢。”(13回)

㉑张秀才道：“甚么官衔？填个某府某县儒学生员罢。”(28回)

(5) 表示揣测，但语气比较肯定，仅见1例：

㉒禁子听了，叫道：“看这样泼妇，平日料应亲邻闹断，身边有钱料也背阿婆卖吃，没有是真，只他吃些苦罢!”(6回)

有时，语境会对“罢”的语法意义产生很大影响，使它在不同的语境中表达不同的语气，具体一句话很难指明属于什么语气。如：

㉓回去告诉火敬，火敬大恼：“你寻牛去罢，怎打我兄弟？明日处他。”(17回)

㉔陈公子道：“又去央人彰扬，只累先生罢。但急切如何得这银子？”(27回)

㉕任天挺道：“你拿去，便二三十两罢。”(32回)

“罢了”置于句(小句)尾，减弱语气，表示容忍、让步，带有“只好如此”、“仅此而已”的意味。如：

㉖大姐道："他要做汉子，怎不夜间也做一做？他不肯明招，你却暗招罢了。"(5回)

㉗就是季考，也假眼瞎，任这些人代考抄窃，止取几个名士放在前列罢了。(12回)

㉘沈氏道："这样贪财好色的和尚，只不理他罢了，不必动气。"(28回)

㉙我仔么要这铜炉？一钱五分买了一觔。只要他还我金银酒器罢了。(32回)

㉚那个敢去惹他，用网去打，总只奈何他不得深，只好看一看罢了。(39回)

有时又带有一种无奈的语气，含有"算了"的意味。如：

㉛在家里叹息道："有这样命运？人只破财不伤身罢了，如今打了又赔钱，还担了一个贼名，没了一个前程。"(36回)

㉜熊汉江道："正是不死不活，在这里淘气。医人再没个医得，只自听天罢了。"(38回)

二、便了

孙锡信（1999）把"便了"归为语气短语词，其中"便"是副词，用于句末，表示肯定事实并奉告对方不必疑惑的语气。《型世言》中"便了"作语气助词的共17例。如：

①这事原是冤枉，老先生若要救他，只问富财便了。(13回)

②杨堪舆道："这也不可急遽，待我留心寻访便了。"(19回)

③妇人道："我不气便了。"(25回)

④便公差来，你暂躲一躲便了。(27回)

⑤这都是没要紧，也不过与奸人小人同做一机轴，令人发一场笑便了。(32回)

⑥鲍雷道："消停，包你教他嫁你便了。"(33回)

⑦等他出去，抉进房门，偷了他的，只说着贼便了。(35回)

⑧我只要包医一个光光鲜鲜女子还他便了。(38回)

⑨我如今待行事毕，亲往拜他，着他用印便了。(40回)

还有1例是"便"后接"罢了"：

⑩姚居仁道："怎这样慌？五日内我还便罢了。"(13回)

三、哩

"哩"是《型世言》中一个常用的语助词，共61例，主要用于非疑问句，表达强调、申辩、感叹等肯定语气，有时也用于疑问句表疑问语气，但用例极少。

第一，用在非疑问句中，主要表达肯定语气，这是"哩"在《型世言》中最普遍的用法。具体又有几种情况：

（1）表达肯定、强调的语气。如：

①咱与他角了口，他要寻甚差使摆布咱哩！（9回）

②李夫人笑道："正是，如今圣上杀鞑子，正要你去做前锋哩。"（12回）

③皂隶道："他在府前等你哩。"（36回）

有时又带有一种申辩、申明之意。如：

④邓氏道："哥，还未曾替哥耍哩，怎就去？"（5回）

⑤少年道："这嫂子也了得哩！嫂子，官司不是好打的，凭他老人家处罢。"（10回）

⑥张志道："哥，你过得些，咱过不得哩。银子可有多的么？哥不去，咱自去。"（22回）

有时仅表陈述语气。如：

⑦邓氏道："莫忙，只站在背后是哩。"（5回）

（2）表达夸张的语气，"哩"前多有形容词。如：

⑧他是钦差官，一路有夫马，有供给，若是坐，便坐在各官上头；若是行，便走各官前头，那个不奉承？好不快活哩！想他作甚？（12回）

⑨这皮三官为周亲娘破费得好钱，周亲娘做这身子不着，倒也换得他多哩。首饰衣裳，又每日大鱼大肉吃。（33回）

⑩彭氏道："这师父还脸嫩。我这里师父们见了女人，笑便堆下来，好生欢喜哩。也只是年纪小，不知趣味。"（35回）

（3）在肯定基础上，又带有感叹的语气。如：

⑪花芳道："一嫂，那不做的倒越有得吃哩！"（33回）

⑫徐铭道："说还不曾吃茶哩！想你嫂嫂十八岁已养儿子了。"（21回）

另外，"哩"也可用于祈使句，表达强调语气：

⑬以后随你卧街倒巷，不许夜来惊动咱哩，要咱关门闭户。（5回）

第二，用在疑问句中，表示疑问，书中仅见3例：

⑭霍氏道："谁把丈夫性命换钱哩？"（10回）

⑮王奶奶道："在那哩？"（11回）

⑯墩军道："你是官，你纱帽员领呢？"项员外道："拿了去，还有哩？"（17回）

我们还发现1例"哩"与语气词"来"合用的句子：

⑰谁扭咱崔老爹？你吃了狮子心来哩！（9回）

四、么

《型世言》中“么”用例比较普遍，共238例，主要用于是非问句，也有用于感叹句的，还有一些用法比较特殊。

第一，用于问句中。

（1）用在是非问句中，相当于现代汉语中的“吗”。这是“么”在《型世言》中最常用的用法。如：

①佩德道：“已有了么？”堪舆道：“看中此处一地，但不知是谁家的。”（19回）

②石廉使道：“是你入的殓么？”道：“不是小人，小人只扛。”（21回）

③他就在徐公子面前道：“徐公子，你曾散一散，到他里边去么？绝妙的好房，精致得极。”（29回）

有时“么”会与“来”一起使用，表示对已然事情的疑问，共10例。如：

④陆相公，你曾在马鞍山下谢家处馆来么？（11回）

⑤县尊叫郑氏，问道：“你母亲在日曾许朱安国来么？”郑氏道：“曾许一个朱家，不知是朱安国不是朱安国。”（25回）

⑥一到，韩氏道：“叔叔，曾见哥哥来么？”良云道：“哥哥不见，见个姐姐。”（37回）

（2）用于测度问，表示探询、推测的语气，属于是非问。把它独立出来，是因为它与（1）类有小的差别。有两种情况：

A. 希望对方给予证实，疑惑语气较弱，相当于现代汉语中的“吧”。如：

⑦又或夫妇稍有衅隙，道这妇人当日曾与我私情，莫不今日又有外心么？（11回）

⑧王太守与那人相揖了，便道：“足下莫非李莹斋令郎么？”（18回）

⑨那老夫人便叫这两安童，道：“相公近来有些身体疲倦，敢是你两个引他有些不明白勾当么？”（40回）

B. 与“不是”组成“不是……么”格式，表示对事情已有了比较肯定的看法，疑问语气较弱，同时带有一种感到吃惊和意外的语气。如：

⑩两位相公俱在姑苏，昆山有一位陆仲含，与陆相公不是同宗么？（11回）

⑪森甫便往问他，将次走到面前，那妇似有些认得，便道：“相公不是三山林相公么？”（19回）

⑫水心月道：“不是那龙纹鼎么？这我经手，窦尚书家卖与你们的，讨一百二十两，后边想三十两买的。”（32回）

（3）用在特指问句中，只见疑问代词“甚”。如：

⑬夫道：“我已带得百十粒与你。”王奶奶道：“还有甚送得人的么？”（12回）

⑭再叫陈碧道："你果看见他拿甚衣服回家么？"陈碧道："小人见来。"（23回）
⑮任天挺拿了对水心月道："有甚主儿么？可拿去卖一卖看。"（32回）

（4）用于反问句中，表达反诘语气。如：

⑯咱又脱了条裙，当五十钱，你瞎里，不瞧见咱穿着单裤么？（9回）
⑰小姐道："世上有不去考的秀才么？"（18回）
⑱若见一个风流子弟，人物齐整，衣衫淹润，有不输心输意的么？虽然是这样说，我们读书人须要存些阴德，不可做这样事。（27回）

第二，表示感叹，全书仅见6例。如：

⑲王尼道："你倒身子洁净么！有些符咒文疏，这断要你去的。只是多谢你些罢了。"（28回）
⑳将出柴门，听一声道："庚大郎望连联么！好个一枝花娘子没福受用，送与你。"（33回）

第三，"么"的其他用法。
（1）组成"可……么"结构，多是说话人希望得到肯定的回答。如：

㉑他与我们同来会试，同寓，慧哥可与有交么？（11回）
㉒口词与匿名帖递下去，道："可是你一笔的么？"（23回）
㉓陈骝山道："有这等事，是个仙了。可容见么？"（40回）

（2）组成"不知……么"格式，语气比较委婉，多用于征求意见。如：

㉔不知王伯伯果肯来么？就来还恐路上兵戈阻隔，只恐回南的话也是空。（14回）
㉕后来道："如今生时与你朝夕，不知死后得与你一块么？"（19回）
㉖一日乘着两杯酒照了脸，道："娘舅，我有一事求着你，不知你肯为我张主么？"（38回）

（3）表示对事实的完全承认，但带有不满或无可奈何的情绪，仅1例：

㉗法明道："自己笔迹认不出，拿田契来比么。"（28回）

（4）以下几例用法更不常见：

㉘每至朔望归家定省，王小姐相见，犹如宾客一般，止问近日曾作甚功课么。（18回）
㉙朱玉正是无言，恰好郑氏在里面张见他模样，急走出来道："强贼，原来是你么？你杀死我母亲，抢了我箱子，还来争甚亲？"（25回）
㉚两个撞到花厅，只见陈副使在那厢骂道："你这两个光棍，便是行假牌逼死我夫人的么？"（25回）

例㉘"近日曾作甚功课么"作"问"的宾语，"么"起煞句作用；例㉙"么"表强烈吃惊和不满，在现代汉语里可省略或相当于"呀"。例㉚表充分肯定的语气。

五、呢

"呢"在《型世言》中出现很少，只见4例，但用法多样。

（1）用在疑问句中，表询问，共2例：

①王举人道："慧哥呢？"（11回）

②墩军道："你是官，你纱帽员领呢？"项员外道："拿了去，还有哩？"（17回）

（2）表感叹语气，只见1例：

③王尼道："极好的呢！坐在寺里，任你如花似玉的小姐奶奶拜他，问他，眼梢也不抬。"（28回）

（3）具有煞句作用，只见1例：

④陈公子不过答应得声"正是呢"，也不说是学生处先挪几何。（27回）

六、呀

孙锡信（1999）认为，"呀"出现在元代，源自"也"，主要表示反问、呼唤和感叹语气。《型世言》中"呀"共6例，均表示呼唤语气。如：

①屠利赶来看了道："爷呀，早知终久死在他手里，不如省了这百来两银子。"（2回）

②小妹进来见了，道："爷呀！怎拶做这样肿的？想是打坏了！你从不曾吃这苦，蚤知这样，便依了他们罢。"（6回）

③余姥姥道："爷呀，这老媳妇叫你去的不是了，怎在你头上掉下，一些儿也不知道？"（12回）

④水心月道："兄呀，他当日看鼎分上，便把你多推些。如今论银子，他自要一百八十两。"（32回）

在这一用句中，"呀"有表示惊奇、意想不到的意味。

七、来

《型世言》中"来"可作语气助词，共31例，具体用法如下：

第一，表示感叹，共2例：

①高秀才道："……你老人家年纪高大？既没了令郎，也过房一个伏侍你老景才是。"老人道："谁似得亲生的来！"（1回）

②妇人起来假意寻照，道："我料屋心里原何有贼？这等着神见鬼。若我也似你

这等大惊小怪，可不连邻里也惊动。你寻这贼来！”（5回）

第二，用于前一分句末，协助表达停顿语气，共11例。如：

③邓氏道：“哥莫忙，是老白挑水来，你且到房里去。”便把耿埴领进房中。（5回）

④此时程君楫正烹茶来，听了道：“高兄，我道士荣杀身，无济于卫，到不如宁武子，忍死全君。”（8回）

⑤忙把自己不曾吃的两碗小米饭与他。凑巧福儿见了，道：“怪小浪淫妇！是你孤老来，怎大碗饭与他？”（14回）

第三，表试探，用于征求意见，共4例。如：

⑥你若不快，待咱陪着你，或是东岳庙、城隍庙去烧香，就去看做市儿消遣，正是这两日灯市里极盛，咱和你去一去来。（12回）

⑦佘姥姥道：“王奶奶，你这样懒懒的，想是想王爷来。他是钦差官，一路有夫马……那个不奉承？好不快活哩！想他作甚……”（12回）

第四，用在疑问句里协助表达疑问语气，共14例。如：

⑧老白道：“我与他有甚冤仇来？”（5回）

⑨那朱寡妇在床上眼也不合，那得人来？（6回）

⑩那吴太监假辨道：“谁是吴亮？我是太监张真。”建文君道：“你哄谁来？”（8回）

⑪这几个钱，叫老子买了肉没酒，买了酒没肉，当得甚来？（9回）

八、了

在《型世言》中，“了”表示“肯定事态出现了变化或即将出现变化”的语气，共有1 872例。吕叔湘（1980）研究认为，“了”具有成句的作用。

第一，单纯表示语气。

①如今我们商议，你们母子去告，先得一个坐视不救的罪名了。（2回）

②那时我已看上他，只是小，今日我算他已年十六了。（13回）

③妇人家小意儿，见有几两银子，也便快活，不查他来历了。（23回）

用在疑问代词之后，兼有协助疑问的作用，共28例。如：

④没来由，害你，家又贫寒，人又轻狂，若成亲，这苦怎了？（18回）

⑤你们不该做这事。叫我怎好？酒糊涂得知怎了？（21回）

笔者还遇到1例介词接“了”的用句：

⑥又听得床下有声，道：“狗秃在了。”（29回）

第二，用在谓词性成分之后，置于句尾，表示动作的完成、状态的实现，兼有语气作用。“了”语义一般指向谓词性成分和整个句子。相当于现代汉语的“了$_{1+2}$”。

（1）动补结构+了，语义指向动词、补语和句子。

⑦也不管妇人是有心说的，没心说的，他却认定真了。(6回)

⑧若是我当日有些苟且，若有一二字脚，今日也不得辨白了！(11回)

有时，“了”语义只指向补语，而不指向动词，如：

⑨店中喜得掌珠小时便在南货店中立惯了，又是会打吱喳的人，也不脸红。(3回)

（2）单音节动词+了，表动作完成，兼表语气。如：

⑩他听见婆婆出去店中去了，忙起来且开了后门闲话。(3回)

⑪不期徐海正围阮副使在桐乡，一彪兵撞出，早已把王翠翘拿了。(7回)

⑫沈实见老家主这等将就，在外嫖赌事，也不敢说了。(15回)

（3）形容词+了，表状态的实现（或即将实现），兼表语气。如：

⑬亏得不是甚重病，四五日好了。(3回)

⑭到夏恰值洪武十八年，是亢旱时节，连茹茹都焦枯了，不结得米。(9回)

第三，有时“了”还会和“罢”、“么”等语气词一起出现，共计68例。

（1）和“么”连用，形成“了么”组合，共16例。如：

⑮王秀才道：“他收拾银子躲了么？闻他娶一个妾在这里。”(25回)

⑯冯外郎正在家里等回报，见了周一道：“物来了么？”(36回)

（2）和“罢”结合成语气短语词（孙锡信）“罢了”。用在陈述句中，常与副词“只”连用，表示如此而已，共52例。如：

⑰徐外郎道：“这断不可，我只为你就行罢了。”(31回)

⑱医人再没个医得，只自听天罢了。(38回)

⑲那个敢去惹他，用网去打，总只奈何他不得深，只好看一看罢了。(39回)

九、的

《型世言》中，“的”用作语气助词，加强对事实的确定和未来的推断，表明一种明白无误、显而易见的语气，共377例。如：

① 你是极肯做方便的，便容他一宵，那里不是积德处？(9回)

② 沈实道：“房租是要按季收的，当中银子，也没个整百十支的理。”(15回)

③ 爱姐道：“几乎惊死，如今走还是抖的。”进了后园，重赏了徐豹。(21回)

语气词“的”用在疑问句中有反问的语气：

④ 徐铭道："强奸可是整半年奸去的？你莫慌，我毕竟寻个两全之策才好。"(21回)

⑤ 韩氏道："男是男，女是女，岂有个妇人是你哥哥的？"(37回)

有时"的"会与语气词"了"连用：

⑥ 看时，项下勒着一刀，死在地下，已是死两日的了。(23回)

⑦ 山人一杖一履，何装可束？亦断不仆仆道途，以烦邮传。往是断不往的了。(34回)

从上面的讨论中，我们可以看到，到了《型世言》所处的明末清初，汉语的助词系统发生了很大变化，主要体现在两个方面：

第一，每类助词内部所包含的单个助词的数量有所消长。一些存在于中古汉语的助词在《型世言》中已经消失，如动态助词"定"、"道"、"后"、"低"、"地"，结构助词"当"、"可"、"价"、"教"、"交"，语气助词"处"、"但"、"复"、"好"、"何"、"即"、"后"等。同样，在《型世言》中仍然运用的有些助词，如动态助词"得"、"将"、"来"、"却"和结构助词"个"在现代汉语中也已经销声匿迹，不见踪影。总的趋势是助词的数量从中古到现代越来越少。

第二，单个助词的功能用法有所变化。《型世言》中有些助词的用法与现代汉语不尽相同，甚至有较大的差异。动态助词"了"有时候用在单音节动词之后，不但能表示动作的完成，又有动作实现某种结果的语义，例如："成祖大恼，分付将士负土填了城河，架云梯攻城。"有时还可以表示动作状态的持续，例如："在江油时借宿正觉禅寺，薄晚只见一个补锅的挑了个担儿走入来。""着"能表示动作状态的实现或完成，例如："凡是寺中有人取笑着他，便发恼，只是留他在房中，行坐不离。"再如《型世言》中还有些特例：介词"对"后加"了"，例如："这经历官小，压不伏，对了冯外郎道：'这原有些形迹。'""这+的"格式，例如："这的是张继良报应。"凡此种种都与现代汉语有较大差别。

汉语的助词从其最初的产生发展到现代汉语格局的形成，经历了整个助词系统的自我调整完善和个例助词功能的归并整合。《型世言》中一些助词的用法正反映了助词系统的调整过程。与《型世言》相比，现代汉语里的助词数量有所变化，动态助词由《型世言》里的"得"、"过"、"将"、"来"、"却"、"了"、"着"缩减为"着"、"了"、"过"；结构助词由"得"、"的"、"个"变化为"得"、"的"、"地"。数量的变化必将引起个例助词功能的重新分配。那些《型世言》中存在而现代汉语中不用的助词必将由于它们的消亡发生功能的转卸，它们所担负的语法功能会由其他助词来承担。

(1)《型世言》里"得"、"过"、"将"、"来"、"了"、"着"都有"用在动词之后，表示动作状态的实现或完成”的功能①，但现代普通话里这一用法只用“了”来表示。“了”在《型世言》中有表示“动作状态的持续”的功能，它的这一用法现代已经完全由“着”所取代。又如“得”在《型世言》中可以用在动词之后，表示某种动作已经实现或完成；也用在可持续动词（或形容词）之后，表示动作（状态）的持续进行。它的这两种功能后来分别由“了”和“着”来表示。

（2）近代汉语的“底”、“地”两个结构助词，在《型世言》中只存在一个“地”，但“的”的用例却非常普遍。“的”不只是“底”、“地”的替代书写形式，而且担负了“底”、“地”的语法功能。形成的“的”字结构能作主语、宾语、定语、补语、谓语和状语。而作为状语的标志，现代汉语里已由“地”来表示。结构助词“个”在中古可“与形容词、代词等相结合，作名词的修饰语”②，但它作为一个完整意义上的结构助词在《型世言》里已经很少，只有与此相关的一些用法，发展到普通话里已经不用。

现代汉语的助词数量非常有限，用法功能却十分整齐分明。《型世言》所反映的明末清初汉语里助词的数量不但繁多，而且各单例助词之间功能有时相互重叠，一种语法意义会有几个助词担负。助词在历史发展过程中经历了自我的调整归并，总的趋势是简明、经济。既能让人们方便掌握，又能使语言表达清晰明了。

近代汉语时期是助词发展的重要时期，也是助词体系发生剧变的时期。在这一时期，汉语发展需要助词担负的功能逐渐稳固③，单例助词间的“优胜劣汰”也较迅速地完成。近代汉语前期和后期相比，单个助词的数量发生了很大变化。近代汉语的动态助词“取”、“生”和结构助词“底”在《型世言》中都没有出现。“将”是一个在近代汉语中非常活跃的助词，结构类型和功能意义都非常丰富，但是到了《金瓶梅词话》和《型世言》中它的用句就只以“动＋将＋补语”结构为主，其他结构已经很少见。这反映了“将”逐渐消亡的趋势。正如前言所述，《金瓶梅词话》和《型世言》刊行的年代相距并非很远，但它们当中助词的运用却有很大不同。这充分反映了当时助词系统正处于极不稳定的状态中。

助词所担负的语法功能和它在句子中所处的位置有很大关系。不少动态助词多由原始动词义发展而来，在从最初发展到最后功能定性的过程中，它们在句子中所处的位置和构成的语法关系会起到很大影响。《型世言》里的有些例子可以说明这一问题。“来”在《型世言》里如果用于分句或全句末，功能比较复杂。既能充当动态助词（例：纪指挥道：“这样我有一头媒，为足下做了罢。这女子我亲见来，才貌双绝，尽堪配足下。”功能：“来”指明某一件事情或过程是曾经发生过的，是已经完成了的），又具有语气助词的功能（例：若我也似你这等大惊小怪，可不连邻里也惊动。你寻这贼来！功能：“来”表示感叹语气）；还出现了一些处于二者之间的模棱两可的用句

---

① 当然，具体的搭配成分可能有所差异。

② 董志翘、蔡镜浩：《中古虚词语法例释》，吉林教育出版社，1994年，第190页。

③ 这里助词功能的稳固主要是指语法意义的稳固，如动态主要指进行、持续、完成、曾经发生等。

(例：须臾酒到，姜举人道：“慧娘，你早间道曾见陆仲含，果是何处见来?”功能：“来”指明某一件事情或过程曾经发生过，兼表疑问语气)。但如果出现在句子中间，放在动词、形容词之后，则表示动作完成、持续、获得结果等状况。这说明“来”在句子中的位置及同前后词语的结构语义关系，直接制约着它的语法功能。它的功能用法有其承继性，对语言环境有很大依赖性。

与现代汉语相比，《型世言》中还有一些特殊用例和方言用法。

一、动态助词

①却是李小姐跪下，为他讨饶，道：“亡过奶奶只这一点骨血。还求老爷留他。”(27回)

上例中“动词+过”起修饰限定作用，其中动词为不及物动词。

②殷知县见了，便叫带过姚明一起来。(23回)

上例中“过”表示动作的持续，相当于现代汉语的“着”。

③我看一哥一会子老将下来，真是可惜。后生时不曾快乐得，把这光阴蹉过了。(33回)

上例中“将”用在形容词“老”之后，构成“形+将+趋向补语”的形式。这一用法显然是由“动+将+趋向补语”发展而来，只是其中的动词换成了形容词，表示宾语具有形容词所代表的某种性质或状态。“将”还是表示一种动态的变化。

④这经历官小，压不伏，对了冯外郎道：“这原有些形迹。”(36回)

上例中介词“对”后加“了”。

⑤邓氏任他解，口里道：“……就是他来，这灶前有一个空米桶，房里床下尽宽，这酒糊涂料不疑心着我。”(5回)

上例中名词后直接跟助词“着”。

⑥a. 又赶来，都沸反的在着廊下叫。(23回)

b. 你如今且回去，再接他阿哥，同着我们劝他一番。(26回)

c. 他夫妇是过得极恩爱的，见他这个光景，便来问他道：“为着甚事来?”(27回)

d. 忙半日不与乳吃，怕饿了小厮；天色冷，怕冻了小厮；一声哭，不知为着什么，失惊里忙来看。(35回)

e. 吕达和着一个妇人在那厢开酒饭店，问他哥哥，他道这妇人便是。(37回)

上述诸例中介词后接“着”。石汝杰（2002）认为这是作者在作品中流露出的方言痕迹，现代吴语中还保留着这样的用法，与“着”对应的助词是“仔”。

二、结构助词

①叔叔，你不知道，女人自有一个穴道，天生成的，怎烂烂得凑巧的？其间必有缘故。(37 回)

上例中“得”前动词为重叠形式。

②知县叫韩氏：“这是你丈夫么？”韩氏道：“是得紧，只少几根须。”(37 回)

上例中“得”前动词为系词“是”。

③a. 不料他的妻赵氏是个小家子，道家里这些柴米也是艰难得来，一粒米是我一点血，一根柴是一根骨头。(4 回)

b. 况有经商辛苦得来，贫困从人借贷，我得来不过铢锱，他却是一家过活本钱……(12 回)

上述例中“~得来”、“~得势”是吴方言词语，主要作用是引出补语，同时含有程度之甚的语义。

④那李二娘一见便道：“向日杨亲娘说周亲娘标致，果然标致得势，那不肯走出来白话一白话？”(3 回)

上例中“~得势”作用与“~得来”一致。

⑤两个会问时，撤定他几件实事，坐了他五百赃，问了充军，着实打了他二十，在广州府监里坐得个不要，家眷流落广州。这的是张继良报应。(30 回)

上例中出现了“这+的”格式。

⑥比及太祖升帐，只听得缸一声响，爆做两开，把炭火打得满地是，缸里端然个周颠。(34 回)

上例中动词变成了副词“端然”。

⑦ a. 他母亲忙将他双手抱住，婆婆的忙把剑抢去。(10 回)

b. 张秀才明有酬谢，其妻的暗有酬谢。(28 回)

c. 其妻的道：“他昨晚不肯，就去了。”(31 回)

上述诸例中“的”用于主谓之间。

本章参考文献

著作

1. 曹广顺：《近代汉语助词》，北京：语文出版社，1995 年。

2. 董志翘、蔡镜浩：《中古虚词语法例释》，长春：吉林教育出版社，1994 年。

3. 冯春田：《近代汉语语法研究》，济南：山东教育出版社，2000 年。

4. 江蓝生：《近代汉语探源》，北京：商务印书馆，2000 年。

5. 蒋绍愚：《近代汉语研究概况》，北京：北京大学出版社，1994 年。

6. 刘月华等：《实用现代汉语语法》（增订本），北京：商务印书馆，2001 年。

7. 卢烈红：《〈古尊宿语要〉代词助词研究》，武汉：武汉大学出版社，1998 年。

8. 陆俭明、马真：《现代汉语虚词散论》，北京：语文出版社，1999 年。

9. 吕叔湘：《汉语语法论文集》（增订本），北京：商务印书馆，2002 年。

10. 吕叔湘：《现代汉语八百词》（增订本），北京：商务印书馆，1999 年。

11. 孙锡信：《近代汉语语气词》，北京：语文出版社，1999 年。

12. ［日］太田辰夫著，蒋绍愚、徐昌华译：《中国语历史文法》，北京：北京大学出版社，2003 年。

13. 王力：《汉语史稿》（中册），北京：中华书局，1980 年。

14. 吴福祥：《敦煌变文语法研究》，长沙：岳麓书社，1996 年。

15. ［日］香坂顺一，植田均译：《〈水浒〉词汇研究》（虚词部分），北京：文津出版社，1992 年。

16. ［日］香坂顺一，江蓝生、白维国译：《白话语汇研究》，北京：中华书局，1997 年。

17. 俞光中、植田均：《近代汉语语法研究》，上海：学林出版社，1999 年。

18. 袁宾：《近代汉语概论》，上海：上海教育出版社，1992 年。

19. 张谊生：《现代汉语虚词》，上海：华东师范大学出版社，2000 年。

20. 朱德熙：《语法讲义》，北京：商务印书馆，1998 年。

论文

1. 曹广顺：《〈祖堂集〉中的“底（地）”“却（了）”“著”》，《中国语文》1986 年第 3 期。

2. 曹广顺：《语气词“了”源流浅说》，《语文研究》1987 年第 2 期。

3. 曹广顺：《说助词“个”》，《古汉语研究》1994 年第 4 期。

4. 曹炜：《〈金瓶梅词话〉中的动态助词和语气助词》，《苏州大学学报》2001 年第 3 期。

5. 曹炜：《〈金瓶梅词话〉中的动态助词》，《古汉语研究》2002 年第 3 期。

6. 杭华：《〈型世言〉处置式研究——兼论明清之际“把”字句的历史发展和地域差异》，南京大学汉语言文字学专业硕士学位论文，2002 年。

7. 孔令达：《关于动态助词“过$_1$”和“过$_2$”》，《中国语文》1986 年第 4 期。

8. 刘勋宁：《现代汉语句尾“了”的来源》，《方言》1985 年第 2 期。

9. 刘月华：《动态助词“过$_2$ 过$_1$ 了$_1$”用法比较》，《语文研究》1988 年第 1 期。

10. 梅祖麟：《现代汉语完成貌句式和词尾的来源》，《语言研究》1981 年创刊号。

11. 木霁弘：《〈朱子语类〉中的时体助词“了”》，《中国语文》1986 年第 4 期。

12. 钱乃荣：《体助词“着”不表示“进行”意义》，《汉语学习》2000 年第 4 期。

13. 乔全生：《试论北京话、晋南话对唐以来助词“着”的类化作用》，《语文研究》1996 年第 2 期。

14. 乔全生：《从洪洞方言看唐宋以来助词“着”的性质》，《方言》1998 年第 2 期。

15. 石汝杰：《关于中华书局本〈型世言〉的校点问题》，《言语科学》2002 年第 37 号。

16. 王森：《〈老乞大〉〈朴通事〉里的动态助词》，《古汉语研究》1991 年第 2 期。

17. 夏齐富：《〈金瓶梅〉中“得”字句（述补结构）分析》，《古汉语研究》1997 年第 3 期。

18. 杨平：《“动词 + 得 + 宾语”结构的产生和发展》，《中国语文》1989 年第 2 期。

19. 俞光中：《元明白话里的助词“来”》，《中国语文》1985 年第 4 期。

20. 张豫峰：《近代汉语中表情态的“得”字句》，《河南师范大学学报》（社会科学版）1999 年第 6 期。

21. 赵金铭：《敦煌变文中所见的“了”和“着”》，《中国语文》1979 年第 1 期。

22. 郑远汉：《近代汉语结果式“得”字句》，《古汉语研究》1997 年第 4 期。

23. 祝敏彻：《〈朱子语类〉中“地”“底”的语法作用》，《中国语文》1982 年第 3 期。

汉语的连词是一个特殊的词类，在词、短语、分句和句群乃至段落之间起连接作用，是比副词、介词意义更虚的一个词类。

第四章 《型世言》的连词系统

汉语的连词是一个特殊的词类，在词、短语、分句和句群乃至段落之间起连接作用，是比副词、介词意义更虚的一个词类。长期以来，我们对它缺乏充分而清晰的认识，认为连词除了连接性功能（对这种功能的理解也是比较肤浅的）外，几乎没有其他功能可言了，对连词的范围也还没有完全搞清楚。赵元任说过："汉语连词的地位如此的不确定，以至于龙果夫不承认它是一个单独的词类。"[①] 因此，连词研究在汉语语法学中显得相对薄弱。

本章拟对《型世言》中的连词系统作一番全面的穷尽式考察，通过与明代早中期文献和清代文献的比较，勾勒出明末连词系统的特点。本文所讨论的连词的内涵与现代汉语中所谓的连词没有什么不同。连词连接词、词组和句子，所连接的各项间形成一定的关系。连词有的是动词虚化来的，有的本来即为连词，它的"出身"多种多样。《型世言》中的连词，有的是从上古汉语继承来的，有的是在汉魏六朝及唐宋时期产生的，还有的是元明时期才出现的。不少词的用法还不稳定。《型世言》中的连词几乎涵盖了现代汉语中的所有连词。在这些连词中，每个词的使用频率不一，语法作用微殊，适用的语境、人物也不同，自应细心分辨。根据连接的内容及各项间的关系，《型世言》中的连词可以分成并列、顺承、递进、选择、转折、条件、假设、让步、因果、目的等10个类别。本章即对这几类连词作一番详尽的考察。

第一节　并列连词

并列连词是指连接具有并列关系的词、短语或分句的连词。根据其所连接成分的差异，我们把并列连词大致分为两大类："和"类并列连词和同时并列连词。

《型世言》中的并列连词共有13个，其中"和"类并列连词有4个，同时并列连词有9个。下面试详述之。

一、"和"类并列连词

在《型世言》中，"和"类并列连词主要有"与、并、和、及"4个，共有用例217例。下面我们逐一加以考察。

1. 与

在《型世言》中，"与"是最常见的并列连词，其数量位列"和"类连词之首，共有194例。从其连接的成分来看，可以连接两个并列成分，也可以连接三个或三个以上并列成分。其中连接两个并列成分的共有188例，分为两种情况：

（1）连接体词性成分，共有187例，如：

①姜举人自拥红儿同宿，二陆与王举人俱集芳卿房中。（11回）

---

① 赵元任：《汉语口语语法》，商务印书馆，1979年，第350页。

②众将士见了，莫不拼命砍杀，杀退贼兵，及斩了他首级数百，遣人奏捷，就奏伏羌伯毛忠战死，又揭报内阁与兵部，道："各镇兵俱集，分为六路困贼。"（17 回）

③票本道："秦凤仪与李天祥俱授繁剧衙门县丞，使老成历练。"（20 回）

（2）连接谓词性成分，这种用法仅有 1 例：

④那鞑兵早已赶到了，也不管官员将士乱砍。这些兵士只顾逃去，那一个愿来迎敌与护驾。（17 回）

"与"也可以连接三项或者三项以上的成分，这种用法共有 6 例，且其连接的成分都是体词性的，根据"与"在所构成结构中所处的位置可以分为两类：

A. "与"位于几项并列成分的第一项之后（即"A 与 BC"类），这种用法的"与"在《型世言》中共有 5 例，如：

⑤朝廷旨下，项总督与马、王二巡各升一级，刘玉升左都督，其余有功官员依次升赏。（17 回）

⑥王太守进内见了夫人道："今日邀李家年侄与儿子、女婿作文，可笑我两儿、女婿枉带这顶头巾，文理俱不甚通，倒是李郎虽未进，却大有才气，看来不只一青衿终身。"（18 回）

⑦颜老与杨堪舆、林森甫三个儿一桌儿吃饭，颜老谈起森甫至诚有余，又慈祥慷慨，旧岁在舍下解馆回去，遇见一妇人将赴水，问他是为债逼，丈夫要卖她，故此自尽。（19 回）

B. "与"位于几项并列成分的最后一项之前（即"AB 与 C"类），这种用法的"与"在《型世言》中仅有 1 例：

⑧我朝自这干阉奴王振、汪直、刘勤与冯保，不雄不雌的，在那边乱政。（37 回）

"与"在现代汉语中是常见的连词，可以连接名词，也可以连接动词、形容词，甚至可以连接主谓结构、动宾结构等，而在《型世言》中，"与"连接的成分基本上都是体词性的，谓词性成分仅 1 例。《型世言》中"与"的用法和分布情况详见表 35。

表 35

"与"	两个并列成分		三个或三个以上并列成分	
	体词性	谓词性	A 与 BC	AB 与 C
用例数量	187	1	5	1
百分比（%）	96.39	0.52	2.58	0.52

2. 并

长期以来，学界忽视了“和”类虚词的重要成员“并”，2003 年曹炜先生对“并”的产生及其发展予以了详尽的讨论①。先生立论所依据的明代文献是明万历年间问世的《金瓶梅词话》，属明代中后期的文献，这一时期，并列连词“并”的使用达到了巅峰。元末明初的《水浒传》中，并列连词“并”也频繁使用，共有 303 例，不过我们在考察《型世言》时，发现“并”的用例并不多，仅有 9 例，试详述如下。

(1) 连接两个并列成分。《型世言》中这种用法的“并”共有 5 例。

A. 连接两个体词性词语。这种用法共有 3 例，如：

①众人道：“好神明老爷。”带了他妻，并凶器赃银回话。(23 回)

②他家人并他妻来看，只见头破肋折，已是快恹恹待尽，连忙学中叫王世名来。(2 回)

B. 连接动宾结构。这种用法的“并”在《型世言》中比较罕见，仅有 1 例：

③真人道：“此帕老大人视之似一个帕，实乃千年老白猴之皮变成，以愚大人，并愚学生的。此猴历世已久，神通已大，然终是一个妖物。若得了下官一印，即出入天门，无人敢拘止了。这猴造恶已久，设谋更深，不可不治。”(40 回)

例③中并所连接的并列成分是两个动宾词组：“愚大人”与“愚学生”。

C. 连接主谓结构。这种用法在《型世言》中同样比较罕见，仅有 1 例：

④沈氏道：“何妨得我哥哥极直，极出热，只为你掩耳偷铃，不寻个帮手，所以欺你，便把这事认做自家错，道是我误听王尼姑，他又不合听和尚哄，写其宫衔，遭他捏住，诈去银子五十两，并田四十亩，如今又来索诈勒要兰馨、竹秀，故此我夫妇不快。”(28 回)

例④中“银子五十两”、“田四十亩”是两个主谓结构，通过连词“并”连接共同构成“诈”的宾语。

(2) 连接三个或三个以上的并列成分。《型世言》中这种用法的“并”共有 4 例。根据“并”在所构成结构中所处的位置可以分为三类：

A. “并”位于几项并列成分的最后一项之前（即“AB 并 C”类），这种用法的“并”在《型世言》中仅有 1 例：

⑤生擒贼有千余，除将满四、马骥、南斗、火敌并罪大的，二百名囚车献俘京师，其余都斩首军门，又增设一千户所防守，捷奏。(17 回)

B. “并”位于几项并列成分的第一项之后（即“A 并 BC”类），这种用法的“并”在《型世言》中也仅有 1 例：

---

① 曹炜：《近代汉语并列连词“并”的产生、发展及其消亡》，《语文研究》2003 年第 4 期。

⑥管解的就朦胧说中途烧死，只将铁尚书父母并长子、二女一行解京，却说高秀才把这小公子抱了便跑走了，这公子不知甚么事，只见走了六七里，到了一个旷野之地，放下道："公子，我便是高贤宁，是你令尊门生，你父亲被拿至京必然不免，还恐延及公子，我所以私自领你逃走，延你铁家一脉。"(1回)

C. "并"位于几个并列项的中间（即"AB并CD"类），这种用法的"并"在《型世言》中共有2例：

⑦早归，命仆人把一拜匣，内藏包头并线绦及梳掠送芳卿。(11回)

⑧圣旨便拿了陈巡抚，任、吴两总兵并刘参将，冯指挥俱以军令失机听勘；随升项副都做了总督，刘玉做了总兵，督率甘州、凉州、延绥、宁夏、陕西各镇兵证讨。(17回)

"并"在《型世言》中连接三项或者三项以上的成分都是体词性的，没有谓词性的。"并"在现代汉语中仍作为连词，但其所连接成分之间的关系不是并列关系，而是递进关系，同现代汉语中的连词"并且"的意义、用法基本相同。而在《型世言》中，"并"仅仅连接几个并列的成分。《型世言》中并列连词"并"的用法和分布情况详见表36。

表36

"并"	连接两项			连接三项以上		
	体词性成分	动宾结构	主谓结构	"AB并C"类	"A并BC"类	"AB并CD"类
用例数量	3	1	1	1	1	2
百分比（%）	33.33	11.11	11.11	11.11	11.11	22.22
在现代汉语中	消失					

3. 和

"和"在现代汉语中是常见的并列连词，在《水浒传》中也比较常见，不过在《型世言》中，它和"并"一样，用例并不多，共有10例。其连接的成分也比较单一，连接的都是名词性成分，且都是两个并列成分，没有出现连接三个或三个以上并列成分的用例。如：

①只见李都管道："呆小官，这又不是你去拐带，又不是他逃来，这是天灾偶凑，待我们寻他爷和娘来，说一说明，表一表正。"(25回)

②于伦道："我回时，他也说小姑家接去，我随到小姑家，说不曾到，又向各亲眷家寻，又没踪影，不知小贱人和老虔婆用这等计策。"(3回)

③小官，爷和娘养儿女也不是容易得的，莫说十个月怀着这苦，临产时也性命相搏……（35 回）

“和”的上述用法一直延续到了现代汉语，而且用法日趋复杂多样，可以连接两项并列成分，也可以连接三项或三项以上的并列成分，连接的成分可以是体词性的，也可以是谓词性的。

4. 及

《型世言》中“及”的用例不多，共有 4 例，用法也比较单一，连接的都是两项并列成分，且都是体词性的，如：

①高秀才与二位小姐也相劝，毕了姻。就于金老宅后空地上筑一坟，安葬祖父母及铁尚书骸骨。（1 回）

②邵氏道：“老杜忠厚，奶子及阿财不忠厚，应捕也说是脚跟头人。”（36 回）

“和”类并列连词的分布情况详见表 37。

表 37

词项	用例数量	百分比（%）	在现代汉语中
与	194	89.40	存在
并	9	4.15	消失
和	10	4.61	存在
及	4	1.84	存在
总计	217		

二、同时并列连词

同时并列连词连接的是同时发生的几件事情或者针对同一事件所列举的理由。《型世言》中的同时并列连词共有“一面”、“一头”、“一边”、“一来”、“二来”、“一则”、“二则”、“既”、“且”9 个。其中前 3 个连词连接的分句或句子表示几件事情同时发生，后 6 个连词连接的分句或句子表示针对同一事件所列举的理由。这些同时并列连词既可以只在一个分句或句子中单独使用，即独用，也可以在前后分句或句子中成对使用，即合用。

（一）独用

1. 一面

在《型世言》中“一面”共出现了 22 次，其中独用用例有 12 例，根据连接分句中动作行为的主体可以分为两种情况：

一是连接同一个主体发出的动作、行为。这种用法的“一面”在《型世言》中共有10例。如：

①只见里边骨碌碌滚着一个人头，石廉使便叫人速将徐铭拿来，一面叫柏茂认领尸棺。(21回)

②沈参将自鸣金收军，与田副使整队而进，一面差人督府报捷。(24回)

③栾宝儿一面邀人旁里，里面叫道：“请心官来。”(37回)

二是连接不同主体发出的动作、行为，这种情形共有2例：

④那吴尔辉愕然道：“这是你丈夫情愿嫁与我，有甚欺心？”妇人一面嚷。(26回)

⑤审单已出，取供房一面做稿，申解守巡。(36回)

例④中，前后分句的主体分别为“吴尔辉”和“妇人”，例⑤中从上下文可以看出，“审单已出”的主体并不是“取供房”，还有特别之处就是前后的动作有先后顺序。

“一面”连接的成分可以是同一复句中的分句，也可以是同一句群内的句子。其中前者共有9例，后者共有3例。如：

⑥先扯到酒店吃三钟赔礼。一面设处银子。(6回)

⑦徐铭更一面叫人买材，将奶子头盛了，雇仵作抬出去。(21回)

例⑥“一面”用来连接同一句群中的句子，且出现在后一句子中；例⑦用来连接同一复句中的分句。

《型世言》独用的“一面”的用法和分布详见表38。

表38

连接成分中的主体	同一主体	不同主体
用例数量	10	2
百分比（%）	83.33	16.67
连接成分的性质	复句内的分句	句群内的句子
用例数量	9	3
百分比（%）	75	25

2. 一边

“一边”在《型世言》中共有6例，是用例数量仅次于“一面”的独用同时并列连词。“一边”的用法意义同“一面”。与“一面”不同的是，在《型世言》中“一边”仅可以连接同一个主体发出的动作、行为，不可以连接不同主体发出的动作、行为。如：

①吩付陆绶只是坚守不许出战；一边又差出头目胡喜、邢相、卢苏、王绶各路迎敌守把。(24 回)

②陈副使教拴了，亲送刑厅，一边教公子款住先生。(27 回)

与“一面”一样，“一边”连接的成分可以是同一复句中的分句，也可以是同一句群内的句子。其中前者共有 4 例，后者共有 2 例。如：

③一边火器乱发，把云梯烧毁。(1 回)

④一边说时，两个都已宽衣解带，双双到炕儿上，恣意欢娱。(5 回)

⑤这边马氏犹豫未决，夏学一边就作了个揖，辞了师母，一径出门去。(13 回)

例③、④“一边”用来连接同一句群中的句子，且出现在后一句子中；例①、⑤用来连接同一复句中的分句。

3. 一头

《型世言》中并列连词还有“一头”，其意义和用法同“一面”。不过，独用用例不多，仅有 1 例：

胡似庄道：“正是，正是。”一头且想道：“我这一去，少也得湖绸二匹，湖绵一斤，杨奶奶所好得苏州三白、火腿、白鲞，还再得些好海味，还要路上盘费，要得十来两才好，这那里得来?”(31 回)

此例中“一头”用来连接同一句群内的分句，且是同一主体的动作行为。前后分句意思就是“胡似庄”一边说，一边心里想。

4. 一来

独用的“一来”在《型世言》中共有 3 例，它与“一面”的用法不同，用来列举原因或者理由，“一来”连接的成分都是分句，没有连接句群内句子的用例。如：

①一个富尔谷，年纪虽大，一来倚恃家事充足，无心读书，又新娶一事，一发眷恋不肯到馆，一个夏学，学得一身奸狡，到书上甚是懵懂，与富尔谷极其相合。(13 回)

②过了两日，实是支持不来，阮胜倒也想鲍雷说话有理，对着劳氏道：“我娘儿两个，亏你拾得这性命，但病死与饿杀总只一般，不若你另嫁一个，一来你得吃碗饱饭，我母子仅可支持半年，这也是不愿见的事，也是无极奈何。”(33 回)

③陈御史道：“学生此来专意请教，一来更有所求，老母年垂八十，寝睡不宁，赏恐邪魔为祟，闻真人有玉印，可以伏魔，乞见惠一粒，这不特老母感德。”(40 回)

《型世言》中独用的同时并列连词分布情况见表 39。

表 39

词项	一面	一边	一头	一来	总计
用例数量	12	6	1	3	22
百分比（%）	54.55	27.27	4.55	13.64	

（二）合用

同时并列连词连接的前后分句或句子可以配对使用，分别连接两个或者两个以上的动作行为，即合用。《水浒传》中的同时并列连词可以同词配合使用，形成“一面……一面……”等呼应形式，也可以异词配合使用，形成“一面……一头……”等呼应形式，但没有“既……且（又）……”这样的异词合用形式。而我们在考察《型世言》并列连词的时候，发现情形有所改变：《型世言》中同词合用形式依然存在，共有“一面……一面……”、“一头……一头……”、“一边……一边……”、“一来……二来……”、“一则……二则……”等五种形式，但异词配合使用情况则大不相同，其中“一面……一头……”等呼应形式已经看不到了，却存在“既……且（又）……”这样的异词合用形式。

同词合用形式分两种情况：“一面……一面……”、“一头……一头……”、“一边……一边……”，这三种配合使用，前后词形完全一致，表示动作行为同时进行，而“一来……二来……”、“一则……二则……”这两种形式用来列举说话人的理由。

1. 一面……一面……

“一面……一面……”在《型世言》中共有 5 例，都用于连接并列复句的分句。如：

①一面放了张婴，一面上一个本道……（5 回）

②张知县一面分拨人到城外市镇、渡口，凡系面生可疑之人暗暗巡缉，一面吩付将假校尉敲夹。(22 回)

③陈副使哭将起来，一面打点棺木殡殓，一面便想救儿子之计。(27 回)

2. 一头……一头……

“一头……一头……”全部用于并列复句的分句之间的连接，共有 6 例，如：

①他却来收这鞋子，见了诗儿后到房中，一头走，一头点头摇脑轻轻的读，读了半日也在纸上写上几句，后边又将来扯坏了。想是做姐姐不过，故此扯坏。(11 回)

②四个便在桥边酒店坐下，一头吃酒一头说，敬松道：“看不出，好一个人儿，怎么这等狠?”(26 回)

3. 一边……一边……

“一边……一边……”在《型世言》中共有 8 例，是同时并列连词中同形配合使用中用例最多的连词。与“一面……一面……”一样，都用来连接同一复句中的分句，没有连接句群的用例。如：

①一边叫他母亲出来，一边着人看船中妇人何如。(3 回)

②那人一边等他二人说话，一边便潜到厢房里一看道：“姐夫，何如？现现掘得七坑八坎在此。”(15 回)

③一边吃官料药和血养血，一边用草药洗，洗后去敷，这才得好？(38 回)

4. 一来……二来……

“一来……二来……”用来连接说话人的原因和理由，与“一面……一面……”等同形配合使用不同的是，前后连词的数词不同。“一来……二来……”在《型世言》中共有 6 例。从其连接的成分来看，既可以连接同一复句内的分句，也可以连接同一句群内的句子，其中前者较多，共有 5 例，后者只有 1 例。如：

①有个本县一财主，一来见他新进，人品整齐。二来可以借他庶盖门户，要来赘他。(2 回)

②此时，掌珠一来怪婆婆，二来怕丈夫回来，听信婆婆有是非，便就应承。(3 回)

③于伦道：“一来生意迟钝，二来想你独自在家，故此便回。”(3 回)

④不若将奴卖与人家，一来得完钱粮，免父亲监比；二来若有多余，父亲、母亲还可将来盘缠回乡，使女儿死在此处也得瞑目。(7 回)

例①用于连接同一句群内的句子，例②、③、④用于连接同一复句内的分句。

5. 一则……二则……

“一则……二则……”用法意义和“一来……二来……”一样，用来列举原因理由，但用例很少，仅有 1 例，且用于连接同一复句内的分句：

①故此家中人不时往来，一则怕大娘子生性备赖，恐惹口面，不敢去说；二则因他待人有恩，越发不肯说。(7 回)

同形合用的这几种形式都保留到了现代汉语之中。《水浒传》中的同形合用远比《型世言》复杂，《水浒传》中还出现了三项甚至四项的配合使用，如：

②却说宋江引大队军马入檀州，赶散番军，一面出榜安抚百姓军民，秋毫不许有犯。传令教把战船尽数收入城中。一面赏劳三军，及将在城辽国所用官员，有姓者仍前委用，无姓番官尽行发遣出城，还于沙漠。一面写表申奏朝廷，得了檀州。尽将府库财帛金宝，解赴京师。(《水浒传》84 回)

③一是与山寨报仇，不折了锐气；二乃免此小辈，被他耻辱；三则得许多粮食，以供山寨之用；四者就请李应上山入伙。(《水浒传》47 回)

例②中三个“一面”配合使用，例③中列举了四项理由。

6. 既……且（又、也）……

在《型世言》中，“既”作为连词可以表示两种语义关系：并列和推论因果。其中“既”作并列连词共有5例。

“既”可以与连词“且”配合使用，构成“既……且……”异词配合使用的形式，在《型世言》中仅有1例：

①既孝且烈，汗青宜书。(6回)

“既”还可以与副词“又、也”配合使用，构成“既……又（也）……”异词配合使用的形式。其中“既……又……”在《型世言》中共有3例，如：

②倒宁可一死，既不失身，又能全孝，这便亘古难事。(6回)

③此时衙内哭做一团。二衙便为他申文上司，为他经理丧事。可怜库中既无纸赎，又无兑头，只得些俸粮柴薪、马丁银两未齐，不过百两，将来备办棺木、衣衾，并合衙孝衣。(18回)

④县尊大恼道：“既杀他身，又污他名，可恶之极。将来重打四十。”(29回)

“既……也……”在《型世言》中仅有1例：

⑤徐主事恬然，绝不在意，众人也向厉主事道：“既做同僚，也存些体面。”(31回)

在现代汉语中，“既”还可以与“也、且、又”配合使用。

《型世言》中同时并列连词合用的分布情况见表40。

表40

词项	用例数量	百分比（%）	在现代汉语中
一面……一面…	5	16.13	存在
一头……一头……	6	19.35	存在
一边……一边……	8	25.81	存在
一来……二来……	6	19.35	存在
一则……二则……	1	3.23	存在
既……且……	1	3.23	存在
既……又……	3	9.68	存在
既……也……	1	3.23	存在
总计	31		

第二节　顺承连词

顺承连词有时间连词和“总之、可见”等。时间连词连接的分句或句子之间发生的事件有先后顺序，表明主句所述情况的时间起点，分为前时连词和后时连词。

前时连词引导的分句所叙述的事情先发生或存在，一般位于前一分句或句子的顶端。前时连词有“等、待、待到、比及”等。

后时连词引导的分句所叙述的事情后发生或存在，一般位于后一分句或句子的顶端。后时连词有“然后、次后”等。

“总之、可见”这两个词没有明显的时间界限，用来承接上文，起连贯语句的作用。

一、等

“等”在《型世言》中的用法较多，可用作动词、助词、连词、量词等。作前时连词的“等”在《型世言》中共有13例，如：

①屠利道：“若不要他断送，等他多出些钱与你罢。”（2回）

②等他去了，又撮上驴，骑到灯市。（12回）

③钱公布道：“这拿头套枷戴，勿可，勿可！陈老先生只为钱，你不若把个些物件还了陈公子，等渠还了爷，便无话哉，便公差来，你暂躲一躲便了。”（27回）

④等他歇宿一夜，疮痏落上一床，似雪般，果然身体莹然，似脱换一个，仍旧是一花枝样女子。（38回）

二、待

“待”意义用法与“等”一样，不过用例数量比“等”多，是时间连词中用例数量最多的连词，共有23例。如：

①爵禄可捐寄以居东之身，待感于风雷，兄弟可诛。（1回）

②待你丈夫回来，与他说一说，该与不该。（3回）

句尾助词“时”是近代汉语一个热点问题，许多学者就“时”的语法意义作过讨论。我们在统计《型世言》时发现“时”也可用在时间连词从句中，构成“～时”格式，相当于现代汉语中“～的时候”。“待”可以构成“待～时”的格式，不过用例很少，共有5例，如：

③待要走时，又恐不见了物件，疑是小的。（5回）

④又挨一两年，待宗师新旧交接时，一张呈子，改回原籍，怕不是个秀才？（27回）

三、待到

"待到"意义同"待"，不过作连词的用例很少，仅见1例：

待到新旧交接，再与差人与书房讲，竟自抹杀，这可以不见官。(27回)

《型世言》中没有"等到"作连词的用例。

四、比及

《型世言》中"比及"共4例，都是用作前时连词。如：

①比及叫得小妹梦中醒起来，拨火点灯，汪涵宇已扒过去了。(6回)

②陈东部下，比及得知来救，已不及了。(7回)

③比及王喜爬得起来，只见身边银子已被拿去，两头没处寻人，依然剩得一个空身。(9回)

④比及太祖升帐，只听得缸一声响，爆做两开，把炭头打得满地是。(34回)

"比及"在近代汉语中，还经常与"时"连用，构成"比及……时"的格式，相当于"……的时候"，不过，这种用法在《型世言》中没有发现。"比及"在现代汉语中已经消失。

五、然后

后时连词"然后"在《型世言》中共有19例，表示一个动作之后进行另一个动作，或者一种情况之后出现另一种情况。"然后"可以连接一个句子中的分句，这种情况比较多，共有15例；也可以用在句群中连接句子，且常位于句群中一个句子的开头，这种情况共有4例。如：

①盖人做了一个先生，每日毕竟要讲书，也须先理会一番，然后可讲与学生，就是学生庸下，他来问，也须忖量与他开发。(19回)

②陈管家领了差人，迳到家中，先把问的口词对家主说了，然后去见钱公布。(27回)

③家中整治些菜蔬，毕竟好的与婆婆，次些的与丈夫，然后自吃，并不贪嘴。(33回)

④巴得一进学，侥幸考了前列，得帮补，又兢兢持持守了二三十年，没些停降。然后保全出学门，还只送教职、县佐二，希有遇恩遴选，得选知县通判。一个秀才与贡生何等烦难！(23回)

⑤他走登州看海市，登泰山上南天门，过东西二天门摩秦无字碑，踞日观，观日出，倚秦观望陕西，越观望会稽，上丈人、莲花诸峰，石经、桃花诸峪，过黄岘、雁飞众岭，入白云、水廉、黄花各洞，盥漱玉女、王母、白龙各池，又憩五大夫松下，听风声。然后走阙里，拜孔庙，遨游广陵、金陵、姑苏，半载方到家。

（14 回）

例④、⑤中的“然后”用来连接句群。“然后”在现代汉语中仍大量使用。

六、次后

后时连词“次后”在《型世言》中共有6例。与“然后”不同的是，“次后”只能用于连接同一复句中的分句，而不能用于句群之中。如：

①清晨起来，煮了饭，安排了些鱼肉之类，先是轿夫到，次后王秀才来，等了半晌，这光棍洋洋也到。（26 回）

②初时先把一个老实愚弄他，次后就把娇痴戏恋他，那代巡也似得了个奇宝。（30 回）

“次后”在现代汉语中已经消失。

七、总之

“总之”用于总结，起连贯语句的作用，这一点与时间连词用法相似，因此我们在这里一并讨论。在《型世言》中共7例，表示对上文列举的并列成分加以总括，或表示说话人由于某种原因（不了解或不便于）不能说出真实情况，而只说出一种有关的、约略的事实或结论。意思和“反正”相近。如：

①总之天下欲使忠臣斩其祀，故生出一个高秀才；又不欲忠臣污其名，又生这二女。（1 回）

②总之，人一为色欲所迷，便不暇致详，便为人愚弄。（26 回）

八、可见

“可见”用来承接上文，所引导的分句位于复句或句群的后一部分，是根据前边说的事实做出判断或得出结论。“可见”可以连接分句或句子。在《型世言》中，“可见”共有4例，如：

①又叹息道：“我遍处寻地，旧年送地来不要，他无心求地，却送将来。可见凡事有数，不可强求。”（19 回）

②方知前日捉奸也是钱公布设局，可见从今人果实心为儿女，须要寻好人，学好样。（27 回）

《型世言》中顺承连词的分布情况见表41：

表41

词项	用例数量	百分比（%）	在现代汉语中
等	13	16.88	存在
待	23	29.87	存在
待到	1	1.30	存在
比及	4	5.19	消失
然后	19	24.68	存在
次后	6	7.79	消失
总之	7	9.09	存在
可见	4	5.19	存在
总计	77		

第三节 递进连词

递进连词连接两个具有更进一层语义关系的语言单位。《型世言》中递进连词主要有“况”类递进连词、“且”类递进连词以及“尚且”、“不但”、“甚至”、“甚而”、“加之”等。

一、“况”类递进连词

《型世言》中“况”类递进连词有“况、况是、况且、何况”等4个，它们连接的分句都是表示更进一层，补充说明理由。

1. 况

在《型世言》中，“况”可单独成词，共出现3例，均用在后一分句句首，表递进，如：

①纪指挥道：“女生有家，也是令先公地下之意。况小姐若不配亲，依倚何人？况我为你已寻下一人，是你先公赏识的秀才。他为收你先公骸骨，几乎被刑，也是义士。下官当为小姐备妆奁成婚。”（1回）

②只是有识的道：“古来为父报仇多有从未减的，况以王秀才之柔刚并用，必能有济于世。若使以一成全之，孝子必生。生必有效于国。在王秀才为孝子，又可为忠臣。而国家亦收人才之用，即其死，良可为国家人才惜耳。”（2回）

③妙珍就想道："我当日不要是递申举，正不肯借孝亲立名。如今为这些人尊礼，终是名心未断，况聚集这些人，无非讲是讲非。这不是作福是造孽了，岂可把一身与他作招头。"（4回）

"况"在现代汉语书面语中还经常使用。

2. 况是

我们在讨论选择连词的时候，把"或是"中的"是"看作是词尾，其实在《型世言》中，这样的词语比较多，如"但是、若是"等，这恐怕与汉语词的双音化趋势有关系。"况"也可以与"是"构成复合递进连词"况是"。《型世言》中"况是"共有2例，且"况是"均用在同一句群的上下句之间。

①这位房官道："兄不要太执，不知外边这人，便中六十，他也快活的，你不看见读书的，尽有家事寒的，巴不得侥幸。一日难过。况是三年，又有因座师鳖气，不中得，一个疲倦，终身不振，有愤郁致死的；不如且中他，与兄会场争气罢。"（32回）

②湖州人惯的是没水，但只是一来水深得紧，没不到底；二来这蚌大得紧，一个人也拿不起。况是他口边快如刀，沾着他就要破皮出血，那个敢去惹他？（39回）

3. 况且

"况且"在现代汉语中是常见的连词，意义和用法同"况是"，在《型世言》中共有52例，是用例数量最多的递进连词。"况且"可以用来连接复句中的分句，也可以连接同一句群内的句子。其中连接分句的共有23例，如：

①累那过龙的费尽口舌，况且事又不痛快，只得来连他做，连着要打那边三十，断不是二十五下，要问他十四石，断不是一两三。（30回）

②鬼混了几日，他已拿住了把柄，也不怕事，况且日日这些娈童艳婢，引得眼中火发，常时去撩拨这两个小厮。（28回）

"况且"连接同一句群内分句的共有29例，如：

③看他两个执性，是打骂不动的，若还一逼，或是死了，圣上一时要人怎生答应。况且他父亲同僚亲友还有人，知道我们难为他，要来计较也当不起，还劝他的是，若劝不转，他不过吃得我碗饭，也不破多少钱讨他，也只索罢了。（1回）

④你这小官官，有份上反道是硬证，谁扯直腿替你夹？便是你二位族尊也不肯。况且到那检验时，如今初死还好，天色热，不久溃烂，就要剔骨检，筋肉尽行割去，你道惨不惨？（2回）

4. 何况

"何况"在现代汉语中是常见的递进连词，不过在《型世言》中用例极少，仅见1例，连接的分句是问句：

李权道："姊夫都丢了，何况你？也图个长策好。"（4回）

二、“且”类递进连词

“且”《说文》释为“重叠”。在古汉语中，“且”与“况”一样，既可以是副词，也可以是连词。在《型世言》中，“且”和其他副词构成复合递进连词。“且”类连词成员有“又且、且又、抑且”等，共有17例。

1. 又且、且又

“且”和“又”既可以构成“且又”，又可以构成“又且”，说明语素顺序还没有固定，两个词语都表示递进关系，意义和用法相同。其中“又且”在《型世言》中共有10例，且都是用来连接复句内的分句，如：

①故当时不独颂铁尚书之忠，又且颂二女之烈。(1回)

②初时也怕妙珍来碍眼，因见她在无垢院时，一毫闲事不管，又且施舍山积，道他身边必竟有物；若后日肯和同水蜜，他年纪小，是黄花女儿，尽可接脚。(4回)

③生有一子一女，女名芳卿，年可十八岁，生得脸如月满，目若星辉；翠黛初舒杨柳，朱唇半吐樱桃；又且举止轻盈，丰神飘逸。(8回)

“且又”在《型世言》中仅有2例，仅是“又且”用例的五分之一：

④铜钱极是好看，只有银子，到难看处，盛氏来相帮，不至失眼。且又人上见他生得好个儿，故意要来打牙撩嘴，生意越兴，但是掌珠终是不老辣，有那臭吝的，缠不过，也便让他两厘，也便与他搭用一二文低钱，或是低银。(3回)

⑤徐行竟以疑杀之，且又牵一小童以污蔑，不惨而狡欤。(29回)

“且又、又且”在《水浒传》中也有用例，不过两者用例数量差不多，而在《型世言》中“又且”明显多于“且又”。

2. 抑且

“抑且”与“且又”一样是近代汉语中产生的复合连词，共有5例，如：

①杨典史道：“学生来时，曾见家姐夫，他为此女，又思又恼，已致成病。老先生若如此救全，不惟出甥女于风尘，抑且救谢度城于垂死，感谢不尽。”(11回)

②生得仪容丰丽，器度温雅，意气又激烈，见义敢为，不惟性格相同，抑且容貌如一。(13回)

③又有一个也不是买关节，只为一念名心未净，被人赚掇，不唯钱财被诓，抑且身家几覆。(28回)

到了近代汉语时期，随着复音词的增加，产生了一批由以上连词或副词（况、兼、又、且等）复合成的复音连词。这样的连词还有“更兼、更且”等。到了现代汉语中，“且又、又且、抑且”这类复合词都已经消失了。

三、尚且

“尚且”在现代汉语中是常见的递进连词，所连接的分句都用来提出程度更深的事例作为衬托，在《型世言》中共有5例。“尚且”连接的分句大多省略主语，仅有1例连接的分句中出现了主语，且连词位于主语的后面，如：

①县尊便道：“庚盈，我想妇人既嫁，尚且与他义绝，你怎么倒与他有情？”（33回）

②刘阁门道：“圣上一身，社稷所系，诸医尚且束手，不敢下药，他药不知何如，怎生轻易引奏？”（34回）

③做人子，当父母疾之时，求医问卜，甚到割股，要求他生，及到身死，哀哭号踊，尚且有终天之恨。（2回）

例②中“尚且”连接的分句有主语“诸医”。

四、不但

“不但”在现代汉语中是常见的递进连词，表示全句一方面指出并承认前一分句表述的意思，但这并不是说话人的全部意思，后一分句比前一分句更进一层，却是说话人需要重点表述的意思。而在《型世言》中，其用例极少，仅见1例：

张知县道：“这不但为学生，也为二位。”（22回）

五、甚至、甚而

1. 甚至

“甚至”在现代汉语中是比较常见的递进连词，用来突出强调事例。在《型世言》中共有9例，其中有4例用来连接复句中的分句，有5例用来连接句群内的句子。如：

①你一丛我一簇，倒也不是个念佛场，做了个讲谈所。甚至幡竿长，十八九岁大女子不晓事三五岁小娃子，不知什么缘故，也拖带将来。（4回）

②在陕西竟作了一个奇闻，甚至纪人《皇明从信录》中，却亦是从来所无之事。（37回）

2. 甚而

“甚而”意义基本同“甚至”，共3例，且都是用来连接复句内的分句：

①尝见兄弟，起初嫌隙，继而争竞，渐成构讼，甚而仇害，反不如陌路之人，这也是奇怪事。（13回）

②有时在馆中高歌，有时在路上高唱，甚而市井小人也与他吃酒歌唱。（18回）

③小则为贼，大则为盗，甚而劫牢劫库，都是有的。（22回）

六、加之

“加之”表示进一步说明原因或者条件，用来承接上句，有进一步的意思，在现代汉语中比较常见，在《型世言》中用例不多，仅见2例：

①始终还是夜间热，发些盗汗，渐渐到日间也热，加之咳嗽，爹娘慌张，请医调治。(9回)

②这两个小儿从小聪明勤读，加之外边择有明师，家中又会教训，十二三岁便会做文字，到十五岁都文理大通。(16回)

《型世言》中递进连词的用法分布情况详见表42。

表42

词项	用例数量	百分比（%）	在现代汉语中
况	3	3.16	存在
况是	2	2.11	存在
况且	52	54.74	存在
何况	1	1.05	存在
又且	10	10.53	消失
且又	2	2.11	消失
抑且	5	5.26	消失
尚且	5	5.26	存在
不但	1	1.05	存在
甚至	9	9.47	存在
甚而	3	3.16	存在
加之	2	2.11	存在
总计	95		

第四节 选择连词

《型世言》中选择连词有“或、或者、或是、还是、宁、宁可、抑”等7个，共有用例138例。

一、或

“或”在古代汉语中常用，它可以是选择连词，也可以是分称代词。

①圣人之行不同也，或远或近，或去或不去，归洁其身而已矣。(《孟子·万章上》)

例①中的“或”与现代汉语的“有的”、“有些”相当，是分称代词。

在《型世言》中“或”也可以作为分称代词，如：

②像许副使逵，他在山东乐陵做知县时，流贼刘六、刘七作反，南北直隶、山东、河南、湖广府州县官，或死、或逃，只有他出兵破贼，超升佥事，后转江西副使。(1回)

③日日捧了案卷，似草木般立在丹墀，何如我或笑，或歌，或行，或住，都得自快，这便是燕雀不知鸿鹄志了。(14回)

例②中“或”的意思是“有的”，例③中“或”的意思是“有时”。分称代词不在我们讨论的范围之内，因此不展开讨论。在《型世言》中“或”作选择连词共有28例。“或”可以独用，用在后一分句中，也可以两个“或”配合使用，形成“或……或……”的格式。独用的“或”不多，共有2例，如：

④每日做着事时听他们说笑，心里好不痒痒的，没奈何乘早起，或盛氏在楼上时，略偷闲与这些邻人说说儿。(3回)

⑤他母子经营殡葬，葬时，止不过几个乡绅公祭，有几个至亲来送，也只是来应故事，那得似上任时闹哄送上船，或送一两程才散光景。(18回)

“或”配合使用，共有26个，构成13例“或……或……”的格式。如：

⑥不期圣上当阳，覆盆尽烛，忠肝义胆，终久照然天下，这是大事，还有小事，或在问官之糊涂，或事迹之巧凑，也没有一时虽晦，后来不明之理。(36回)

⑦父亲若是有个机缘，或富或贵，一定回来，如今久无音信，毕竟是沦落了，故此僧道星卜，下乃佣工乞丐里边都去寻访。(9回)

二、或者

“或者”在现代汉语中是常见的选择连词，我们在《水浒传》中没有发现“或者”的用例，不过在《型世言》中已经使用，共有19例，意义和“或”一样，用来表示未定选择。不过“或者”以独用为主，用在后一个分句中，共有17例。如：

①但我身殉父危，想老母无依，后嗣无人，是我一家，赔他一身；若控有司，或者官不如我意，不如当饮忍时饮忍，当激烈时激烈，只要得报亲仇，不必论时先后，是大经纬人。(2回)

②没印两个一争就破脸，不好收拾，有印或者他晓得我手段也不敢难为我，究竟还可见负心的，天必不佑，若使胡似庄不作这亏心事，或者享有此三千金也未可知。(31 回)

③他道深山旷野之中，多有妖物，或者妖物幻化有之，正如海中蜃虚气化作楼阁，飞鸟飞去歇宿，便为吸去。(38 回)

例②中有两个“或者”，不过不是“或者”配合使用，后一个“或者”并不是连词，而是副词，表示“也许”。“或者”的这种副词用法保留到了现代汉语中。

“或者”也可配合使用，形成“或者……或者……”的格式，不过用例极少，仅见 1 例：

④嫂子我想你丈夫也未必被他打死，想是粮不请得，又吃他打了两下，气不愤，或者寻个短见，或者走到那厢去了。(9 回)

三、或是

我们把这里的“是”看作词尾，它和“或”构成复合词“或是”。这种以“是”作词尾的词在近代汉语中比较常见，我们在《水浒传》中也发现了这样的词语，如“况是、便是、若是”等。“或是”在《型世言》中共有 52 例，它与“或者”一样可以独用，也可以配合使用。独用的“或是”在《型世言》中共有 14 例，如：

①且又人上见他生得好个儿，故意要来打牙撩嘴，生意越兴，但是掌珠终是不老辣，有那臭吝的，缠不过，也便让他两厘，也便与他搭用一二文低钱，或是低银。有那脸涎的擂不过，也便添他些。(3 回)

②在那沙碛里已住了几日，看这些臊子，每日不见一粒大米，只是把空里养的牛羊骡马，又或是外边打猎捉来的狐兔、黄羊、麞麅、熊鹿，血沥沥在火上炙了吃，又配上些牛羊乳骆，吃罢把手在胸前袄子上揩抹。(17 回)

“或是”也可以两项配合使用，这种“或是”共有 38 个，构成 19 例“或是……或是……”的格式。如：

③况且我又拿了去闯村坊，这些村姑见了无不欢天喜地，拿住不放，死命要爹娘或是老公添，怕不趁钱。或是女人自买，越发好了，这生意断是不舍，你还在家为我一撑。(3 回)

④凡是游食僧道，多遭拘执，多亏得有了度牒。又是程道者遇着盘诘，或是用钱，或是用术，脱身入川。(8 回)

四、还是

“还是”在《型世言》中作选择连词共有 18 例，共有两种用法：

一是表示说话人经过考虑，认为“还是”后的意见是最为合适的。这种用法在

《型世言》中共有16例，如：

①若是这样说，也不必请你来了，还是你与他做主，和一和。(2回)

②启大王，胜负难料，还是归降。(7回)

③家父知道定用打杀，还是先生周支。(27回)

二是连接两项未定选择。在现代汉语中用“（还是/是）……还是……”这样的格式，如：

④你去上海，还是去北京？

⑤是先去天津，还是先去长春？

⑥还是先去天津，还是先去长春？

在《型世言》中，这种用法共有2例：

⑦你出去时节，还是你锁的门，妇人闩的门？(5回)

⑧郎君你是身体疲倦，还是打熬精神？(40回)

例⑦中的“还是”用法比较特别，“你锁的门”与“妇人闩的门”构成选择，不过“还是”位于前一个选择项中，而现代汉语中只会出现在后一选择项中；例⑧中的“还是”与“是”呼应，构成“是……还是……”的格式。

五、不如

“不如”用在复句的后一分句中，表示经过考虑，选择了比较恰当的意见，在《型世言》中共有18例，“不如”仅可以连接同一复句中的分句，不可以连接同一句群内的句子。如：

①大小姐道：“骨肉飘零，存二人，若我出嫁，妹妹何依？细思之有未妥耳。不如妹妹与我同适此人，庶日后始终得同。”(1回)

②掌珠只可望着流泪，骂上几声黑心贼。二郎道：“罢，你回去反有口舌，不如在我家这厢安静。”(3回)

六、不若

“不若”的意义和用法同“不如”，均为已定选择，用在复句的后一分句中，表示经过考虑，选择了比较恰当的意见，用法比较单一。在《型世言》中共有81例，如：

①你们母子出头露面去告一场，也不知官何如，不若做个人情，让他们不是让别人，不然贫不与富斗，命又不偿得，你母子还被他掩死了。(2回)

②父亲死，必竟连累妻女，是死则三个死，如今除告减之外，所少不及百担，不若将奴卖与人家，一来得完钱粮，免父亲监比…… (7回)

③我想这山深旷，甚是难寻得到，不若放上一把火烧了山，他怕死，必竟出来，却不省了一番找探工夫。(8回)

现代汉语中“不如”常与“与其”配合使用，构成“与其……不如……”的形式。在《型世言》中，“不若”也可以与“与其”构成“与其……不若……”的形式，不过用例极少，仅见1例：

④只是你虽本分端重，在这里却没好样，没好事做出来，又无所出。与其日后出乖露丑，不若待我死后，竟自出身。(6回)

七、莫若

“莫若”的意义和用法同“不若”，属于已定选择连词，不过用例很少，仅见2例：

①若进城投降，恐有不测，莫若在城下一见，且先期去，出他不意。(7回)

②我在这里虽是得手，终久贼头狗脑，不得个畅快，莫若带他进寺中，落得阔他一阔，不要等阿金这狗妇，只道独他是个奇货，装憨。(29回)

八、宁、宁可

“宁、宁可”是从古代汉语继承而来的连词。文言中常有“与其……宁……”、“与其……宁其……”、“宁……宁……”、“宁……无……”、“宁……不……”等格式。这两个词引导的分句均位于复句的前部，表示从两件都不希望的事情中选择一个在说话人看来勉强较好的情况。

“宁”在《型世言》中共有9例，其中有4例用“不”作呼应，构成“宁……不……”的格式，如：

①郑氏道：“老爷，他劫妇人财，杀妇人母，又待杀妇人，这是仇家，妇人宁死不从。”(25回)

②后面女子也垂着泣道：“交郎贪淫，聚我辈无限，犹自网罗不已，妾宁自湛深渊，以俟象罔之求，不能暗投，遭人暗剑，唯大人怜之。”(39回)

③跋涉宁辞远，栉沐甘劳苦。(9回)

④宁逐轻薄儿，肯踵铜臭郎。(28回)

例①和例②中有“不”作呼应。

“宁可”在《型世言》中共有10例。与“宁”一样，可以构成“宁可……不……”的格式，这种格式共有4例。如：

⑤宁可解当，并不动王俊一毫银子。(2回)

⑥自古道：“宁可没了有，不可有了没。”(6回)

⑦王喜道：“宁可他薄情，也便为他周旋。”(9回)

⑧劳氏道："宁可我做生活供养你们，要死三个死，嫁是不嫁的。"（33回）

例⑤和例⑥中的"宁可"与"不"构成"宁可……不……"的格式。

九、抑

"抑"在古代汉语中是表示未定选择关系的连词，意为"还是"。如：

①夫子至于是邦也，必闻其政，求之与？抑与之与？（《论语·学而》）

在《型世言》中也有这样的用例，但仅见1例：

②盖当事诸君子，急于念孝子，反乱其方寸，而虑不及此哉。抑天意不惜孝子一死，以达其志，以彰其孝哉！（2回）

《型世言》中选择连词的用法分布情况见表43。

表43

词项	用例数量	百分比（%）	在现代汉语中
或	28	11.76	存在
或者	19	7.98	存在
或是	52	21.85	存在
还是	18	7.56	存在
不如	18	7.56	存在
不若	81	34.03	存在
莫若	2	0.84	存在
宁	9	3.78	存在
宁可	10	4.20	存在
抑	1	0.42	存在
总计	238		

第五节　转折连词

转折连词连接两个具有相反或相对语义关系的语言单位。《型世言》中转折连词有"虽、虽然、虽是、虽系、然虽、但、但是、只是、不料、不意、无奈、争奈"等

12 个。其中“虽、虽然、虽是、虽系、然虽”一般用于前一分句或句子中，“但、但是、只是、不料、不意、无奈、争奈”则一般用于后一分句或句子中。

一、虽、虽然、虽是

“虽、虽然、虽是”是《型世言》中使用频率最高的一组转折连词，共有用例 155 例。“虽、虽然、虽是”全部用于偏句中，主句中与它们呼应的词语也比较多，主要有副词“却、其实、也、却也、倒也、亦、并”等。

1. 虽

“虽”是《型世言》中用例最多的转折连词，共有 101 例。主句中可出现呼应词，也可以没有呼应词。其中没有呼应词的用例共有 68 例，占“虽”所有用例的 67%。与“虽”呼应的词主要有“却、也、亦、并、倒也、却也”等。如：

①韩氏便道：“田庄虽没甚大长养，却是忙了三季，也有一季快活。夫妻兄弟聚做一块儿，那做客餐风宿水，孤孤单单，谁来照顾你？还只在家。”（37 回）

②道：“兄果是要问老裘借多少银子？此人口虽说阔，身边也拿不出甚银子，且性极吝啬，不似兄慷慨。”（23 回）

③四尊道：“钱流薄有文名，不意无行，一至于此，可见如今延师，不当徇名，只当访其行谊。如夫人之死，实由此三人，但不便检验，不若止坐以假牌，令郎虽云被局，亦以不检招衅，这学生还要委曲。”（27 回）

④县尊道：“你虽不知是侄妇，但也不该收迷失子女。”（25 回）

⑤他两个人虽苦，倒也相安。（33 回）

⑥说：“朝奉，昨日说的，在下不是假话，这房下虽不曾与我生有儿女，却也相得。”（26 回）

⑦铁尚书虽在济南，飞书各将士要攻北平，要截他粮草，并没一人来应他。（1 回）

⑧尝阅割股救亲的，虽得称为孝，不得旌表。（4 回）

2. 虽然

在古代汉语中，“虽然”是一个词组，后来语法化后成为一个转折连词。在《型世言》中，“虽然”的用例远少于“虽”，共有 19 例，不及“虽”用例数量的五分之一，但其意义及用法与“虽”相似。略有所不同的是，与两者相呼应的词语有所差异，与“虽然”相呼应的词语中少了“却也”、“并”等；而且“虽然”用副词作为呼应词的用例频率比“虽”高，“虽”用“却、也”等副词作为呼应词的比例占 33%，而“虽然”用“却、也”等副词作为呼应词的比例占 42%。如：

①这时你爱色，我爱才，惟恐不得上手，还有甚么话说？只是后边想起当初鼠窃狗偷的，是何光景？又或夫妇稍有衅隙，道这妇人当日曾与我私情，莫不今日又有外心么？两下虽然成就，却撞了一个事变难料，不复做得夫妇。（11 回）

②花纹道：“虽然如此，也还要你们搬是斗非，搠得沈实脚浮，我好去他荐你。”

(15回)

③蒋日休虽然讶他相待冷落，却也重他端庄。(38回)

④娶得一个老婆蓝氏，虽然不吃酒，倒也有些相称，不到日午不梳头，土地庙里坐一日一夜的，实落可中的也不多。(20回)

“虽然”延续到了现代汉语中，是使用频率很高的转折连词，它常与“但是、可是、然而”等连词或者跟“却、也、仍然”等副词配合使用。

3. 虽是

“虽”也可以和词尾“是”复合成转折连词“虽是”，在《型世言》中共有35例，与其呼应的副词有“却、也、却也、其实”等4个。如：

①虽是轮流骑，却都疲了，伏倒了，任你踢打，只是不肯走起来。(17回)

②虽是山中有柴，也要雇人樵砍；田中有米，也要雇人耕种。(4回)

③此时翠翘年方才二十岁，虽是布服乱头，却也不减妖艳。(7回)

④陈副使道：“小儿虽是痴长，行文了两年，其实一窍不通，今遇老师，一定顿开茅塞。”(27回)

⑤喜得一个森甫有坐性，又肯讲贯，把一个顽的，拘束到不敢顽，那钝的也不甚钝，学生虽是暂时苦恼，主翁甚是欢喜。(19回)

例③是“却也”连用作呼应的例子，例⑤是没有呼应词语的用例。

《型世言》中“虽、虽然、虽是”连接的句子中用来呼应的副词分布情况见表44。

表44

呼应词	虽		虽然		虽是	
	用例数量	百分比(%)	用例数量	百分比(%)	用例数量	百分比(%)
却	9	8.91	3	15.79	9	25.71
也	10	9.90	2	10.53	7	20
却也	9	8.91	1	5.26	4	11.43
亦	3	2.97	1	5.26	0	0
并	1	0.99	0	0	0	0
其实	0	0	0	0	1	2.86
倒也	1	0.99	1	5.26	0	0
无呼应词	68	67.33	11	57.89	14	40
总计	101		19		35	

二、虽系、然虽

“虽系、然虽”这两个词在《型世言》中是使用频率相对较低的转折连词，总共才3例，且呼应词很少。

“虽系”的意义和“虽是”一样，在《型世言》中仅有2例：

①这张真人虽系是个膏梁子弟，却有家传符录，素习法术。(40回)

②女子道：“不可，虽系荒村，恐为人见不雅；如君不弃，君庄中儿幼时往来最熟，夜当脱身来就。”(40回)

“系”用作判断词始于宋代。“系”在那个时代是狭义的“官话”，常用在公文或吏人的会话之中，似乎不是一般群众的口语。

“虽然”在《型世言》中是较常见的转折连词，“虽”和“然”还可以复合成“然虽”，但使用频率无法和“虽然”相比，仅见1例：

然虽如此，你我合来，不过百余个人，怕不济事。(22回)

三、但、但是、只是

这三个都是用在主句中的转折连词。

1. 但

“但”在近代汉语中是很常见的连词，可表示转折、条件两种关系。我们在考察《水浒传》的虚词系统时发现，“但”作条件连词的用例数量要多于转折连词。而我们在考察《型世言》的虚词系统时却发现，“但”更多的是作转折连词。在《型世言》中转折连词“但”共有63例。如：

①只见那铁仲名受了道：“我受此荣封也是天恩，但我老朽不能报国，若你能不负朝廷，我享此封诰也是不愧的。”(1回)

②小姐道：“这虽是本司院，但我们不是本司院里这一辈人。”(1回)

③汝孝心格天，但林氏沉疴非药可愈，汝果诚心救彼，可于左肋下剜肝饮之。(4回)

2. 但是

“但是”的意义和用法同“但”，在《型世言》中也可作转折、条件两类连词，其中作转折连词的共有10例。如：

①且又人上见他生得好个儿，故意要来打牙撩嘴，生意越兴，但是掌珠终是不老辣，有那臭吝的，缠不过，也便让他两厘，也便与他搭用一二文低钱，或是低银。(3回)

②尊府富而不贵，只为祖坟官星不显，禄陷马空，虽然砂水环朝，但是砂抱而不贵，水朝而不秀，以此功名淹蹇，进取艰难。若欲富贵称心，必须另寻吉地。(15回)

③何知县谢了自回县。陈代巡初时也疑张继良，印来到时竟疑了八分，但是心爱得他紧，不肯动他。(30 回)

3. 只是

“只是”是表轻微转折的连词，在《型世言》中共有 37 例，均用在主句中，表示对上文所述内容的一个修正或补充。如：

①我儿，我死也该了，只是不曾为你寻得亲事，叫你无人依靠，如何是好？(4 回)

②朱颜道：“母亲，孩儿多分不济，是母亲生，为母亲死。只是孩儿死后，后嗣无人，母亲挣他做甚么？可把店关了，清闲度日。贵梅并无儿女，我死听他改嫁。”(6 回)

③沈刚羞惭满面道：“人虽无恙，只是不会经营，房产尽卖，如今衣食将绝。”(15 回)

四、不料、不意

《现代汉语词典》第 5 版把“不意、不料”这两个词归为连词①。这两个词都表示转折，也都用在主句中，且一般位于主句的开头，与“但、但是”等转折连词不同的是，“不料、不意”有“没想到”的意思。

1. 不料

“不料”是指没想到，没有预先料到，用在主句的开头，表示转折，在《型世言》中共有 52 例。“不料”可以连接复句中的分句，也可以连接同一句群内的分句。其中连接复句中的分句共有 20 例，如：

①高秀才闻此消息，迳来收他骸骨，不料被地方拿了，五城奏闻。(5 回)

②这是那汉子见这客人买货时，把银子放在靴内，故设此局，不料被他看破送官。又一日，在玉河桥十王府前，见一个人喊叫道：“抢去一个貂鼠胡帽。”(31 回)

“不料”连接同一句群内的分句的用例共有 32 例，如：

③会中看得一个济阳学秀才，姓高名贤宁。青年好学，文字都是锦心绣肠，又带铜肝铁胆，闻他未娶，便捐俸着济阳学教官王省为他寻亲事。不料其年高贤宁父死，丁忧，此事遂已。(2 回)

④日休见了便一把抱住，放在膝上道：“姐姐甚风吹得来？我这几日为你饮食无心，睡卧不宁，几次要与你说几句知心话，怕触你恼，要进你房里来，又怕人知觉。不料今日姐姐怜念，这恩没世不忘。”(38 回)

---

① 中国社会科学院语言研究所词典编辑室编：《现代汉语词典》（第 5 版），商务印书馆，2005 年，第 114 页、117 页。

2. 不意

“不意”意义和“不料”一样，表示没想到，在《型世言》中共19例，“不意”既可以连接复句中的分句，也可以连接同一句群内的分句。其中连接复句中的分句较多，共有18例，如：

①小姐道：“向知足下冒死收先君遗骸，不意复脱舍弟，全我宗祀，我姊妹从君尚难酬德，但不知舍弟何时得来？”(1回)

②他去向前一躬道：“某溪神也，族类繁多，各长川渎，某侍罪前溪，曾礼聘邻女，不意此女奸诡异常，向尚书朦胧乞一手札，即欲亲迎，借此相拒，乞赐改判，以遂宿心。”(39回)

“不意”连接同一句群内的分句的用例较少，仅1例：

③因令予尽挈予妆奁，并窃父银十许两，逃之吴江伊表兄于家。不意于利其有，伪被盗，尽窃予衣装。薄生方疑而踪迹之。于遽蹴邻人，欲以拐带执薄生。(11回)

五、无奈、争奈

关于“无奈”的词类归属目前还存在分歧，《现代汉语虚词例释》把它归为副词[①]，而《现代汉语词典》把它归为连词，表示转折关系[②]。从“无奈”的用法来看，它引导的是复句中的分句或句群中的句子，因此我们认同《现代汉语词典》中的说法，把“无奈”归为连词。“无奈”用在表转折的主句开头，表示由于某种原因，不能实现上文所说的意图。在《型世言》中，“无奈”共有7例，可以连接复句中的分句，也可以连接句群内的句子。其中“无奈”连接复句中的分句共有2例：

①利动人心，也便走去，无奈朱恺不在，稍管短，也就没胆。(23回)

②但是妇人能干，能不出外边去，这全靠男子，无奈阮大一条忠厚怕事的肚肠，一副女儿脸，一张不会说的嘴。(33回)

“无奈”在《型世言》中连接句群内的句子共有5例。如：

③此时沈参将已逼隘口一里下寨，分兵埋伏左右山林，自领兵出战。无奈只是不出。(24回)

④常是这样作呆。无奈徐主事反谦恭欢笑，倒也觉没意思，才歇。(31回)

“争奈”意义用法同“无奈”，表示转折关系。在《型世言》中，“争奈”共有11例。其中连接复句中的分句共有6例，如：

⑤当时文武都各归附，铁尚书还要固守济南，以图兴复，争奈人心渐已涣

---

① 北京大学中文系1955、1957级语言班编：《现代汉语虚词例释》，商务印书馆，1982年，第436页。

② 中国社会科学院语言研究所词典编辑室编：《现代汉语词典》（第5版），商务印书馆，2005年，第1439页。

散。(1回)

⑥全指挥马已中箭跌倒了，王喜便把自己的马与他骑，争奈寡不胜众，南兵越杀越少，鞑兵越杀越多，全军皆死。(9回)

“争奈”在《型世言》中连接句群内的句子共有5例。如：

⑦少少应付些住了。争奈那沈刚见糜丽穿了几件齐整衣服，花纹一嘴鼓舞他去做，便也不顾价钱，做来披挂。(15回)

⑧这番两个放心作乐，就是两个尼姑，因他不去，就常来探访他。他只留在外边自己房里，不令他到里轩，也都不知。争奈两个人供一个人，一上一落，这个人倒不空。(29回)

在现代汉语中，“无奈”依然在使用，“争奈”已经不再使用，但有表示转折关系的“怎奈”。

六、转折连词的配合使用

在现代汉语中，转折连词常常配合使用，前后呼应，如“虽然……但是……”等。我们在讨论“虽、虽然、虽是”这三个连词时，列举了它们与“却、其实、也、却也、倒也、亦、并”等副词配合使用的情况，其实在《型世言》中转折连词之间也可以配合使用，不过配合使用能力没有现代汉语中的那么强。可以配合使用的连词主要有“虽、虽是、虽然、只是、但、但是”等6个，用例也不是很多，共有9例：

①沈刚羞惭满面道：“人虽无恙，只是不会经营，房产尽卖，如今衣食将绝。”(15回)

②虽是轮流骑，却都疲了，伏倒了，任你踢打，只是不肯走起来。没及奈何，只得弃马步走，昼伏夜行。(17回)

③我虽盼你苟全，但不知我父亲、祖父、母、兄、姐此去何如？(1回)

④这时沈实虽知他被人哄骗，但殡葬大事，不好拦阻，也付之无可奈何。(15回)

⑤李氏虽有子，但年纪只廿六岁，恐难守节，听他改嫁，不可索他的钱。(16回)

⑥县尊道：“你虽不知是侄妇，但也不该收迷失子女。”(25回)

⑦我当日虽未曾与他同宿，但我既为他背，又为他抚摸洗濯，岂有更辱身他人之理？(38回)

⑧虽是这般说，小生辱脱公有一日之知，当为效力，但是我友人殁在滦州，遗有二女，托我携归杭。脱公此处尚有公等，二女滦州之托，更无依倚，去心甚急，不可顷刻淹滞。(14回)

⑨虽然砂水环朝，但是砂抱而不贵，水朝而不秀，以此功名淹蹇，进取艰难。若

欲富贵称心，必须另寻吉地。(15 回)

例①、②是“虽、虽是”与“只是”配合使用的例子；例③、④、⑤、⑥、⑦都是“虽”与“但”配合使用的例子；例⑧、⑨是“虽是、虽然”与“但是”配合使用的例子。

《型世言》中转折连词的用法分布情况见表45。

表45

词项	用例数量	百分比（%）	在现代汉语中
虽	101	28.29	存在
虽然	19	5.32	存在
虽是	35	9.80	存在
虽系	2	0.56	消失
然虽	1	0.28	消失
但	63	17.65	存在
但是	10	2.80	存在
只是	37	10.36	存在
不料	52	14.57	存在
不意	19	5.32	存在
无奈	7	1.96	存在
争奈	11	3.08	消失
总计	357		

第六节 条件连词

条件连词是用来连接条件与结果关系的分句。根据所连接分句间的语义关系，我们把条件连词分为“有条件连词”、“无条件连词”和“排除连词”等三种类型。

一、有条件连词

在《型世言》中条件连词有“但、但是、只要、只有”等4个，共有用例18例。

1. 但、但是

"但"在现代汉语中最常见的用法是作转折连词，在《型世言》中，"但"还可以作条件连词，意义相当于"只要"，这种用法的"但"共有7例，如：

①但人没个不死的，就天恩不可再邀，你再莫起甚意了。(4回)

②世上半已是阴类，但举世习为妖淫，天必定为他一个端兆。(37回)

"但是"也可以作为条件连词，在《型世言》中共有3例：

③但是近来人，用了三五十两娶个妾，便思量赔嫁。如今赔是不望的，还怕老爹仓中首尾不清，日后贻累，那个肯来？只除老爹肯与人做小，这便不消赔嫁，还可多得几两银子。(7回)

④但是做官多有不全美的，或有吏才，未必有操守，极廉洁，不免太威严，也是美中不美。(21回)

⑤"富易交，贵易妻。"这两句不知甚么人说的，如今人作为口实，但是富易交之人，便是不可与友的人，我先当绝他在臭味未投之先，也不令他绝我在骄倨之日。(31回)

2. 只要、只有

"只要"是现代汉语中常见的条件连词，引导一个充足条件分句。在《型世言》中"只要"已经有这种用法，共有7例，如：

①只要引永乐爷进城，放下闸板，前有陷坑矢石，后又有闸板，不死也便活捉了。(1回)

②只要他来收银子，那个不到？(22回)

"只有"在现代汉语中也是常见的条件连词，引导一个必要条件分句。在《型世言》中"只有"也已有了这种用法，不过用例很少，仅见1例：

③只有撒漫，方才叫他买地造坟。(19回)

后面的分句中有"方才"与"只有"呼应。

在《型世言》中，"只有"多是副词"只"和动词"有"的组合。如：

④亲族无人，我做得主，他也不要甚财礼，只有十多两债是要还人。这是极相应的，我料不要你媒钱。(31回)

⑤鲍雷道："昨日阮家娘儿两个好端端的，今日只有庚盈走出来，道他娘儿两个已死了，列公这事奇么？"(33回)

二、无条件连词

无条件是指某一情况在任何条件下都成立。在《型世言》中无条件连词有"不论、无论、不管、不拘"等4个，共有用例11例。连词后面连接的分句往往含有一个并列结构或疑问代词。

1. 不论

“不论”在《型世言》中共有3例：

①又哄人来拜活佛，聚集这些村姑老媪念佛做会，不论年大的、小的，都称妙珍做佛爷，跪拜。(4回)

②扬州地方，人家都养瘦马，不论大家小户都养几个女儿，教他吹弹歌舞，索人高价。(20回)

③贤弟，官不论大小，好歹总之要为国家干一番事。(20回)

例①中“不论”连接的分句含有并列结构“大的、小的”；例②中“不论”连接的分句含有疑问代词“几”；例③中“不论”连接的分句含有并列结构“大小”。

2. 无论

“无论”在《型世言》中共有2例：

①尼姑是寻老鼠的猫儿，没一处不钻到，无论贫家、富户、宦门，借抄化为名，引了个头，便时常去闯。(29回)

②物久为酉，即能作怪，无论有情无情或有遇之而死，或有遇之而生，或有垂死悟而得生，其事不一也，都可做个客坐新谭，动世人三省。(38回)

例①中“无论”连接的分句中含有并列结构“贫家、富户、宦门”；例②中“无论”连接的分句中含有并列结构“有情无情”。

3. 不管

“不管”在《型世言》中共有5例：

①也不管妇人是有心说的，没心说的，他却认定真了。(6回)

②尝道这些秀才一入了学，便去说公话事，得了人些钱财，不管事之曲直，去贴官府的脸皮，称的是老父师、太宗师，认的是舍亲敝友。(19回)

③本县有个惯做剪绺头儿，坐地分赃的，叫做吉利。他不管你用铜皮，用铜钱，剪得来，要孝顺他……(22回)

④叫撤御馔与他吃，随行将五带有饮食与他的，可也数十人吃不了，他也不管馒头、蒸、干粮煤炒，收来吃个罄尽。(34回)

⑤我今日不管他是男是女，捉一个醉鱼罢。(37回)

4. 不拘

“不拘”在《型世言》中用例很少，仅有1例：

你且未可造次，你今晚将稀布袋盛一升芝麻送他，不拘是人是鬼，明日随芝麻去，可以寻着。(38回)

这几个无条件条件连词除“不拘”消失外，其他都保留在了现代汉语之中。

三、排除连词

排除连词连接的分句表示例外的情况，从句所表述的情况排除之后，主句所表述的情况就会出现。在《型世言》中，排除连词有“除非”、“只除非”2个，用例也很少，各见1例：

①大家道：“只除非是贼，他又不要这头，又不曾拿家里甚东西，真是奇怪。”(21回)

②只是他母亲道：“恺儿自小不拘束他，任他与这些游手光棍荡惯了，以后只有事生出来，除非难却这些人才好。我有个表兄盛诚，吾见在苏州开缎子店，不若与他十来个银子兴贩，等他日逐在路途上，可以绝他这些党羽。”(23回)

例①中“只除非”的“只”有加强语气的作用，比起“除非”语气更进一层。例②是“除非”连接排除条件的句子，其后面的分句有“才”与之呼应。

在近代汉语中，排除连词比较多样。我们在考察《水浒传》时，发现排除连词还有“只除、则除、除是、只除是、则除是、则除非”等，这些排除连词在《型世言》中均未发现，也没有保留到现代汉语中。

《型世言》中条件连词分布情况详见表46。

表46

词项	用例数量	百分比（%）	在现代汉语中
但	7	22. 58	消失
但是	3	9. 68	消失
只要	7	22. 58	存在
只有	1	3. 23	存在
不论	3	9. 68	存在
无论	2	6. 45	存在
不管	5	16. 13	存在
不拘	1	3. 23	消失
除非	1	3. 23	存在
只除非	1	3. 23	消失
总计	31		

第七节 假设连词

假设连词连接的两个分句或句子中，前一个提出假设，后一个是假设实现后所产生的结果。香坂顺一把这类连词称为“假定连词”①。这类连词主要分为五大类，即“若”类假设连词、“如”类假设连词、“倘”类假设连词、“假”类假设连词、“设”类假设连词。

一、“若”类假设连词

“若”类假设连词有“若、若是、若果、若还、若使、若非”等6个，其用例数量位居《型世言》假设连词之首，共有399例。

1. 若

在秦汉时期的汉语中，“若”就可以作假设连词，如：

①若汉挑战，慎勿与战，无令得东而已。(《史记·高祖本纪》)

此外，在秦汉时期的汉语中还有“若苟”、“若或”、“若使”、“若令”、“若夫”、“若乃”等假设连词。

在《型世言》中，“若”可以单独使用，共有304例，是“若”类假设连词中用例最多的连词，不过用法比较单一。如：

②若你能不负朝廷，我享此封诰也是不愧的。(1回)

③日间遇着在家搬汤送水做茶煮饭，晚间便去铺床、叠被、扇枕、捶腰，若道一声要甚吃，便没钱典当也要买与他吃，若道一声那厢去，便脚瘤死挣也要前去，只求他一个欢喜脸儿。(5回)

④你若要甚么，自进来拿，我们小人家没甚内外的。(35回)

2. 若是

“若”可以与词尾“是”构成复合词“若是”，《型世言》中共有57例，如：

①若是被人杀害，此心当如何悲愤，自然当拼一生，向上司控告。(2回)

②“这等若是王小官不肯，我自有话说。同去，同去。”(2回)

③父亲若是有个机缘，或富或贵，一定回来，如今久无音信，毕竟是沦落了，故此僧道星卜，下乃佣工乞丐里边都去寻访。(9回)

3. 若还、若使、若果

“若还、若使、若果”的意义和用法同“若”，不过这三个词在《型世言》中是

① 香坂顺一著，植田均译：《水浒词汇研究》(虚词部分)，文津出版社，1992年，第366页。

使用频率相对较低的假设连词，三词共有用例32例。其中“若使”相对较多，共有20例，如：

①若使当日计成，何有今日，甚恨天不祚耳。(1回)

②女郎差矣，节义二字不可亏，若使今日女郎失身，便是失节。(11回)

③若使当日没有沈实在那厢经营，沈刚便一败不振；后边若非他杜绝匪人，安知不又败？(15回)

“若果”在《型世言》中有7例，如：

④先生若果寻得，有价钱相应的，学生便买了送先生。(19回)

⑤如今忤逆之子，多系爱妻逆母，你若果为母出妻，可谓孝子，但只恐其中或是夫妻不和，或是宠妾逐妻，种种隐情，驾忤逆为名有之，我这边还要拘两邻审。(26回)

⑥若果忤逆，我这里正法，该死的了，你靠谁人养老？(35回)

“若还”在《型世言》中有5例，如：

⑦他们不发泄得，毕竟在肚中，若还成病，又要赎药，你道该让不该让？(13回)

⑧人若能持正性，冠笄中有丈夫；人若还无贞志，衣冠中多女子。(37回)

4. 若非

“若非”是表示否定的连词，在《型世言》中用例不多，共有6例。“若非”连接的分句中多出现主语，且主语都位于连词之后，如：

①若非他有奇计，使他翁婿连兵，彼此援应，毕竟不能克。(24回)

②若非他杜绝匪人，安知不又败？今人把奴仆轻贱，谁知奴仆正有好人。(15回)

5. “~时”

我们在时间连词一章中提过“时”是近代汉语中常见的从句语气助词，其实“时”也可以用在假设连词引导的分句中，不过意义和在时间连词后的“时”有所不同。“时”用在假设连词引导的分句中，构成“~时”的格式，表示“~的话”。可以构成这种格式的假设连词有“若、若是”两个。

其中，“若~时”共有12例，如：

①他若来告时，只是拦水缺，自古道：先下手为强。(25回)

②吴尔辉道：“若变脸时，又道：‘离书是我逼写的’，便画把刀也没用，我怎么落你局中。”(26回)

“若是~时”仅有2例：

③出家人莫打诳语，若是我徒弟去时，还了俗，可也生得出你这样个小长老哩。

（35 回）

④若是个处困时，把那小人图报的心去度量他。（14 回）

在现代汉语中，“若”类连词中的“若还、若果、若使”等已经消失，其他几个连词还在使用，但都具有很浓的文言色彩，“若是”相对来说文言色彩淡一些，“若非”仅用于书面语中。

二、“如”类假设连词

“如”类假设连词有“如、如是、如或、如果”等 4 个，不过用例数量不多，共有 6 例。其中“如”在《型世言》中共有 2 例：

①县尊就着两个差人，同朱安国、郑氏去认取：“这两箱如有，我把朱安国定罪，如无，将郑氏坐诬。”（25 回）

②写到“听凭告理”处，皮匠还念两句道：“如岑氏遭逼不愤，致生事端，亦某抵偿。”（27 回）

与“若”一样，“如”可以与“是”构成复合词“如是”，不过用例极少，仅见 1 例：

③无尘便将出来，无垢焚香礼诵，只见上面写道：“如是我闻，佛在孤独圆，比丘、比丘尼、优婆塞、优婆夷，一切天人咸在……”（35 回）

“如果”在现代汉语中是常见的假设连词，不过在《型世言》中很少见，仅见 2 例：

④正说间，又是一个同年王举人来，听了，把陆仲含肩上拍一拍，道：“老呆，何妨争？如今同去，若是陆兄果不曾去，姜兄输一东道请陆兄。如果是旧相与，陆兄输一个东道请姜兄，何如？”（11 回）

⑤按院批：“如果冤诬，不妨尽翻成案。”（13 回）

“如或”在《型世言》中使用频率也极低，仅见 1 例：

⑥只得随着皮匠口里说写去：立服辨人陈某，不合于今四月二十三日，窥见邻人岑氏颇有姿色，希图奸宿，当被伊夫洪三十六拿住，要行送官。是某情极，央求亲人钱某求释，如或不悛，仍行窥伺，听凭告理。（27 回）

“如”类假设连词都没有与“时”构成“如或～时”的用例。

在现代汉语中，“如、如果”还在使用，“如若”属于文言词，“如是、如或”则已经消失。

三、“倘”类假设连词

“倘”类假设连词有“倘、倘或、倘使”等 3 个连词，共有 24 个用例。

“倘”在《型世言》中共有21例，其引导的句子一般省略主语，如果出现主语，“倘”均位于主语之前。如：

①徐婆吃了道：“多谢，改日再来望你。常言道：‘且守。’倘这一病殁了，你便出头了。”（2回）

②烈妇道：“我与你相从二年，怎不知我心性，倘你有不幸，我即与你同死，主意已定。”（10回）

③倘同他回去，朝廷或行害了，恰是我杀害他了，如何是好。（8回）

“倘或”、“倘使”这两个词用例均极少，其中“倘或”2例，“倘使”仅见1例。不过，“倘或、倘使”引导的分句中都出现主语，且连词都位于主语之前。如：

④倘或黄河水冻，虏兵南来，若两处抵敌，势分力薄；若他或是乘我懈怠，连兵合虏，势更猖獗，这功要速成。（17回）

⑤倘或张秀才知机将我打一顿，搜了这张纸，我却没把柄。（28回）

⑥倘使柏氏负冤，简胜抱枉，固璞之罪，亦神之羞，唯示响迩，以昭诬枉。（21回）

“倘”类词语都不可以组成“~时”的格式，而在《水浒传》中“倘、倘或”还都可以构成“~时”的格式。现代汉语中“倘”类假设连词均还在使用。

四、“假”类假设连词、“设”类假设连词

在隋唐以前的汉语中，“假、设”都可以单独用作假设连词，如：

①设百岁后，是属宁有可信者乎？（《史记·魏其武安侯列传》）

②“田子方虽贤人，然而非有土之君也，君常与之齐礼，假有贤于子方者，君又何以加之？”（刘向《新序·杂事四》）

此外，还有复合的假设连词“设令”、“设其”、“设使”等。

在《型世言》中，“假、设”都不单独成词，只见复合词“假若”、“设或”、“设使”等，均只有1例：

③忠见疑，信见谤，古来常有。单只有个是非终定，历久自明。故古人有道：周公恐惧流言日，王莽谦恭下士时，假若一朝身便死，后来真假有谁知。（36回）

④我若在此，设或事露，难分皂白，不若去了。（4回）

⑤请问女郎设使今日私情，日明泄露，女郎何以对令尊？异日何日对夫婿？那时非逃则死，何苦以一时贻千秋之臭啊？（11回）

假设连词的用法分布详见表47。

表 47

词项	用例数量	百分比（%）	在现代汉语中
若	304	70.37	存在
若是	57	13.19	存在
若果	7	1.62	消失
若还	5	1.16	消失
若使	20	4.63	消失
若非	6	1.39	存在
如	2	0.46	存在
如是	1	0.23	消失
如或	1	0.23	消失
如果	2	0.46	存在
倘	21	4.86	存在
倘或	2	0.46	存在
倘使	1	0.23	存在
假若	1	0.23	存在
设或	1	0.23	消失
设使	1	0.23	存在
总计	432		

第八节　让步连词

让步连词连接的前后分句也是一种假设和结果的关系，因而有些学者把它归入假设连词。不过让步连词跟假设连词不同的是，假设连词连接的前后分句在语义上是一致的，即出现了所假设的条件，就一定会出现相应的结果；而让步连词连接的前后分句在语义上是不一致的、相悖的，即出现了所假设的条件，也不会出现相应的结果。

由于前后语意相悖，有些学者把这类连词归为转折连词①。香坂顺一把这类连词归为“假设让步连词”②。我们这里则看作是让步连词。让步连词主要有“便、便是、就、就是、纵、纵使、纵饶、任、由、遮莫”等10个。大致可以分为“便”类让步连词、“任”类让步连词、“纵”类让步连词。下面试详述之。

一、“便”类让步连词

“便”类让步连词有“便、便是、就、就是”等4个，共有77例，是让步连词中用例数量最多的一类。

1. 便、便是

“便”在近代汉语中有连词和副词两种词性。在《型世言》中，“便”出现了1 396次，其中作让步连词的共有24例。如：

①凡有争竞，使聚族相杀，便有自家中争竞，也毕竟会合亲枝党羽斗殴。(2回)

②你这样为姐夫娶妾，人都道你贤惠了，便里边兜搭些，人也不信。(16回)

让步连词“便是”在《型世言》中共有14例，如：

③姊姊年纪小，你又老了，管他不到底，便是我们家事少，也管顾不来。如今将要出身，要你做主。(4回)

④便是花、甘二个也渐踪迹稀疏，只得家中闷坐。(15回)

2. 就、就是

“就”的意义和用法同“便”，用例数量比“便”少，在《型世言》中共有6例，如：

①你媳妇既嫁你，岂肯还我银子，就还我银子，你在家中难与他过活，不若且在我家，为我领孙儿过活罢了。(3回)

②第二是遇不好的官府，坐在堂上，只晓得罚谷罚纸，火耗兑头，县中水旱也不晓得踏勘申报，就申报时，也只凭书吏，胡乱应个故事。(9回)

与“便”一样，“就”也可以与词尾“是”构成复合让步连词“就是”。在《型世言》中“就是”共有33例。如：

③就是你丈夫要与你费嘴时，已过的事，不在眼面前娘，比你会温存？枕边的家婆自是不同，也毕竟罢了，你自依我行。(21回)

④就是闯州县，走街坊，无非星相风水课卜。(65回)

⑤富财道：“就是倾了茶，却也不就该打杀。”(91回)

“就”还可以构成“就~时”的格式。在《型世言》中共有2例：

---

① 北京大学中文系现代汉语教研室编：《现代汉语》，商务印书馆，1993年，第363页。

② ［日］香坂顺一著，植田均译：《水浒词汇研究》（虚词部分），文津出版社，1992年，第381页。

⑥就申报时，也只凭书吏，胡乱应个故事。(9回)

⑦就烧时也该亲手烧，想是被他换去，故此他大胆，你欠主意，欠老成。(28回)

在近代汉语中，让步连词常与“时”构成“~时”的格式。不过在《型世言》中，仅“就”可以构成“就~时”的格式。

3. 呼应词

让步连词“便”连接的复句中，后一分句都用副词“也”来呼应。如：

①便守到三年，也终须散场，只落得老了年纪，缠着不去。(16回)

②赵能道：“便洗雪也没人信你，还须得立奇功，可以保全身家。”(24回)

③便画把刀也没用，我怎么落你局中。(26回)

“便是”在《型世言》的所有14个用例中仅有1例没有“也”作呼应，“便是……也……”共有13例。如：

④便是花押也不是老爷的，甲首中也没吴江名字。(27回)

⑤独是发甲，可以直行其志，尽展其才，便是招人忌嫉，也还经得几遭跌磕，进士断要做的。(28回)

⑥当时在武义，连浙东一路，便是村夫牧竖，莫不晓得个王秀才是王孝子。(2回)

例⑥是唯一的“便是”后没有呼应词的用例。

“就……也……”在《型世言》中共有3例，占了“就”用例数量的一半，如：

⑦就申报时，也只凭书吏，胡乱应个故事。(9回)

⑧皇帝可假得的？就烧时也该亲手烧，想是被他换去，故此他大胆，你欠主意，欠老成。(28回)

“就是……也……”在《型世言》中共有27例，竟占了“就是”用例的82%。如：

⑨就是二位日逐衣食，教我也供不来，不若暂出见客。(6回)

⑩就是拿这刀与索子也手软，你看他再过三头五日，便不题起死了。(73回)

⑪就是他母亲黎氏，平日被沈阆制住，也有些不像意，如今要做个家主婆腔，却不知家伙艰难，乱使乱用，只顾将家里积落下的银子出来使，那沈实如何管得。(15回)

“亦”的意义和用法同“也”。在近代汉语中，已经有“也”替代“亦”的趋向，我们在考察《水浒传》时发现“也”的用例明显多于“亦”，而在《型世言》中，我们考察“便”类让步连词时发现，只见“也”与“便”类让步连词配合使用的用例，而未见“亦”的用例。

“便”类连词的用法情况详见表48。

表48

词项	“~时”用例数量	百分比（%）	呼应词“也”用例数量	百分比（%）
便	0	0	24	100
便是	0	0	13	92.86
就	2	33.33	3	50
就是	0	0	27	81.81

二、“纵”类让步连词

“纵”类让步连词有“纵、纵使、纵饶”等3个，用例均很少，总计7例。

“纵”是从古代汉语中沿用而来的连词，在古代汉语中意为“纵令、即使”，是表示让步关系的连词。在《型世言》中仍属于让步连词，不过用例极少，仅有1例：

①龟道：“纵尽南山之薪，其如我何？”（40回）

在《型世言》中，“纵使”共有5例，如：

②纵使公姑有些过情，也要逆来顺受。（3回）

③若舍在家父母不能供养，纵使日日看经，朝朝理忏，恐阿鼻地狱，正为是人而设，岂不丈夫反出女子之下！（4回）

④纵使邓通钱百万，也应星散只时些。（15回）

“纵饶”的意义和用法同“纵使”，在《型世言》中用例极少，仅见1例：

⑤纵饶探囊取物似英雄，只怕插翅也难逃网罟。（22回）

有些“纵”类让步连词也可以与“也”配合使用，其中“纵使”有2例与“也”配合使用，“纵饶”仅有的1例中也有“也”作呼应。

“纵”类让步连词没有与“时”构成“~时”格式的用例。在现代汉语中“纵、纵使”仍在使用，“纵饶”消失了。

三、“任”类让步连词

“任”类让步连词有“任、由”2个，共有17例。这两个词原是动词，都有“放纵，不加约束”的意思，让步连词正是从这个意义虚化而来的。其中在《型世言》中让步连词“任”用例稍多，共有15例，如：

①任董文千方百计奉承，只是不睬，还饶得些嚷骂。（5回）

②起初不过纤毫的孔隙，到后有了成心，任你百般承顺，只是不中意。（6回）

③我看得世建身子重，就看得我这身子不轻，如今任他怎么穷苦，我自支撑，决不相累。(16 回)

“由”在《型世言》中共有 2 例：

④春日暖融融，鸳鸯浴水中。由他风浪起，生死自相同。(10 回)

⑤由你挖壁扒墙，撬门搬窗，他都知道是那个手迹，一时孝顺不到，他去抓来送官。(22 回)

在现代汉语中，让步连词“任、由”还存在，“由”口语色彩较浓。

在《型世言》中还有一个让步连词“遮莫”，也表示让步，不过用例极少，仅见 1 例：

⑥天意岂渺茫，人心胡不臧？阴谋深鬼蜮，奇阱险桁杨。鉴郎奸难匿，威神恶必亡。须严衾影惧，遮莫速天灾。(33 回)

例⑥出现在诗文中，“遮莫”不属于口语词，其引导的分句后置。

让步连词的用法分布详见表 49。

表 49

词项	用例数量	百分比（%）	在现代汉语中
便	24	23.53	存在
便是	14	13.73	存在
就	6	5.88	存在
就是	33	32.35	存在
纵	1	0.98	存在
纵使	5	4.90	存在
纵饶	1	0.98	消失
任	15	14.71	存在
由	2	1.96	存在
遮莫	1	0.98	消失
总计	102		

第九节 因果连词

因果连词是用来引导原因和结果的连词。因果连词可分为说明因果连词和推论因果连词两大类。

一、说明因果连词

说明因果连词又可以分为引导原因连词和引导结果连词两大类。引导原因连词有“因、为、因为、为因、因是、盖因”等6个，引导结果连词有“故、因此、故此、以此、所以、致、以致、以至”等8个。下面试详述之。

1. 因

“因”在现代汉语中是比较常见的因果连词，不过一般用于书面语中。“因”在古代汉语中就已是很常见的表示因果关系的连词，如：

①因前使绝国功，封骞博望侯。(《史记·卫将军骠骑列传》)

在《型世言》中，“因”可以作连词，也可以作介词。

在《型世言》中，“因”是用例数量最多的因果连词，共有124例，如：

②因他远戍，便就离亲，逼女改嫁。(1回)

③因朝中齐尚书、黄太常虑诸王封国太大，兵权太重，要削他们封国，夺他们兵，废了周王、齐王，渐次及燕，以致起兵靖难，取了蓟州，破了居庸，攻下怀来，天下震动。(8回)

④还有一家大财主，因大娘子病起不得床，家中少了个管家人，要娶个二娘。(16回)

2. 为、因为、为因

“为”的意义和用法同“因”，可以作连词和介词。不过用作连词的数量较少，在《型世言》中仅见2例：

①为体面不像，倒收拾了酒店，仍旧外边去做生意，只是有心没想，生意多不甚成。(3回)

②张罗便疑心，不期回家，为多吃了些食，泻个十生九死。(14回)

“为、因”可以复合成因果连词，但语素的顺序还不固定，可以是“因为”，也可以是“为因”。这种逆序词在近代汉语中比较常见，如我们在前面递进连词讨论中提到的“又且、且又”。逆序词仅是语素顺序不同，意义和用法完全一样。在《型世言》中“为因、因为”同时使用，不过用例都不是很多，“因为”仅有3例，“为因”更少，仅见1例：

③那张老三因为王喜冲突了崔科，特来打合他去陪礼。(9回)

④因为盆中不熟，自己去出钱，却叫姚明掷色，赢来三七分钱。(23回)

⑤后来因为治水，又到湖州，恍惚之中，又见前妇人携前女子，还有一个小女子，向公敛衽再拜，道……(39回)

⑥两个笑了，便去闯寡门，一连闯了几家，为因生人，推道有人接在外边的，或是有客的，或是几个锅边秀在那厢应名的。(37回)

"因"与"为"的组合在现代汉语中的语素顺序固定，只有"因为"，"为因"已不再使用。

3. 因是、盖因

"因"可以与词尾"是"构成复合因果连词"因是"，在《型世言》中共有6例，如：

①王俊有了两份村钱，要行起造，因是合的不能，常叫族长王道来说与他价钱，要他相让。(2回)

②每晚谢老因是爱子，叫入内室歇宿。陆仲含倒越得空书斋独扃，恣意读书，十余日一回家。(11回)

③一边去取家眷。胡似庄也来贺喜，因是他做媒，在杨奶奶面前，说得自己相术通神，作娇要随行。(31回)

④往返了几次，只是不肯。王司房因是次日要送礼，又拿出一个元宝来。(32回)

"盖"在近代汉语中可以与"因、为"等引导原因的连词构成复合因果连词"盖因、盖为"。不过，我们在《型世言》中仅见到了"盖因"，用例也极少，仅见1例：

⑤盖因触起陆仲含事，不觉凄恻；况又有些惭惶，不肯出来。(11回)

4. 故、故此

"故"也是古代汉语中保留下来的因果连词，在《型世言》中用例数量比较多，共有53例，用例数量仅次于"故此"。"故"既可以引导复句内的分句，也可以引导句群内的句子。如：

①我意愿盗了你出来，次后便到京，看你父亲，因一时要得一个安顿你身子人家，急切没有，故未得去。(1回)

②许官员在彼饮酒，门悬本官牙牌，尊卑相避。故院中多有官来，得知此事。也是天怜烈女，与他机会。(1回)

"故此"是近代汉语中新产生的因果连词。它也出现在晚唐五代以降的其他文献中，如：

③"妖精神通，与孙大圣无二。幽冥之神，能有多少法力，故此不能擒拿。"(《西游记》第58回)

在《型世言》中"故此"是用例数量最多的引导结果连词，在因果连词中，它的用例数量也仅次于"因"，共有83例，如：

④世名道："前日与和原非本心，只因身幼，母老无人奉养，故此隐忍，所付银两并历年租银各封识不动，只待娶妻，可以奉母，然后行世名之志，今志已行，一死不惜。"(2回)

⑤人烟凑集的处在，无不寻到，又想道：父亲若是有个机缘，或富或贵，一定回来，如今久无音信，毕竟是沦落了，故此僧道星卜，下乃佣工乞丐里边都去寻访。(9回)

⑥他父亲是个老白相起家，吹箫鼓琴弹棋做歪诗也都会得，常把这些教他，故此这女子无件不通。(11回)

5. 因此、以此

“因此”在现代汉语中是常见的引导结果连词，在《型世言》中共有7例，如：

①母亲周氏生他时，梦野雉飞入床帏，因此叫他做雉儿。(10回)

②陈副使道：“有两个光棍，手持公祖这边假牌，说甚人命，吓要小儿差使，诈去银一百二十两，西宾钱生员付证，如今又要打点衙门，与了落书房银三百两，小儿因此惊病，小妾因此自缢，要求公祖重处。”(27回)

③这日夜间，只听得徐文魇起来，失惊里，道：“有鬼，有鬼。”彭氏问时。道：“我梦那无垢，直赶进我房中来，因此失惊。”(35回)

在《型世言》中，连词“以此”数量不是很多，仅有9例，可以用来连接复句中的分句，也可以连接同一句群内的句子，如：

④没人心的反要坐诬，以此誓死报亲仇的，已是吃了许多苦，那没用的，被旁人掇哄，也便把父母换钱，得他些银子也了帐。(2回)

⑤只不知我父亲今日拣，明日择，可得这样个人么？以此十分留意。(11回)

⑥陈公子是公子生性，动不动打骂，他都为他委曲周旋劝解。以此，伏侍僮仆没一个不喜欢。(27回)

“以此”在现代汉语中已经不再使用。

6. 所以

“所以”在现代汉语中是常见的因果连词。关于“所以”的产生年代，许多学者作过探讨，王力、太田辰夫都认为，“所以”在唐代开始用作连词①，这里不再详述。“所以”常见于近代汉语文献中。《型世言》中“所以”共有19例，可以连接复句中的分句，也可连接句群内的句子，意义和用法与现代汉语中的连词“所以”无异。如：

①屠利道：“不要慌，如今亏得二位族长，道天理上去不得。所以我们来处。”(2回)

②钱公布道：“只因老天配得不匀，所以常做出事来。你想这样一个妇人，配这样一个蠢汉，难道不做出私情勾当？”(27回)

③田有获挑一句：“昨日是他拿住把柄，所以我只得替你许他，若要赖他的须得

① 王力：《汉语史稿》(中册)，中华书局，1980年，第389页；[日]太田辰夫著，蒋绍愚、徐昌华译：《中国语历史文法》，北京大学出版社，2003年，第332页。

移窠才好。”(29 回)

7. 致、以致、以至

“致”在古代汉语中是表示到达限度的动词，近代汉语连词“致”也正是从这个意义演变而来的[①]。在《型世言》中“致”共有 8 例，如：

①还有平日原怕他强悍，恐怕指了他，致他寻了些短见，惹祸不小，便趁口说两句，这妇人越长了志了。(3 回)

②又或事觉，为人嘲笑，致那妇人见薄于舅姑，见恶于夫婿，我又仔么为情？(11 回)

③吕达道：“这是我不该留兄在娼家，致有此祸。”(37 回)

“致”引导的分句所表示的，一般都是不太好的结果。

“以致”的意义和用法同“致”，在《型世言》中共有 10 例，如：

④囚禁半年，不料永乐爷封为燕王在北平。因朝中齐尚书、黄太常虑诸王封国太大，兵权太重，要削他们封国，夺他们兵，废了周王、齐王，渐次及燕，以致起兵靖难，取了蓟州，破了居庸，攻下怀来，天下震动。(8 回)

⑤知县只做利仁因兄与富尔谷争斗，从傍救护，以致误伤。(13 回)

“以致”也作“以至”，不过在《型世言》中仅有 1 例：

⑥道是个皮匠，陈相公倚势强奸他妻岑氏，以至身死。(27 回)

8. 配合使用

在现代汉语中，因果连词可以独用，也可以配合使用。在《型世言》中，因果连词也是如此，不过，它们的配合使用没有现代汉语那么常见。

可以与引导结果连词配合使用的引导原因连词主要有“为、因”等 2 个；可以与引导原因连词配合使用的引导结果连词主要有“故、因此、故此”等 3 个。配合使用的用例共有 9 例：

(1) 因……因此……仅见 1 例：

①徐行只得招了，因疑杀妻，恐怕偿命，因此又去杀仆自解。(29 回)

(2) 因……故此……有 4 例：

②朱恺又因母亲溺爱，常与他钱财，故此手头极松，尝为有容做些衣服，两个恰以线结鸡，双出双入，真是割得头落。那裘龙来时，母亲先回报不在家。(23 回)

③因二爷缺些盘缠，问我借了几两银子，故此我老爹来拜。(26 回)

④朝廷因在杭州菜市桥设立批验盐引所，称掣放行，故此盐商都聚在杭城。(26 回)

① [日] 香坂顺一著，植田均译：《水浒词汇研究》(虚词部分)，文津出版社，1992 年，第 399 页。

⑤因我是他得意好门生，故此着我来教足下，足下可要用心，不可负令岳盛意。(27回)

(3) 因……故……有3例：

⑥因恐面庞不对，故将头带回；又恐王氏家中人来探望，将头殓葬，以图遮饰，柏氏现在后园书房内。(21回)

⑦因一时要得一个安顿你身子人家，急切没有，故未得去。(1回)

⑧因金老爱惜他，要他在身边作子，故铁公子就留在山阳。高秀才就在近村处个蒙馆，时来照顾。(1回)

(4) 为……故此……仅见1例：

⑨众人也为前日林氏因邹四妈说了割股，哽咽复病，故此也没人敢说。(4回)

《型世言》中因果连词的用法分布详见表50。

表50

词项	用例数量	百分比(%)	在现代汉语中
因	124	37.92	存在
为	2	0.61	消失
因为	3	0.92	存在
为因	1	0.31	消失
因是	6	1.83	消失
盖因	1	0.31	消失
故	53	16.21	存在
故此	83	25.38	存在
因此	7	2.14	存在
以此	9	2.75	消失
所以	19	5.81	存在
致	8	2.45	存在
以致	10	3.06	存在
以至	1	0.31	存在
总计	327		

二、推论因果连词

推论因果连词用在表示推论因果关系的主从复句中，在从句中提出原因，主句中说出由此推出的结果。从句中的原因也是后一分句中结果所产生的条件，因此香坂顺一把这类连词归为“条件连词”①。推论因果连词主要有“既、既是、既然、既已”等4个，共有用例49例。

1. 既

“既”表示推论因果关系的用法在上古汉语中就已经产生，如：

①既来之，则安之。(《论语·季氏》)

《型世言》中共出现了35例，也是推论因果连词中用例最多的一个连词。如：

②他既肯赠婚，若在一女，应自不惜，兄勿辞。(1回)

③既不相识，以何为证？(9回)

④兄弟妇既不肯改嫁，你不与成亲，岂不辜负了他？(13回)

2. 既是、既然、既已

这三个连词的用例都不是很多，共有14例，总数还不到“既”用例的一半。“既”可以与“是”构成复合推论因果连词“既是”，在《型世言》中有8例，如：

①既是母亲吩咐，我自出去。(3回)

②你哥道手足之情，我道既是手足之情，如今叔叔衣服也须做些，叔叔亲事也须为他完就，怎只顾一边？(4回)

③既是央他换，怎的分两晓不得？(36回)

“既然”在现代汉语中是常见的推论因果连词，而在《型世言》中用例不多，仅有3例：

④既然如此，没有个自来的天官，还须努力去候大收。(18回)

⑤首既然不获，证亦无人，难拟以辟，仰本府刑厅确审解报。(21回)

⑥既然如此，他丫头江花要跟我逃来，索性该领来，他决不敢来讨。(29回)

例④、⑥中的“既然”与“如此”构成“既然如此”的准固定格式。

香坂顺一认为“既已”是“一个复合词”②，连接表示既定的条件。“既已”在《型世言》中共出现了3例，如：

⑦那人抢你箱子，须无证见。你既已定人，我怎好要你？再捱两日等你娘家、夫家来寻去罢。(25回)

---

① ［日］香坂顺一著，植田均译：《水浒词汇研究》(虚词部分)，文津出版社，1992年，第374页。

② ［日］香坂顺一著，植田均译：《水浒词汇研究》(虚词部分)，文津出版社，1992年，第376页。

⑧韩氏既已无夫，听凭改嫁。(37回)

⑨打发我出来，爹娘也无恶念，只怎生病时在他家，一好回去，既已许为夫妇，我当在此，以报他恩。(38回)

在近代汉语中，推论因果连词与假设连词一样，可以与“时”构成“～时”的格式，以加强语气。我们在考察《水浒传》连词时发现了这样的用例：

⑩今既如此说时，难以阻当，只是不忍分别。(《水浒传》第42回)

⑪既然如此行时，权且由你写下，我只不把女儿嫁人便了。(《水浒传》第8回)

⑫既是如此说时，你三人可就京师甲仗库内，不拘数目，任意选拣衣甲盔刀，关领前去，务要军马整齐，好与对敌。(《水浒传》第55回)

我们在《型世言》中没有发现“～时”格式的用例。

《型世言》中推论因果连词的用法分布情况见表51。

表51

词项	既	既然	既是	既已	总计
总计	35	3	8	3	49
百分比（%）	71.43	6.12	16.33	6.12	
在现代汉语中	存在	存在	消失	消失	

第十节 目的连词

目的连词连接的复句中，前一分句说明一定情况，后一分句说明这种情况的目的。目的连词主要有“好、免得、省得、免致”等4个，它们均用于后一分句中。目的连词的用例都不是很多，用法也比较简单。目的连词都是用于对话之中，是比较口语化的连词。

一、免得、省得、免致

“免得、省得、免致”都是用来引导消极目的的目的连词，均表示为了避免某种不希望的事情发生。“免得”在《型世言》中共有2例：

①赵氏道：“只除他嫁得，可又免得这般送。”(4回)

②周一道：“既是当了，我替你同到当中抵去兑换，也免得后日出利钱。”(36回)

"省得"的意义和用法同"免得"，在《型世言》中共有10例，如：

③赵氏便添一嘴来道："亲娘，好过难过，依我只趁这笋条样小年纪，花枝般好脸嘴，嫁上一个丈夫，省得忧柴忧米，弄得面黄消瘦。"（4回）

④那花子不知何故，心里道："且将错就错，也吃些快活茶饭，省得终日去伸手。"（5回）

⑤王尼道："不要，你还写几个字脚儿与我，省得他疑我撮空。"（28回）

"免致"在《型世言》中仅有1例：

⑥陈公子道："怎不见官，免致父亲得知方好。"（27回）

二、好

"好"是用来连接积极目的的目的连词，即表示希望达到的目的。在《型世言》中，"好"作目的连词的用例共有5个。如：

①水心月还拿着这银子道："所事如何？不要，我好将银子还孙家。"（32回）

②霍氏正领了王原，立在门前，见王喜没有谷拿回，便道："你关得多钱？好买馍馍与儿子吃。"（9回）

③花纹道："虽然如此，也不要你们搬是斗非，搠得沈实脚浮，我好去他荐你。"（15回）

《型世言》中目的连词的用法分布情况见表52。

表52

词项	用例数量	百分比（%）	在现代汉语中
免得	2	11.11	存在
省得	10	55.56	存在
免致	1	5.56	存在
好	5	27.78	存在
总计	18		

《型世言》问世的时期是汉语由近代汉语向现代汉语发展演变的过渡时期，连词的发展不仅表现为数量大量增加，而且大多数现代汉语中使用的连词也都出现了，同时也保留了一部分旧的连词。

第一，连词总的数量剧烈增长。

《型世言》中共有113个连词，如并（9）、一面（22）、况且（52）、或（28）、虽（101）、虽然（19）、但是（3）、不管（5）、只除非（1）、若使（20）、便（24）、因为（3）、既（35）、省得（10）等。

第二，双音节连词在数量上占绝对优势，表达口语化。

从音节特征来看，《型世言》中的连词可分为单音节和多音节两种形式。其中单音节连词有 29 个，占总数的 25.66%，使用频率为 1 073 次，占所有连词用例数量的 53.04%；多音节连词有 84 个，占总数的 74.34%，使用频率为 950 次，占所有连词用例数量的 46.96%。可以看出，数量上，多音节连词远多于单音节连词，而词频上，多音节连词少于单音节连词。

第三，同义异形的连词并存现象较多。

《型世言》中同义异形的连词并存现象相当多。如表示选择的“宁、宁可、宁使”，表示转折的“虽、虽然、虽是、虽说、虽则”，表示假设条件的“倘、倘或、倘然、倘若”，表示让步的“纵、纵然、纵让、纵使、纵说”等，这种完全同义而词形稍有不同的连词同时并用的现象不少。

第四，还在使用少量的文言连词。

在《型世言》中还可以见到少量的文言连词与同义口语连词并用的现象，例如“况—况且”，“抑—还是”。这是受到书面语的影响所致。

本章参考文献

著作

1. 北京大学中文系现代汉语教研室编：《现代汉语》，北京：商务印书馆，1993 年。

2. 北京大学中文系 1955 级、1957 级语言班编：《现代汉语虚词例释》，北京：商务印书馆，1982 年。

3. 丁声树等：《现代汉语语法讲话》，北京：商务印书馆，1961 年。

4. 冯春田：《近代汉语语法研究》，济南：山东教育出版社，2000 年。

5. 江蓝生：《近代汉语探源》，北京：商务印书馆，2000 年。

6. 蒋绍愚、江蓝生编：《近代汉语研究》（二），北京：商务印书馆，1999 年。

7. 蒋绍愚：《近代汉语研究概况》，北京：北京大学出版社，1994 年。

8. 景士俊：《现代汉语虚词》，呼和浩特：内蒙古人民出版社，1980 年。

9. 刘坚、江蓝生、白维国、曹广顺：《近代汉语虚词研究》，北京：语文出版社，1992 年。

10. 陆俭明、马真：《现代汉语虚词散论》，北京：北京大学出版社，1985 年。

11. 吕叔湘主编：《现代汉语八百词》（增订本），北京：商务印书馆，1999 年。

12. 梅祖麟：《梅祖麟语言学论文集》，北京：商务印书馆，2000 年。

13. [日] 太田辰夫著，蒋绍愚、徐昌华译：《中国语历史文法》，北京：北京大学出版社，2003 年。

14. 王力：《汉语史稿》（中册），北京：中华书局，1980 年。

15. [日] 香坂顺一著，植田均译：《水浒词汇研究》（虚词部分），北京：文津出版社，1992 年。

16. 杨伯峻、何乐士：《古汉语语法及其发展》，北京：语文出版社，1992 年。

17. 俞光中、[日] 植田均：《近代汉语语法研究》，上海：学林出版社，1999 年。

18. 中国社会科学院语言研究所词典编辑室编：《现代汉语词典》（第 5 版），北京：商务印书馆，2005 年。

19. 周刚：《连词与相关问题》，合肥：安徽教育出版社，2002 年。

20. 朱德熙：《语法讲义》，北京：商务印书馆，1982 年。

论文

1. 艾皓德：《近代汉语以“时”煞尾的从句》，《中国语文》1991 年第 6 期。

2. 曹炜：《近代汉语并列连词“并”的产生、发展及其消亡》，《语文研究》2003 年第 4 期。

3. 曹炜：《近代汉语中被忽视的“和”类虚词成员“并”》，《古汉语研究》2006 年第 4 期。

4. 陈国华：《〈型世言〉语词札记》，《古籍整理研究学刊》2004 年第 6 期。

5. 黄盛璋：《论连词跟副词的划分》，《语文教学》1957 年第 8 期。

6. 李英哲、卢卓群：《汉语连词发展过程中的若干特点》，《湖北大学学报》1997 年第 4 期。

7. 邵丹：《〈型世言〉词语拾零》，《古汉语研究》2002 年第 2 期。

8. 师进通：《介词兼连词“和、跟、与、同”的区别方法》，《语文知识》1987 年第 12 期。

9. 向若：《介词跟动词、连词的关系》，《语文学习》1957 年第 5 期。

10. 薛儒章：《连词“与”和介词“与”教学辩难》，《天津教育》1986 年第 6 期。

11. 杨荣祥：《近代汉语中类同副词“亦”的衰落与“也”的兴起》，《中国语文》2000 年第 1 期。

12. 于江：《近代汉语“和”类虚词的历史考察》，《中国语文》1996 年第 6 期。

13. 余志鸿：《元代汉语的后置词系统》，《民族语文》1992 年第 3 期。

14. 张万起：《连词“所以”产生的时代》，《语文研究》1984 年第 4 期。

15. 张云峰：《〈型世言〉中的语言现象》，《阜阳师范学院学报》（社会科学版）2005 年第 1 期。

代词系统是较能反映一种语言某个时期语法特点的一类语法现象，吕叔湘先生在研究近代汉语时，就是从“指代词”这一代词的分支系统着手进行研究的。

第五章　《型世言》的代词系统

代词系统是较能反映一种语言某个时期语法特点的一类语法现象，吕叔湘先生在研究近代汉语时，就是从“指代词”这一代词的分支系统着手进行研究的。本章拟对《型世言》的代词系统作一番全面的穷尽式的考察，通过与明代早中期文献和清代文献的比较，勾勒出明末代词系统的特点。《型世言》中的代词总体上可以分为三大类：人称代词、指示代词和疑问代词。下面试对这三大类代词作一番详尽的考察。

第一节 人称代词

《型世言》中的人称代词非常丰富，按照一般的分类方法，可以将它们分为以下几小类：第一人称代词、第二人称代词、第三人称代词以及反身代词、旁称代词、统称代词等。下面我们分别来加以讨论。

一、第一人称代词

《型世言》中的第一人称代词有“我”、“我侬”、“我们”、“咱”、“咱每”、“咱两（俩）”“咱们”、“奴”、“阿奴”、“俺”、“俺们”、“阿答”、“本渠”、“吾”、“朕”等17个。

1. 我

“我”这个词的本义为武器，后来才借用作代词。自秦以降，它就主要以一个代词的面目出现，虽然从先秦到明清乃至现代，语音免不了有些变动，但“我们可以相信近代汉语里的‘我’跟古代汉语里的‘我’是一个语词。”① 《型世言》中的“我”，共有2 190个，占全部第一人称代词的85.75%。主要用作主语和宾语，有时还用作定语。

（1）用作主语。如：

①劳氏道：“宁可我做生活供养你们，要死三个死，嫁是不嫁的。”(3回)

②我只有身上这件衣服，你只替我说表弟王喜拜就是了。(9回)

③只是沈刚母子甚是不悦，道：“我是主母，怎不用钱？反与家奴作主！”(15回)

作主语的“我”有时同“你”对举，表虚指。这种情形现代汉语中还存在。如：

④两个打了些酒儿，在房里你一口、我一口，吃个爽利。(5回)

⑤颖如道：“这不过一时权宜上得，你知我知，哄神道而已。”(28回)

⑥就将出酒来，脸儿贴了脸儿，你一口，我一口，吃得甚是绸缪。那文姬作娇作痴，把手搭着他肩，并坐说些闲话。(38回)

---

① 吕叔湘著，江蓝生补：《近代汉语指代词》，学林出版社，1985年，第2页。

（2）用作宾语。如：

⑦儿，爹娘一般的，你爹去了，你要去寻，同在一家的，反不伴我？（9回）

⑧人各有性命，何得只来卫我？（17回）

⑨这薄情的，你就拿定一时富贵，就把我撇去了。（31回）

（3）作定语。一般不带“的”。如：

⑩他父亲道：“这毕竟是我儿子！”（1回）

⑪我营中新死了一个督兵旗牌，不若你暂吃他的粮。（9回）

⑫若是我徒弟去时还了俗，可也生得出你这样个小长老哩。（35回）

“我”有时也作“自我”。[①] 如：

⑬但自我想来，时穷见节，偏要在难守处见守，即筹算后日。（10回）

“我”一般作单数，但有时也表复数。如：

⑭昨日水来，我娘儿两个收拾得几匹织下的布、银子……装了两个小黑箱，缚做一块，我母子扶着随水氽来。（25回）

⑮但我母子得公锄强助弱，免至相离，无以为报。（39回）

2. 我们

“我们”一词，在宋元时期就有了。《京本通俗小说》里就有关于“我们”的例子：“这里也不是人去处，我们去休。”[②] 吕叔湘先生认为：“咱们”一般存在于北方系官话中，而“我们”一般存在于南方系官话中。[③]《型世言》中“我们”有170例，“咱们”只有14例，也可以看出《型世言》一书带有明显的南方系官话的痕迹。其中“我们”占全部第一人称代词的6.66%。其主要用法如下：

（1）单独作主语或与其他词一起作主语：

①归老亲娘道：“看起签来都是好，我们便结了亲罢。”（10回）

②前日看的石城山，是个天险，我们且据住了，再着人勾连套虏，做个应手。（17回）

③张知县便一把扯了那官，道：“我们堂上去收去。”（22回）

有时，“我们”后紧跟表复数的名词性成分，构成同位短语，在语义上存在一种复指关系，一起作主语。如：

④我们儒生，只可用心在八股头上。脱有余工，当博通经史。（11回）

⑤过几时，我们公众偿还。（13回）

---

① “自我”就是“我”，这种用法现代吴方言中依然存在。

② 吕叔湘著，江蓝生补：《近代汉语指代词》，学林出版社，1985年，第65页。

③ 吕叔湘著，江蓝生补：《近代汉语指代词》，学林出版社，1985年，第65页。

⑥明日绝早，我们三个自来罢。(26 回)

(2) 作宾语。如：

⑦是你姓汪的亲眷送来的，可就叫他来替你了落我们。(6 回)
⑧且看，只怕过几个月还要来请我们哩！不要假强。(16 回)
⑨譬如水不氽来，讨这妇人，也得觔把银子，也该厚待我们些。(25 回)

(3) 用作定语。如：

⑩昨日凭适才徐老娘做媒，说你要嫁，已送银十两与你媳妇，嫁与我们阿爹了。(3 回)

⑪只见小厮扶着那死尸，往姚居仁身上一推，道："不好了，把我们官孙打死了。"(13 回)

⑫朱玉的紧邻张千头道："我们隔壁朱小官也造化，收得个开口货。"(25 回)

(4) 作兼语。如：

⑬若要我们见客，这断不能，只我们三年在此累你，也曾做下些针指，你可将去货卖，偿你供给。(1 回)

⑭二位不是这样了，人家请我们看病，怎请我来争？(16 回)

3. 咱

"咱"一词作为代词出现在文献中是比较晚的一个。据考证，宋代以前的文献中，没有该词的用例。有人认为它是"早晚"的合音，其含义相当于"咱们"。这其实是现代汉语中的意义了。它在宋、元戏曲中的含义多接近于"我"。从语音上讲，似为"自家"的切音①。在《型世言》中，它的分布并不均匀，全书总共有单用的"咱"136 个，占全部第一人称代词的 5.32%。而第五回就有 44 个，第 9 回中就有 35 个，有的章回中一个也没有。而就其表单复数而言，在《型世言》中主要以单数为主，在少数例子中也能见到"咱"与表复数的名词一起使用表示复数概念。其主要用法如下：

(1) 单独作主语。如：

①邓氏道："天光亮咱叫你。"(5 回)
②贼忘八！先是咱一件衫当了五十钱，你嫌少。(9 回)

(2) 单独作宾语。如：

③耿埴道："噫？这妇人看上咱哩！"(5 回)
④咱与他角了口，他要寻甚差使摆布咱哩。(9 回)
⑤这等你明明是个贼了，还要推谁？你道是当的，你寻这个人来与咱。(32 回)

---

① 吕叔湘著，江蓝生补：《近代汉语指代词》，学林出版社，1985 年，第 97 页。

（3）作兼语。如：

⑥今日工部大堂，叫咱买三五百两尺头，老爷爷便同去一去。（5回）

⑦那嫂子道："哥，你去了叫咱独自的怎生过？"（12回）

⑧你若不快，待咱陪着你，……正是这两日灯市里极盛，咱和你去一去来。（12回）

上述作主语、宾语、兼语的"咱"均表单数，相当于现代汉语中的"我"。

（4）作定语，这里的"咱"相当于"我的"。如：

⑨银子留在这边，咱老爷爷瞧着。尺头每样拿几件去瞧一瞧，中意了便好兑银。（5回）

⑩贼忘八！你打死了咱人，还来寻甚么？（9回）

"咱"有时也表复数。如：

⑪哥，你去了，叫咱娘儿两个靠着谁来？你还在家再处。（9回）

⑫张老三却洋洋走来，大声道："谁扭咱崔老爹？你吃了狮子心来哩！"（9回）

⑬鞑子是咱一家人，他来正好赶着做事，咱们怎去躲？（17回）

例⑪中的"咱"和"娘儿两个"构成同位短语，意谓"我们娘儿两个"；例⑫中的"咱崔老爹"也构成同位短语，意谓"我们崔老爹"，表示的是复数概念。因为这里说话人是当着众人的面说的，有人向着崔科，因此解释为复数比较符合汉语的习惯，一般不说成"我崔老爹"。例⑬也是如此，"咱"和"一家人"构成同位短语，意谓"我们一家人"。

4. 吾

"吾"在先秦时期用得比较多，而在汉代之后就渐趋隐没。唐宋之后，用例更是不多见。《型世言》中共有作代词的"吾"25例，占全部第一人称代词的0.98%。其中出现在诗歌中的有6例，出现在白话中的有19例，主要用作主语和定语。

（1）作主语，共有11例。如：

①森甫道："吾尽吾心，也不逆他诈。"（19回）

②笑是吾人妄作思想，天又巧行窥伺，徒与人作话柄而已。（31回）

③吾儒斡全天地，何难役使鬼神？况妖不胜德，邪不胜正，乃理之常。（39回）

其中例②中的"吾"与"人"连用及例③中的"吾儒"都比较少见。

（2）作定语，共有8例。如：

④伯温曾对大海道："吾友王孟端，年虽老，王佐才也，不在吾下，公可辟置帐下。"（14回）

⑤田副使与沈参将看了大喜道："虏入吾彀中矣。"（24回）

⑥老狐不听吾言，果误我。（40回）

从用例来看，代词“吾”的使用者均为有一定身份地位和文化修养的人，普通百姓一般已不用了。

5. 咱们、咱每

“咱们”的写法其实不止一种，或作“咱们”或作“偺们”。“偺”字在元曲里多写作“昝”或“喒”，“喒”是“昝”的异体。《广韵》里谓：“昝，子感切，姓也。”吕叔湘由此推断“大约最初就是用这个冷僻的姓氏来谐‘咱们’合音，后来才加上口旁或人旁”①。“们”字始见于宋代。唐代的文献里有“弭”和“伟”这两个字，都当“们”用。宋代文献里，“们”字有“懑（满）”、“瞒”、“门（们）”等写法。元代的一些话本中常常写作“每”，也有少数写作“们”的，这种情况一直延续到明代。到了明代中期以后，这种情况才发生转变，但《金瓶梅词话》中还是用“每”。在《型世言》中，“咱们”有13个用例，“咱每”仅见1例，两者相比，前者的使用频率要高得多。而与同时期的《警世通言》相比，我们就会发现一个比较有趣的现象：“咱”在该书中仅有1个用例②。在一百多年后问世的《红楼梦》中，“咱们”的使用却很普遍，总共有583个用例。

《型世言》中的“咱们”共有14个用例，占全部第一人称代词的0.55%。其主要用法如下：

（1）作主语。如：

①福儿道：“爷料没这胆气，奶奶既不喜他，不若等他赎去，也省得咱们照管，只是多要他些罢了。”（14回）

②火敬一起也到了，道：“鞑子是咱一家人，他来正好赶着做事，咱们怎去躲？”（17回）

③客人的货有限，库中是豆麦熟时征彀，有六七千银子，这才彀咱们用。（22回）

（2）作宾语。如：

④大姐道：“只要问他讨咱们做甚来？咱们送他下乡去罢。”（5回）

⑤伏戎道：“罢，做咱们不着……”（22回）

⑥远岫道：“这两小厮诬了咱们，去拿他。两个果在相公房里，倒反来打我。”（40回）

（3）作定语。如：

⑦目今刘参将到任，冯指挥在咱们人家要磕头礼，……那时我们举事，自然听从。（17回）

---

① 吕叔湘著，江蓝生补：《近代汉语指代词》，学林出版社，1985年，第83页。

② 《警世通言》（人民文学出版社，1956年，第357页）24卷“玉堂春落难逢夫”有1例：“我自有妙法，叫他离咱门去。”

⑧这两个回道："道是咱们父母官。"（20回）

此外，书中还出现了"咱两（个）"的用法，其中，"咱两"有1个用例，"咱两个"有2个用例，用作主语或宾语：

⑨我道："夜间我懒得开门，你自别处去歇。"撵了他去，咱两个儿且快活一夜。（5回）

⑩任敬道："论起这事，只咱两做得来。"（22回）

⑪他怎道奶奶体访里边人？终不然是咱两个？（40回）

6. 朕

《型世言》中的"朕"，共有7个用例，占全部第一人称代词的0.27%。"朕"在先秦只是一个普通的第一人称代词，并没有贵贱之分，如屈原《离骚》中就有"朕皇考曰伯庸"这样的句子。自秦始皇后，才是皇帝（有时也用于皇太后）专门的自称用词。《型世言》中的"朕"主要是建文君和洪武帝的自称，此外没有其他人使用该代词。从仅有的7个例子中也可以看出，"朕"在明代的日常口语中已经消失了。如：

①建文君道："朕孤身如何能去?"程编修道："陛下如决计出逊，臣当从行。"马后便叫宫人，里边取些金珠，以备盘费。（8回）

②（圣上）至夜遍体邪热皆除，霍然病起，精神还比未病时更好些，道："朕与周颠别二十五年，不意周颠念朕如此。"（34回）

7. 我侬、阿答

"我侬"在全书中共出现3例，占全部第一人称代词的0.12%。这三个"我侬"都只出现于第27回，而未见于其他章回。明代浙江一带地区"侬"字在多大程度上流行，一时恐难有定论，但即便现在，浙江嘉定等地区，也有所谓的"三侬"之说。由此我们可以推测该词的出现主要是由于方言的原因。

①钱公布道："勿用，我侬有一计，特勿好说。"便沉吟不语。（27回）

②老兄拿住子要杀，我侬来收扒，写渠一张服辨，还要诈渠百来两银子，渠侬下次定勿敢来。（27回）

③依我侬，只是老兄勿肯。（27回）

上述3个例子中，例①、②中的"我侬"作主语，例③中的"我侬"作宾语。

"阿答"也是第一人称代词，相当于"我"，均出现在第27回中，主要用作主语和定语。共有4个用例：

④个娘戏！阿答虽然不才，做个样小生意。（27回）

⑤阿答家叔洪仅八三，也是在学。（27回）

⑥就阿答房下也是张堪舆小峰之女。（27回）

⑦老兄勿用动气，个愚徒极勿听说，阿答也常劝渠，一弗肯改，须用本渠一介大手段。（27回）

我们查阅了近代汉语中的一些文献资料，未发现“阿答”的用例。因《型世言》中只有第 27 回中有这么 4 个用例，而且是私塾教师与皮匠的对话，很有可能只存在于一些方言中。

8. 俺（们）

“俺”是个俗字，始见于宋代文献，一般认为是“我们”的合音，“既然是‘我们’的合音，自然是用于复数”①。“俺（们）”在《型世言》中用例极少，全书共 2 例，一作定语，一作主语：

①那左首的雷也似问一声道：“你甚么官？敢到俺军前缉听！”（7 回）

②俺们乘势杀出，投了鞑子，岂不得生？”满四道：“有这机会！”马骥道：“我们一齐杀出去。”（17 回）

“俺”（含“俺每”、“俺们”）在《金瓶梅词话》中有 769 个，而在《型世言》中却只有 2 个用例，而且两个说话的人不是倭寇里的士兵，就是北方的叛变作乱者。我们是否可以推测：明代江浙一带的吴语区似不用“俺”字？否则的话，全书 40 回中何以未见一个“俺”字呢？

9. 奴、本渠

“奴”也是第一人称代词，在唐五代时期就已经出现了。有时作“阿奴”或“孥”。如：

①陈王当时宣问：“阿奴今拟兴兵，收伏狂秦，卿意者何？”②

这里的“阿奴”相当于“我”。

《型世言》中“奴”作为第一人称代词的用例仅 1 个：

②告减之外，所少不及百担，不若将奴卖与人家，一来得完钱粮，免父亲监比；二来若有多余，父亲母亲还可将来盘缠回乡，使女儿死在此处，也得瞑目。（7 回）

“本渠”，也是第一人称代词，相当于“我”，全书仅 1 例：

③钱公布道：“老兄勿用动气，个愚徒极勿听说，阿答也常劝渠，一弗肯改，须用本渠一介大手段。”（27 回）

《型世言》中第一人称代词数量之多，远远超过了现代汉语中的第一人称代词。这些代词在书中的分布情况各不相同，有的出现频率高，如“我”、“我们”、“咱”等；有的出现频率低，如“朕”、“俺”等；还有的一些代词只在某些章回中才出现，如“阿答”、“本渠”等。同时也可以看到，“我”已经成了主要的第一人称代词，在先秦时期使用广泛的“余③”、“朕”、“吾”等，都已经退出口语交际领域。此外，近

---

① 吕叔湘著，江蓝生补：《近代汉语指代词》，学林出版社，1985 年，第 79 页。

② 《敦煌变文集·韩擒虎话本》，人民文学出版社，1957 年，第 199 页。

③ 全书中仅见 1 例，而且还是诗文中的：“吴霜点点发毛侵，不改唯余匪石心。”（第 8 回）

代汉语中新出现的一些代词，如“咱”等，日趋常用。另外，从方言的角度来看，本书中许多北方方言中常见的代词均很难觅其踪影，如“咱每”、“俺”、“俺每”在《金瓶梅词话》中颇为常用，而在《型世言》中则鲜见。相反，一些带有江浙地方方言的代词倒时有所见，如“我侬”、“本渠”、“阿答”这些代词都是在其他文献中难觅或根本没有出现过的。

《型世言》中第一人称代词的使用分布情况详见表53：

表53

词项	我	我们	咱	吾	咱们	朕	我侬	阿答	俺（们）	奴	本渠	余
用例数量	2 190	170	136	25	14	7	3	4	2	1	1	1
百分比（%）	85.75	6.66	5.32	0.98	0.55	0.27	0.12	0.16	0.08	0.04	0.04	0.04

二、第二人称代词

《型世言》中的第二人称代词主要有“你、尔、汝、你们、你家、你侬、奴”等。

1. 你

《型世言》中的第二人称代词“你”共有1 742个用例，占全部第二人称代词的94.47%。主要有以下这些用法：

（1）单独作主语。如：

①就这边有人家，我便在他家佣工，你自可脱身去了。（1回）

②姐姐你莫听姐夫骗，他们未讨小一样脸，讨了小又一样脸，后来悔得迟了。（16回）

③你若果为母出妻，可谓孝子。（26回）

④那代巡越喜，道是个笃实人。伏侍斟酒时，便低着头问他道：“你是无锡那里人?”（30回）

（2）单独作宾语。如：

⑤正是灾荒之时，郑氏尚存，那箱子还只作捞取的，我饶你罪，姑不重究。（1回）

⑥可笑杀了你，这玉簪不是他的么？（32回）

⑦我巴不得为你多要些，也是相处分上。（32回）

⑧我去与你做，做不来只看得。（32回）

例⑤、⑥中的“你”均作动词宾语；例⑦、⑧中的“你”均作介词宾语。

（3）单独作兼语。如：

⑨妇人道："如何等得他回？一定要累你替我去寻他。"（26 回）

⑩果然时必济去，拿出两个元宝道："王爷着你去赎来。"（32 回）

（4）作定语，一般不带"的"。如：

⑪那日你母亲自说女儿病来接，就在房中收拾了半日，打点了一个皮箱，张家人拿了。（3 回）

⑫你二爷在广时，曾阚一个杨寯儿，与他极过得好，要跟二爷来。（26 回）

⑬鲍雷道："贼精，迟了饭，关你事？一定有甚，要对我说。"（33 回）

"你"一般均表单数，但有时也可表复数。如：

⑭让他们不是让别人，不然贫不与富斗，命又不偿得，你母子还被他拖死了。（2 回）

⑮恩爱夫妻，我仔么来拆散你的？（26 回）

例⑭中的"你母子"，现在一般说成"你们母子"；例⑮中的"你们"复指前文的"恩爱夫妻"。

另外，《型世言》中的"你"还可表虚指。如：

⑯凭你大熟之年，米五钱一石，只是吃些清汤，不见米的稀粥。（26 回）

⑰独这个雷，那里管你富户，那里管你势家。（33 回）

2．你们

作为"你"的复数形式的"你们"，在近代汉语中有"你门"、"你每"、"你瞒"等多种书写形式，到了《型世言》中则只有"你们"这一种书写形式了。《型世言》中共有 59 个用例，占全部第二人称代词的 3.20%。主要有以下一些用法：

（1）作主语。如：

①今我年老，欲归京师，你们可送我至京。（8 回）

②这人道："你们不要偷懒才是。"（17 回）

③况且你们富家，容易行善。（28 回）

④水心月道："瘦杀牯牛百廿觔。你们这样人家，莫说衣饰，便书画古玩可也有百两银子。"（32 回）

例①、②都是"你们"单独作主语，这种用法是《型世言》中最为常见的；有时"你们"也与后面的名词性成分构成同位短语一起作主语，如例③、④中的"你们"。

（2）作宾语。如：

⑤与你们不是与别人，你们母子出头露面去告一场，也不知官何如，不若做个人情。（2 回）

⑥没廉耻！上门凑！青头白脸好后生，挨在人家，不如我到娘家去，让你们一窠

一块。(30回)

⑦事到其间，一发停当了婆子，拿银子与你们。(31回)

⑧这我经手，窦尚书家卖与你们的，讨一百二十两，后边想三十两买的。(32回)

例⑤、⑥中的“你们”均作动词宾语，这种用法《型世言》中最为常见；例⑦、⑧中的“你们”均作介词“与”的宾语。

(3) 作定语。如：

⑨不要你们的轿子迎接，我自送他到船。(3回)

⑩是我姐姐慧哥，他晓得一口你们苏州乡谭，琴棋诗写，无件不通。(11回)

⑪秋涛道：“不消羞得，也不关我们事，也不关你们事，自有个人。”(40回)

“你们”作定语，像例⑨那样后面带“的”的很少见，常见的是如例⑩、⑪那样不带“的”的。

(4) 作兼语。如：

⑫陈副使道：“这是先生串你们来的么?”(27回)

⑬钟暗然道：“也要你们应手。”(28回)

⑭如今玉带在你这里，要你们还人，还要这些赃物。(32回)

值得一提的是，《型世言》中的“你们”有时也可表单数。如：

⑮初时要我做生意狠些，也是你们。如今教我将就些，也是你们。(3回)

这时，说话人面对的，不是周于伦母子两人，而是婆婆一个人，故“你们”在这里表示的是单数。吕叔湘在解释这种现象的时候说：“由于种种心理作用，我们常有在单数意义的场所用复数的情形。”“在过去的中国社会，家族的重要性强于个人，因此凡跟家族有关的事物，都不说‘我的’‘你的’，而说‘我们的’‘你们的’（‘的’字常省去），如‘我们舍下’，‘你们府上’。”[①]《型世言》中的例子也证明了这一点。

3. 尔

先秦时就有的第二人称代词“尔”，在《型世言》中也有用例。全书中作第二人称代词的“尔”有24个用例，占全部第二人称代词的1.30%。其主要用法如下：

(1) 作主语。如：

①命葬于曹娥祠右，为文以祭之，曰：嗟乎翠翘，尔固天壤一奇女子也。(7回)

②生每以此疑，始之诟詈，继以捶楚，曰：“尔故态复萌耶?”(11回)

③尔要降，速降可保你命。(17回)

例①为祭文，祭文在书面语中显得比较典雅，“尔”有5个用例均出现在祭文中。

---

① 吕叔湘著，江蓝生补：《近代汉语指代词》，学林出版社，1985年，第72页。

例②、③虽然都是口头言辞，但措辞都比较正式，用在对话中的“尔”共有15个用例。

（2）作宾语，用例很少。如：

④歌竟大呼曰：“明山！明山！我负尔！我负尔！失尔得此，何以生为！”（7回）

⑤赵昱诛蛟于嘉陵，周处杀蛟于桥下，其难脯尔乎？（39回）

例④中的话语出自名妓王翠翘之口，当时同舟的都是地方长官、江南名士；例⑤中的话语出自尚书之口。

（3）作定语，用例很少。如：

⑥尔之声誉，即决海不能写其芳也。（7回）

⑦吾且正尔湖州荼毒之罪，当行天诛，以靖地方，以培此女。（39回）

《型世言》中的“尔”均表单数，表复数时一般要在“尔”后加一“等”字。如：

⑧往日激变兵心，固失于调停，不尽是尔等之罪。（22回）

⑨今日民乱，尔等若能为我讨捕，便以功赎罪。（22回）

4. 汝

汝”也是一个早在先秦时期就出现的第二人称代词。到了唐代，这个词在一般的书面语中仍然比较常见。《型世言》中的“汝”共有10个用例，占全部第二人称代词的0.54%。其主要用法有：

（1）单独作主语。如：

①妙珍，汝孝心格天，但林氏沉疴非药可愈。（4回）

②河间有一妖猿为祟，汝往擒之。（40回）

（2）单独作宾语。如：

③胡总制道：“既归降，当贷汝死。还与汝一官，率部曲在海上，为国家戮力，勿有二心。”（6回）

④当日我在便殿，正吃子鹅，撇一片在地上赐汝，那时你两手都拿着物件，伏在地下把舌舔来吃了，你记得么？（8回）

⑤天理人事，无往不复，岂有一人无辜受害，肯饮忍九原，令汝安享？（35回）

《型世言》中的“汝”均表单数，表复数时，要在“汝”后加上“辈、等”等字。如：

⑥事由汝辈作，今日俱弃我去，叫我如何？（8回）

《型世言》中“你”的使用频率遥遥领先，“尔”次之，“汝”的使用频率最低。我们查阅了一些学者的研究成果，可以更清楚地看出这三个词此消彼长、发展演变的轨迹。

表 54

文献 \ 词项 / 用例数量	你	尔	汝
王梵志诗	72		3
六祖坛经（初唐）	1		86
神会著作（盛唐）		1	24
寒山诗（盛唐）	16	1	31
拾得诗（盛唐）	2	1	3
祖堂集（五代）	346	2	746
敦煌变文集（唐·五代）	187	40	246
古尊宿语要（南宋）	798	3	175
五灯会元（南宋）	769	16	2 129
金瓶梅词话	6 613	0	17
型世言	1 742	24	10

由表 54 中的具体数字，我们可以得到以下结论：

第一，“你”出现以后，“尔”和“汝”在文献中仍然出现，三者共存的局面保持了很长一段时间。不过，“你”的使用有逐步扩大的趋势，越来越多地出现在口语中。

第二，唐代，当“你”一词比较盛行之后，“汝”居然保持了旺盛的生命力。在宋代的《祖堂集》中，“汝”比“你”出现的次数要多出一倍多！太田辰夫分析说：“‘汝’也用得很多，恐怕口语里也使用。”而卢烈红则通过对数十位禅师的比较分析，进一步指出了方言因素对其中两位禅师语言的深刻影响：同时代的禅师多用“你”，而久居浙江衢州和福建福州的子湖和尚、鼓山和尚多使用“汝”①。据现代学者的研究，今天闽东方言中的福州话，第二人称仍然用“汝”②。可见，“汝”在某些

① 卢烈红：《〈古尊宿语要〉代词助词研究》，武汉大学出版社，1998 年，第 28 ~ 29 页。

② 袁家骅等：《汉语方言概要》，文字改革出版社，1983 年，第 268 ~ 303 页。

文献中的大量使用，与说话人的方言有一定的关系。但这仍然没能阻碍“你”在书面语与口语中随着时间的推移而逐渐取代“汝”的趋势。

5. 你家

“你家”中的“家”是代词的语尾，有作领格用的，也有不作领格用的①。《型世言》中作为代词的“你家”共有6例，占全部第二人称代词的0.33%。其主要用法如下：

（1）作主语。如：

①徐铭道：“你家也做书手，只听得你爹打板子，不听得你爹赚银子。”（21回）

②县尊道：“这等小厮也是枉杀了。你说和尚，你家曾与那寺和尚往来？叫甚名字？”（29回）

例①中的“你家”指的是爱姑的父亲，徐铭的舅舅，所以是单数，相当于“你父亲”；例②中的“你家”也表示单数，相当于“你”。

（2）作定语，相当于“你的”。如：

③只见这邻里道：“你家妻子，你不知道，却向谁叫？”（5回）

④皮匠便跳起道：“放屁！你家老妈官与人戏，那三五两便歇？”（27回）

例③、④中的“你家”指的都是“你”，“你家妻子”不是“你们家的妻子”，而是“你的妻子”，“你家老妈”不是“你们家的老妈”而是“你老妈”，这两例“你家”都是表单数。

（3）作宾语。如：

⑤次日即把“门开”二句写了做春联，粘在柱上。只见来的亲友见了都笑：“有这等文理不通秀才，替你家有甚相干，写在这边。”（23回）

“替你家有甚相干”意谓“跟你有甚相干”，“你家”在这里作介词宾语。

6. 你侬、奴

前面我们谈到了第一人称代词“我侬”，《型世言》中还有比较罕见的第二人称代词“你侬”，全书总共只有2例，全部作主语：

①渠侬公子，你侬打渠，毕竟吃亏。（27回）

②人道：“我叫你不要做这事，如今咱伊？还是你侬同我，将这多呵物件到陈衙出首便罢。”（27回）

《型世言》中共有8个“侬”的用例，但大都与“你、我、渠”等连用。例中的两个“你侬”，相当于第二人称代词“你”。这向我们传达了这样一个信息：“侬”这个方言代词在明代中叶的钱塘话中已经不多见了，似乎已经处在趋于消失的状态了。

---

① 吕叔湘著，江蓝生补：《近代汉语指代词》，学林出版社，1985年，第87~88页。

“奴”作为第二人称代词，在《型世言》中仅见1例：

③次早督府酒醒，殊悔昨之轻率。因阅彭宣慰诗，曰：“奴亦热中乎？吾何惜一姬，不收其死力？”（7回）

这里的“奴”即指“你”。

从上面的讨论中，我们可以看到，《型世言》与《金瓶梅词话》的不同之处在于：一是“你每”在《金瓶梅词话》中有148例，而在《型世言》中一个用例也没有；二是“你家”、“你侬”这些代词在《金瓶梅词话》中未见一例①。在时代稍前一些的《警世通言》及一个世纪后的《红楼梦》中，都可以看到“你家”作为第二人称代词的用法。由此可见，文言代词因脱离口语而逐渐被抛弃，而在百姓口头流传的俗词里，有的代词很幸运地挤进了通行的官话行列，如“你”；而有些词则没有能进入，只是存留于某些方言中，日渐被冷落，如“你侬”、“奴”等。

《型世言》中第二人称代词的使用分布情况详见表55：

表55

词项	你	你们	尔	汝	你家	你侬	奴
用例数量	1 742	59	24	10	6	2	1
百分比（%）	94.47	3.20	1.30	0.54	0.33	0.11	0.05

三、第三人称代词

《型世言》中的第三人称代词主要有“他、他家、他们、渠、渠侬、伊”等。

1. 他

对“他”字的来源，吕叔湘作了很详细的考证。吕叔湘认为，古代汉语里没有一个完备的第三人称代词，“之、其、彼”这三个字本来都是指示词，作为第三人称代词，它们的用法都有限制。因而自汉魏以后，从另一个来源发展起来的“他”字，就成为近代汉语里的第三人称代词。它的用法跟“你”、“我”平行。这样，以“你”、“我”、“他”三个词为代表，构成了第一、第二、第三人称代词比较完善的局面。“他”字在古代汉语里只作“其他”讲，自东汉开始，就有向第三人称代词转化的迹象了。经过魏晋南北朝、隋朝的发展，到了唐代，这种真正的第三人称代词就很常见了②。王力也认为，“人称代词的‘他’正是从‘他人’的‘他’转化过来的”，起源于唐代③。由于这个“他”字来源比较特殊，第三人称代词“他”字在文本中首次

① 曹炜：《〈金瓶梅词话〉中的人称代词系统》，《苏州科技学院学报》2009年第3期。

② 吕叔湘著，江蓝生补：《近代汉语指代词》，学林出版社，1985年，第5~8页。

③ 王力：《汉语史稿》（中册），中华书局，1980年，第270~271页。

出现时，有必要事先交代一下某人、某事或某物。所以，吕叔湘也称“他”字为回指性的代词。《型世言》中代词“他”共有4 645个用例。其主要用法有：

（1）“他”用于表单数。如：

①他几次上本，说宁王有反谋，都为宁王邀截去了。(1回)

②父亲甚是喜他，期他大成。(2回)

（2）“他”用于表复数，主要有以下几种情形：

A. “他”同其前面的表复数的名词性成分构成复指关系。如：

③偏生躲在山里时，这些臊子与鞑婆、小鞑，骑了马山下跑来跑去，又怕他跑进山来，好不又惊又怕。(17回)

④只是豪气未除，凡是文会上、酒席上，遇着这干公子富家郎，他恃着才胜他，不把他在意。(18回)

例③中的“他”，实际上指前面的“臊子与鞑婆、小鞑”；例④的“他”是指“这干公子富家郎”。

B. “他”后面紧跟表复数的名词性成分，形成“他两……、他这些……、他三人（个）”等形式。如：

⑤只见他两姊妹一到房中，小小姐见了道：“姐姐，这岂是我你安身之地。”(1回)

⑥便就在管的马中，相上了两疋壮健的在眼里，乘着夜间放青，悄悄到皮帐边，听他这些鞑子鼾声如雷，他便偷了鞍辔，赶来拴上，慌忙跳将起去。(17回)

⑦他三个三面杀将来，这一个左支右吾，遮挡不住，如何取胜？(39回)

C. 他”与一些集合名词连用构成同位短语，表概指。如：

⑧满四道：“凭着咱胆气，料没得与他拿去，只他官兵来奈何？”(17回)

⑨他母子经营殡葬，葬时止不过几个乡绅公祭……(19回)

“他”分别与“官兵”、“母子”等集合名词结合，表示复数概念。

（3）“他”主要作主语。如：

⑩此时他已将家眷打发回家，止剩得一个公子、一个老仆在衙内。(1回)

⑪不期到三年间，固原镇有个土鞑满四，他原是个鞑种。(17回)

⑫张三道：“迟了些，他因会钱要紧，当了五两，票子在我身边。”(36回)

（4）“他”也常作宾语。如：

⑬哥，人命还是假的，冒粮诈钱是真，到官须不输他妇人？(9回)

⑭……蒺藜刺满脚底，也着不得靴。行了礼，送在客馆，着人为他挑去。(17回)

（5）“他”作定语。如：

⑮孙都堂走到他房里道：“你们好睡，我走了一夜，你知道么？”（1回）

⑯这片话，他母亲女流，先是矬了。（2回）

另外，从《型世言》中的一些用例中可以看出，“他”在实际使用过程中并没有尊卑长幼之别。如：

⑰（成祖大恼，分付将士负土填了城河，架云梯攻城。）谁知铁参政知道，预备撑竿，云梯将近城时，撑竿在城垛内撑出，使他不得近城。（1回）

⑱（成祖怒极道：“不破此城，不擒此贼，誓不回军！”北将又置攻车，自远推来城上，所到砖石坍落。）铁参政预张布幔当他，车遇布就住，不得破城。（1回）

例⑰中的“他”是指“北军”还是指“成祖”呢？从上下文看来，应该还是指“成祖”；例⑱就很明显是指“成祖”。

就“他”表回指来说，《型世言》也有用例，如：

⑲故毕竟要父子相信，像许副使逵，他在山东乐陵做知县时，流贼刘六、刘七作反，南北直隶、山东、河南、湖广府州县官，或死或逃，只有他出兵破贼，超升佥事，后转江西副使。（1回）

⑳世建这个小儿，关系萧家这一脉断续，若丢了他，或至他不能存活，或至他流于下贱，是萧家这脉无望了。（16回）

㉑只是当时鞑兵撩乱，早以把项员外抓了去，囚首垢面，发他在沙碛里看马。（17回）

上述3例在用“他”之前，前文分别提到了其所指代的人物，分别是许副使逵、世建、项员外，前后相照应。

需要说明的是，一段文字中，前后的“他”都应该是指同一个人，否则会造成回指混乱。但“他”在《型世言》中并非都是如此，请看下面的例子：

㉒他父亲道：“这毕竟是我儿子！”就开丧受吊，人还不肯信他。不期过了几时，凶报到来，果然是他死节。（1回）

此例中，第一个“他”和第三个“他”指的是儿子，第二个“他”指的是父亲。这种情形在现代汉语中会被当作语病来看待。

此外，《型世言》中的“他”也可表虚指，不过这种情况比较少见。如：

㉓不若乘他兵马新来，营寨未定，冲他一阵，杀他一个胆寒。（17回）

另外，值得一提的是，“他”字的衍生词“他人”已经在《型世言》中出现了：

㉔大哥长他人志气！便这些官兵，只好囔饭，鞑子来惊得不敢做声，待他去了十来里放上一个炮，去赶一赶儿，有甚武艺。（17回）

2. 他们

“他们”一词宋代就有了。只不过写法不一，有“他门”、“他懑”等形式①，明代初年的文献中多作“他每”，《金瓶梅词话》中也有“他每”46个②。“他每”在元代比较多，在明代一些受北方方言影响的文献中也还能看到，但在《型世言》中已经看不到其用例了。“他们”在《型世言》中有24个用例，其中作宾语的用例要比作主语的多一些。

（1）作主语。这是“他们”的最主要的用法，如：

①他们只要保全我的性命，苦要残我父亲的骸骨。(2回)

②姐姐你莫听姐夫骗，他们未讨小一样脸，讨了小又一样脸，后来悔得迟了。(16回)

③他们不过借你来污蔑我，关你甚事？(30回)

（2）作宾语。如：

④让他们不是让别人，不然贫不与富斗，命又不偿得，你母子还被他拖死了。(2回)

⑤你从不曾吃这苦，蚤知这样，便依了他们罢。(6回)

⑥沈刚也便跪下，赌誓道：“我再与他们来往嫖赌，不逢好死。”(16回)

例④中的“他们”其实就是指“王俊”一个人，是用复数的形式表达单数的意义。

（3）作兼语。如：

⑦ 他后边也只是粗茶淡饭，也不着人伏侍，要他们自去搬送。(1回)

⑧这一个大县，拿不出这些些银子来？叫他们胡乱再凑些。(22回)

（4）作定语。如：

⑨因朝中齐尚书、黄太常虑诸王封国太大，兵权太重，要削他们封国，夺他们兵，废了周王、齐王，渐次及燕。(8回)

⑩正是，我也吃他的亏。冷了他们的生意，便绝了我衣食饭碗。(22回)

⑪陈望湖道：“这也是他们大娘做事拙，实的虚不得。”(26回)

“他们”作定语，中间一般也不用结构助词“的”，如例⑨、⑪中的用法，像例⑩中带“的”作定语的用法是不常见的。

3. 他家

“他家”作代词的用法在唐代就有了，如《神会和尚集》“是盲者唱盲，他家见

---

① 吕叔湘著，江蓝生补：《近代汉语指代词》，学林出版社，1985年，第56页。

② 曹炜：《〈金瓶梅词话〉中的人称代词系统》，《苏州科技学院学报》2009年第3期。

者元来不盲"[1]。《型世言》中"他家"有45处，其中只有12例作"他、他们"解，为第三人称代词[2]。其主要语法功能是作兼语和主语，如：

①李权道："仔么他家吃饭，倒要我家送米去？"(4回)

②他家便留了饭，问是夜去明来，伯温叫帖木儿暂避，自在房中。(14回)

③你将此束暗地丢在店家屋上，不出三日，店主女子便得奇病，流脓作臭，人不可近。他家厌恶，思要弃他，你可说医得，只要他与你作妻子。(38回)

例① 中的"他家"为兼语，例②、③中的"他家"为主语。

4. 渠、渠侬、伊

在"他"字逐渐发展成为第三人称代词代表的过程中，曾经有两个代词跟它并存竞争，但其结果是这两个词仅仅存活在一些方言地区，在官话区域里则完全消失了[3]。这两个词一个是"渠"，另一个就是"伊"。

"渠"在今天，仍有地方在使用，如吴方言中的宁波、衢县、金华等地区仍在使用。《型世言》中作第三人称代词的"渠"共有20个用例，均出现在书中第27回，全部作宾语。如：

①若再来张看，我定用打渠，勿怪粗鲁。(27回)

②洪皮匠道："学生定用打渠。"(27回)

③"娘戏个，我千难万难讨得个老妈，你要戏渠。"渠侬公子，你侬打渠，毕竟吃亏。(27回)

其中，还有2例表虚指。如：

④老兄拿住子要杀，我侬来收扒，写渠一张服辨，还要诈渠百来两银子，渠侬下次定勿敢来。(27回)

⑤亏得妇人道："我宁可死，决勿到官个。你怕后患，写渠一张，放子渠去罢。"(27回)

"渠侬"全书共有3例，且全部出现在第27回，全部作主语：

⑥还要诈渠百来两银子，渠侬下次定勿敢来。(27回)

⑦渠侬勿肯听教诲，日后做向事出来，陈老先生毕竟见怪。(27回)

⑧渠侬公子，你侬打渠，毕竟吃亏。(27回)

看来"渠侬"和"渠"是有着各自的分工的，前者作主语，后者作宾语，就像先秦时期"吾"、"我"的分工一样。

---

① 吕叔湘著，江蓝生补：《近代汉语指代词》，学林出版社，1985年，第88页。

② 《型世言》中，作"他的家"解的有33处，"他家人"有3处，"他家中"有7处，"他家主"、"他家眷"、"他家财"、"他家属"、"他家婆"各1处，"他家"、"他家里"有9处。

③ 吕叔湘著，江蓝生补：《近代汉语指代词》，学林出版社，1985年，第14页。

书中第27回集中出现了如此特殊的方言代词，使我们怀疑，陆人龙可能不是全书的唯一作者，该书极有可能是地方说书人的话本的汇编本。另外，像“我侬”、“阿答”等词也只在此回中出现。

“伊”作为指示词，早在先秦时期就已经出现了。《诗经》中有“所谓伊人，在水一方”《秦风·蒹葭》。魏晋时期，正当“他”字向第三人称代词方向转化时，“伊”字大行其道，颇受青睐。《世说新语》中就有很多的用例。宋元以后，渐渐衰落。到了明代，“伊”已经不多见了。如今，在吴方言、闽南话等方言区中，“伊”还在使用，如“伊饭食了也”（他饭吃了）①。在《型世言》中，作第三人称代词的“伊”共有5例，全部作定语。如：

⑨因令予尽挈予妆奁，并窃父银十许两，逃之吴江伊表兄于家。(11回)

⑩岂恶朱安国先乘氏避患，劫伊箱二只，并杀伊母胡氏。(25回)

⑪本月准本县民李良云告词，拘审间，伊兄李良雨于上年六月中，因患杨梅疮病，溃烂成女，与同贾吕达为妻，已经审断讫。(37回)

《型世言》中的“伊”也有2例用作语气词，表疑问：

⑫皮匠道：“便四六分罢，只陈副使知道咱伊?”(27回)

⑬妇人道：“我叫你不要做这事，如今咱伊？还是你侬同我，将这多呵物件到陈衙出首便罢。”(27回)

从上面的讨论中，我们可以看到，《型世言》与《金瓶梅词话》的不同之处在于：“他每”在《金瓶梅词话》中有46例，而《型世言》中则一个用例也没有；“他家”、“渠”、“渠侬”这些代词在《金瓶梅词话》中未见1例②。在时代较早一些的《水浒传》中，“他家”还可以看到其作为第三人称代词的用法③。

《型世言》中第三人称代词的使用分布情况详见表56：

表56

词项	他	他们	他家	渠	渠侬	伊
用例数量	4 645	24	12	20	3	5
百分比（%）	98.62	0.51	0.25	0.42	0.06	0.13

四、反身代词

反身代词，又名己称代词、复指代词。上古汉语中就已经存在了，主要有“自”

① 梅祖麟：《梅祖麟语言学论文集》，商务印书馆，2000年，第290页。

② 曹炜：《〈金瓶梅词话〉中的人称代词系统》，《苏州科技学院学报》2009年第3期。

③ 吕叔湘著，江蓝生补：《近代汉语指代词》，学林出版社，1985年，第89页。

和“相”两个。到了魏晋时期，“自”的用法比较广泛。到了唐代后期，“自家”、“自己”这类词就比较常见了。在宋元时期，“自家”一词被大量使用。而在明代，“自己”的使用频率超过了“自家”。自明以降，“自己”就用得更为普遍了。

1. 自

“自”的反身代词的用法始于先秦，盛行于魏晋，历经唐五代、宋元、明清，一直到现在还在使用。不过，现在一般用它的双音节形式的居多。“自”在《型世言》的反身代词中用例最多，多达508个，占《型世言》中反身代词总量的74.05％。其主要用法有：

（1）作状语，在语义上同其前的名词性成分构成复指关系。如：

①各人自管了各人得分的房屋，当中的用则有人用，修却没人修。（2回）

②孩儿此去，两月就回。母亲好自宁耐。（3回）

③窦员外着实安慰一番，道：“烟瘴之地，好自保重……”（20回）

④及至坐席，四人自坐一处，不与同席。（18回）

从例①中我们可以看到“各自”的影子；例②、③中的“自”前都有“好”字，但此种用法全书也仅有3例；从例④中可以看出，反身代词是不分单复数的。

（2）作主语，在语义上同前面的某个名词性成分构成复指关系。如：

⑤二郎道：“这事我老父做的，我怎好自专？”（3回）

⑥这厢自听耿总兵择日出师，随军征讨，大兵直抵真定。（17回）

⑦从此竟不进真氏房中，每晚门户重重，自去关闭记认。（29回）

后来“自己”的代词义逐步虚化，引申出副词的“自然”义，下面的一些例子就已有这种倾向。如：

⑧他道：“胸膈有食，所以发热，下边一去，其热自清。”（16回）

⑨若杀了他总督，其兵自退。（17回）

⑩盖唯公有此多福，自不湮没于胡沙……（17回）

2. 自己

“自己”作为反身代词似乎没有“自家”早。“自家”在初唐的文献中就已经出现了，而“自己”最早见于《祖堂集》。晚唐五代以后，“自己”和“自家”的使用渐渐都多起来。[①]《型世言》中的“自己”用例有149个，占《型世言》反身代词总数的21.72％，其用例仅次于“自”。其主要用法如下：

（1）单用，直接作主语。如：

①你为大臣之子，不知顾惜父亲官箴、自己行检，强思污人。（1回）

②却也自己睡不成梦。（6回）

---

① 吴福祥：《敦煌变文语法研究》，岳麓书社，1996年，第27页。

③自己没科举，有科举又病，进不得场，转卖与人。(28回)

(2) 紧接在人称代词或指人的名词前面或后面，同其前或其后的成分构成复指关系，一起作主语。如：

④还吏员自己作弊，是央人代考、贴桌等项，捷径是部院效劳，最快的是一起效劳堂官亲随。(16回)

⑤他自己有房子住，有田，有地，走去就做家主婆，绝好人家。(19回)

⑥自己夫妻在家中暗地着人倒换首饰，一两的也得五钱，折了好些。(27回)

(3) 单用，直接作宾语。如：

⑦婆子又吃地方飞申，亏毛通判回护自己，竟着收葬，也费了几两银子，房子也典与人。(6回)

⑧娶到家中，为他打点一间房，动用床帐，都与自己一般。(16回)

(4) 与“的”构成“的”字短语，作宾语。如：

⑨固是你好意，但你处馆，身去口去，如今反要吃自己的了。(11回)

⑩父亲没不三年，典当收拾，田产七八将完，只有平日寄在樊举人户下的，人不敢买，樊家却也就认做自己的了。(15回)

⑪那李良雨暗自去摸自己的，宛然已是一个女身……(37回)

(5) 作定语，一般不带“的”。如：

⑫不孝的，就是日日旌表，他自爱惜自己身体。(4回)

⑬或是公姑伯叔、自己弟兄，为体面强要留他，到后来毕竟私奔苟合，贻笑亲党。(10回)

⑭徐铭果然回去，粥饭没心吃，在自己后园一个小书房里，行来坐去，要想个计策。(21回)

有时，即使中心词为单音节词，也不带“的”。如：

⑮就将自己房移出，整备些齐整床帐，自己夫妻与以下人都“相公”不离口。(15回)

⑯那时年久要清，情愿将自己地一块写与，不要。(17回)

这种情形在现代汉语中一般必须带“的”。

但是，在《型世言》中我们也发现极个别带“的”现象。如：

⑰想是桐乡人讨盛氏的身银，如今却做了自己的身银。(3回)

⑱故此若是真有胆力的人，识得定，见得破，看定事，做得来，何必张张皇皇惊吓里边，张大自己的功？(17回)

3. 自家

“自家”作为反身代词，早在唐宋时期就有用例了。元明清时期的文献中也有“自家”的用例①。时至今日，这个词在吴语地区仍比较常见②。《型世言》中作反身代词的“自家”总共有29例，占反身代词总数的4.23%。主要有以下几种用法：

（1）单用，直接作主语。如：

①遇着李二嫂，只是说些公婆不好，也卖弄自家不怕、忤逆他光景。（3回）
②二十四个小儿洒水，自家去打桃针。（24回）

（2）紧跟在指人的名词性成分后面，构成复指关系，作主语。如：

③因等银子久坐，这两个邻舍自家要吃，把他灌上几钟，已是酩酊。（6回）
④钱公布道：“这须不在我，你自家生计策。或者亲友处借贷些？”（27回）
⑤那周绍江自家穷，没得养，请他，竟放他这条路。（33回）

（3）作定语，不带“的”，即使是用在单音节名词之前。如：

⑥凡有争竞，便聚族相杀。便是自家族中争竞，也毕竟会合亲枝党羽斗殴。（2回）
⑦丢了自家山偏不用，偏去寻别处山。（15回）
⑧自家寺里的人，并无亲戚，有了个地老虎管事，故没人来说他。（29回）

从上面的讨论可以看出，《型世言》与《金瓶梅词话》中的反身代词大多相同。不过就数量来看，“自己”在《型世言》中的出现频率要高于《金瓶梅词话》。在《金瓶梅词话》中“自己”只占12.28%，而在《型世言》中“自己”却达到了21.72%，多了将近10个百分点，显示出其流行的强劲势头。这也说明了汉语词汇由单音节向双音节发展的必然趋势。

《型世言》中反身代词的使用及分布情况详见表57：

表57

词项	自	自己	自家
用例数量	508	149	29
百分比（%）	74.05	21.72	4.23

五、旁称代词、统称代词

除了上述人们经常论及的三身代词之外，代词还包括数量较少的旁称代词和统称

---

① 《警世通言》（人民文学出版社，1956年，第52页）第五卷“吕大郎还金完骨肉”：平生常有五恨，那五恨？一恨天，二恨地，三恨自家，四恨爹娘，五恨皇帝。

② 有些人提起常州，便会学着说“你家”、“我家”、“他家”、“自家”，这些词在常州方言中仍在使用。

代词。《型世言》中旁称代词主要有“别人、人家”等，统称代词主要有“大家”。

1. 别人

旁称代词至少在南北朝时就有了，如用“人”来称代别人，与“自己”相对。后来这种用法渐渐多起来。到了元朝，就有了“别人家”这个旁称代词。明代的文献中有“别人”的用例，但不是很常见。《型世言》中作旁称代词的“别人”共有15例。其主要用法如下：

（1）作宾语，这是最主要的一种用法，如：

①与你们不是与别人，你们母子出头露面去告一场，也不知官何如，不若做个人情。(2回)

②直到穷谷之中，只见一个人一堆儿烧死在那壁，看来不是别人，正是介子推。(8回)

③若说两邻，他家死人，怎害别人？(21回)

（2）作定语，这种用法也比较多。如：

④你若说为生儿子，别人的肉，须贴不在自己身上。(16回)

⑤你道是他好友，你杀了他，劫了他，又做这匿名，把事都卸与别人。(22回)

（3）作主语，这种用法比较少。如：

⑥那妇人也笑吟吟收了，你看我，我看你，看了一会，正如肚饿人看着别人吃酒饭，看得清，一时到不得口。(5回)

（4）作兼语，书中用例也不多。如：

⑦我们做好汉的，为何自己杀人，要别人去偿命？(5回)

2. 人家

“人家”一词早已有之，但作旁称代词的“人家”出现得比较晚。较早的相关用例出现在元代。[①]到了明清时期，作旁称代词的“人家”的用例才慢慢多起来，如《红楼梦》、《儿女英雄传》中就有大量的用例。从汉语史的角度来看，《型世言》中“人家”的用例虽然不多，总共只有12例，但这也算是比较早的一部有旁称代词“人家”用例的文献了。[②]《型世言》中的旁称代词“人家”，其含义主要有如下两种：

（1）泛指自己以外的人，相当于“别人”。如：

①于伦又向邻人前告诉徐婆调拨他妻，把阿婆卖与人家做奶母。(3回)

②田伯盈家里整治得好饮食，花纹、甘毳极口称赞，道这是人家安排不出的，沈

---

① 吕叔湘著，江蓝生补：《近代汉语指代词》，学林出版社，1985年，第91页。

② 现代汉语中的“人家”，还有的作“我”解。从《警世通言》来看，在明代中后期，已经有“别人家”、“人家”的用例，但未见作“我”解的用例。可见，“人家”一词的最初用法还是从旁称代词开始的。现代汉语中的用法仍以旁称代词为主。

刚便赌气认贵，定要卖来厮赛。（15 回）

③便叫吴爚："你这奴才，若论起做媒没人，交银无证，坐你一个诓骗人家子女，也无辞。"（26 回）

上述诸例中，例①中的"人家"作宾语，例②中的"人家"作主语，例③中的"人家"作定语。可见，其用法也是比较丰富的。

（2）确指某个人或某些人，意思跟"他"或"他们"相近。如：

④二位不是这样了，人家请我们看病，怎请我来争？须要虚心。（16 回）

⑤（尼姑）口似蜜，骨如绵，先奉承得人喜欢，却又说些因果打动人家，替和尚游扬赞诵。（28 回）

⑥庚盈道："叫我仔么？这天理人心，虚的实不得。我多大人家，做得一个亲，还替人家断送得两个人？"（33 回）

例④中的"人家"作主语，例⑤中的"人家"作动词宾语，例⑥中的"人家"作介词宾语。

从上述例子中可以看出，"人家"作第一人称代词"我"解释的现象此时还没有出现。全书中"人家"共有 142 个用例，但是用作代词的例子却很少，大多是作名词"住户"解，或和"老"构成"老人家"这一尊称，另外，还有一种吴方言中的用法："做人家"，即"勤俭，会持家"之义。

3. 大家

统称代词"大家"称代一定范围内所有的人，因为它是包括说话人在内的人称代词。其实，"大家"一词在先秦时期就已经出现，但表统称的意义出现得较晚。其在先秦时的意义主要有两个："一指王的子弟及公卿、大夫所领有的较大的封地"，二指"有较大封地的家族"；"汉魏六朝时期，'大家'由先秦'有较大封地的家族'引申，泛指'豪门贵族、大户人家'"[①]。一般认为，作为统称代词的"大家"在唐代就已经出现了。《型世言》中统称代词"大家"共有 31 个用例，全部作主语。如：

①打开匣子，里边二十封，封封都是石块。大家哄了一声，道真神！（5 回）

②大家乱了半夜，已是十四日，到了早辰，烈妇睡在床中……（10 回）

③大家吃了一惊，看时，一个死尸头破脑裂，挺在地下。（13 回）

④把来揩磨了半日，带到孙家，大家相见。（32 回）

第二节　指示代词

《型世言》中的指示代词也比较多，总共有 21 个，按照通行的分类方法，即按照

---

① 卢烈红：《〈古尊宿语要〉代词助词研究》，武汉大学出版社，1998 年，第 55 页。

所指的事物离说话人的距离远近，可以将它们分为三大类：近指指示代词、远指指示代词和兼指指示代词。

一、近指指示代词

《型世言》中的近指代词有“这、这些、这等、这样、这边、这里、这番、这厢、这干、这厮、这班、这般、此、是”等 14 个。

（一）这

一般认为，“这”是在唐朝时期就已经出现的一个表近指的指示代词。其形式有“者”、“這”、“遮”等，有时也写作“此个”。其功用大致相当于先秦的“此”。但对于“这”一词的来源，大致有两种不同的意见：王力认为是从“之”演化而来的；而吕叔湘则认为是从“者”字演化而来的①。“这”在唐宋刚开始出现时，还不能单独使用，一定要加个词尾“个”或“底”。宋元以降，“者”、“遮”趋于消失，而“这”字却大行其道。《型世言》中“这”的用例非常多，由此可以看出其在明清时期的使用分布之广。《型世言》中的“这”共有 1 965 个用例，占全部指示代词的 62.50%。其主要有如下一些用法：

（1）单独作主语，或带上量词构成指量短语作主语。

A. 指事件。如：

①这都是耿埴伶俐处，不知伶俐人也便有伶俐事做出来，不题。(5 回)

②如苏秦，他因妻嫂轻贱，激成游说之术，取六国相印。后就把这激法激张仪，也为秦相。这都是激的效验。(19 回)

③何如谈笑间，把二贼愚弄，缓则计生，卒至身全，库亦保守，这都是他胆略机智大出人头地，故能仓卒不惊。(22 回)

B. 指事物。如：

④余姥姥道：“奶奶，这是夜间消闷的物儿。”(12 回)

⑤朱正便摸出帖子呈上县尊，道：“这便是证见。”(23 回)

⑥徐公子道：“他这佛地久污的了，我今日要与他清净一清净。”(29 回)

C. 指情形。如：

⑦轮着讲书，这便是他打盹时候，酣酣的睡去了……（15 回)

D. 指人，可表单数，也可表复数。如：

⑧况且肋骨折了三条，从那一个所在把手与他接？这除非神仙了。(12 回)

⑨那宗旺道：“这是文德坊裘小一裘龙的好朋友，叫陈有容，是他紧挽的。”(23 回)

---

① 梅祖麟：《梅祖麟语言学论文集》，商务印书馆，2000 年，第 101 页。

⑩张老二、任秃子、桓小九，这是任敬等家丁，虽供状无名，也是知情的了。(22回)

其中例⑧、⑨中的“这”表单数；而例⑩中的“这”表复数，相当于“这些”，这种用法一直沿用到了现代汉语中。当然更多的时候，现代汉语表复数概念时是用“这些”。

(2)单独作宾语。如：

⑪只是慧娘道：“母亲，富家在此读书，极其鄙吝，怎助这许多？……”(13回)

⑫沈氏道：“他要上这许多，叫我怎做主……”(28回)

(3)单独作定语。如：

A. 直接放在名词或名词性成分之前，作定语。如：

⑬这阿虎、阿獐听了，两个果然请上酒店，吃了一个大东。(15回)

⑭这所在没钱撰，还要赔性命。这所在那个去？(20回)

⑮那朱恺把他看了又看，道：“甚人家生这小哥？好女子不过如此。”(23回)

⑯这事谋财谋命，本宜重处。(25回)

⑰可笑杀了你，这玉簪不是他的么？(32回)

全书中，“这所在”、“这事”出现的用例较多，“这所在”相当于今天的“这个地方”，“这事”相当于今天的“这件事”。全书中“这苦楚”的用例2个，“这苦”的用例8个，前者用于君臣之间，后者一般用于平民百姓，可见，文白相杂的现象在《型世言》中也还是存在的。

B. 同量词构成指量短语，作定语。如：

⑱况这个人，又不是我至亲至友。(14回)

⑲王兄，我看你肚里来得，怎守着这把锄头柄？(14回)

⑳没奈何还了他这所房子，又贴他一百两。(15回)

C. 放在数量短语前面，作定语。如：

㉑铁尚书道：“左右也是死数，不必寻他。”这两位小姐也便哭泣一场。(1回)

㉒没主意的小伙子，被这两个人一扛，扛做挥金如土。(15回)

㉓这三个都是咱兄弟。(22回)

作定语时，有时候，“这”同中心语构成的偏正短语同其前的名词性成分构成复指关系。如：

㉔王指挥道：“服侍有了采莲这丫头，与勤儿这小厮，若没人作伴，我叫门前余姥姥进来陪你讲讲儿耍子。咱去不半年就回了。”(12回)

㉕好得，又遇府中祈雨，里递故意要他这说嘴道士，他又不辞。(24回)

特别值得一提的是，《型世言》中的“这”有时也可以表远指。如：

㉖只是那日朱安国夺了两个箱子，打开来见了许多丝布、铜钱、银子、衣服，好不快活。又懊悔道："当时一发收了这女子，也还值几个银子。"（25回）

㉗只见这女子还半浮半沉，扑着箱子道："大哥，没奈何只留我性命，我将箱子都与你，便做你丫头，我情愿。"安国看看，果然好个女子。（25回）

"这"还可以用来确指某个人：

㉘据我闻见还有个事起于卒，终能除盗保身，这也是极能的能吏。（22回）

"这"还可表强调，如：

㉙这杨寡妇已是看中了人物，徐外郎处胡似庄一力撺掇，竟成了这亲，徐外郎就入赘他家。（31回）

"这"的这种用法还保留在现代汉语中。

（二）这些

"这些"作为近指指示代词出现得比较晚，《金瓶梅词话》中还没有见到用例。但《警世通言》中已经有这样的例子了："东坡暗想道：'这老甚迂阔，难道这些书都记在腹内？虽然如此，不好去考他。'"①在后来的《红楼梦》、《儿女英雄传》等书中多有所见。《型世言》中"这些"共有231个用例，使用频率仅次于"此"，位居第三，占近指代词总量的7.35%。《型世言》中的"这些"主要用作主语、定语和宾语。

（1）单独作主语。如：

①这些可以作考中，免省祭，还可超选得好地方。（16回）

②老爷说公子在这厢搅扰，这些须薄意谢你的薪水之资。（29回）

③我想这些不过是和尚胡说的，当得甚么？（40回）

（2）单独作定语，这种情形最为常见。如：

④这些女伴知他婆婆撇古，也不来邀他。（3回）

⑤刘吉士便买了吏巾，到刑部中与这些当该一体参谒，与这些人谈笑自如。（12回）

⑥故此把这些物件都归了你，把你作官司本，只不要扯我在里边。（27回）

（3）单独作宾语。如：

⑦他父亲是个老白想起家，吹箫鼓琴，弹棋做歪诗，也都会得，常把这些教他，故此这女子无件不通。（11回）

⑧朱恺是个娇养的，肩了这些便觉辛苦，就庙门槛上少息。（23回）

① 《警世通言》第三卷"王安石三难苏学士"，人民文学出版社，1956年，第35页。

我们发现，《型世言》中的"这些"也可表远指，用法同"那些"。如：

⑨黄参政竟在寺里，这些和尚出来迎接。（21回）

⑩他当时黑夜差人在山崖上放上一个炮，惊得这些苗夷逃的逃，躲的躲，跌死的跌死。（24回）

⑪王司房道："寒家那有玉带，是上位差学生买来进御的。有些古玩酒器，这是家下之物，只要还了学生这些物件，把这几人问罪，不及令亲罢了。"（32回）

我们一般用"这些"来指代比较近的事物，如"这孩子"、"这地方"，"孩子"和"地方"一般来说，离说话人都比较近。但是有时候我们无法判断所指称的事物与自己指称该事物时的距离，所以从认知心理上讲，当没有参照的对象时，对话双方自己指称熟悉的人或事物，往往用"这"、"这些"；反之，指称自己不熟悉的人或事物，往往用"那"、"那些"。

（三）这等、这样

1. 这等

"这等"是近代汉语中新出现的近指指示代词。"这样"出现得比较早，在宋代的文献中就已经有用例了，而"这等"虽然也是个俗词，但从目前掌握的资料来看，它是到元代以后才开始出现的。《型世言》中"这等"用例共有181个，使用频率次于"这"、"此"和"这些"，位居第四，占近指指示代词总量的5.76%，而"这样"的用例则明显少于"这等"，只有121例。对于这种情况，有学者认为，大概宋元时期，"这样"始终处于弱势，而"这等"、"这般"是强势的①。但在《型世言》中，"这般"已趋于衰微，全书仅有6个用例，相对于"这般"而言，"这等"则占有绝对的优势，大有取代"这般"之势。《型世言》中"这等"的主要用法如下：

（1）用于紧缩复句句首，其含义相当于"既然这样，那么"，或"这样"。这是"这等"最常见的用法。如：

①掌珠道："这等待我央间壁徐亲娘送婆婆去，我得放心。"（3回）

②总督道："这等明日你可着他到东山口，我这里用计擒他。"（17回）

③王司房道："这等两掌家处要他收拾。"（32回）

（2）作状语，修饰谓词性成分，相当于"这么"。如：

④于伦道："是隔壁徐亲娘送到水口的，怎这等说？"（3回）

⑤王奶奶见了景东人事，道："甚黄黄，这等怪丑的。"（12回）

⑥沈实见老家主这等将就，在外嫖赌事，也不敢说了。（15回）

---

① 冯春田：《近代汉语语法研究》，山东教育出版社，2000年，第106～109页。冯春田同时认为，在宋代"这样"的用例也不如"这般"常见。

（3）作定语，修饰名词性成分，相当于“这样的”。如：

⑦季泽道：“哥哥，我们都有田可耕，有子可教，做这等卑官作甚?”（16 回）
⑧将次相完，有这等一个外郎，年纪二旬模样，也过来一相。(31 回)
⑨陈骝山道：“有这等事，是个仙了。可容见么?”（40 回）

2. 这样

和“这等”一样，“这样”也是近代汉语中新出现的一个近指指示代词。“这样”在《型世言》中的用例共有 121 个，使用频率位列第五，占《型世言》近指代词总量的 3.85%，显示了其旺盛的生命力。《型世言》中“这样”的主要用法如下：

（1）作定语，一般不带“的”。如：

①这样老淫妇，自己养汉，又要圈局媳妇，谎告。(6 回)
②只不知我父亲今日拣，明日择，可得这样个人么?（11 回）
③我闻得南边人作大嫩，似此这样一个男人，也饶他不过。(37 回)

（2）作状语。如：

④儿子，这样孝顺，我怎消受得起!（4 回）
⑤采菱道：“这样说起来是假狠了。”（11 回）
⑥朱恺道：“朋友相处，怎这样铢两!”（23 回）

例⑥中的“铢两”虽然是名词，但在这里却用作谓词，所以“这样”也是作状语。

（3）作宾语。如：

⑦你从不曾吃这苦，蚤知这样，便依了他们罢。(6 回)
⑧你不晓的，做先生要是这样。(11 回)
⑨二位不是这样了，人家请我们看病，怎请我来争?（16 回）
⑩这只好在寺里做的，怎走到人家也是这样?（28 回）
⑪周外郎，你也等我做一做。你是这样，外观不雅。(30 回)

（四）这边

“这边”是由近指指示代词“这”和方位词“边”组合构成的表处所的近指指示代词。该词最早出现于唐代文献中，写法多样，有“这边”、“者边”、“这伴”、“这畔”等诸多不同的形式。这说明，“这边”一词较早应属于口语词，书面语记录下来有各种书写形式。本书中，也有一个“这壁”与“那厢”对举使用，可以推测，“这壁”大概也是“这边”的另一书写形式。“这边（壁）”在《型世言》中共有 105 个用例，占所有近指指示代词总量的 3.34%。“这边”在明代的其他文献中也比较常见。可以说其意义和用法已经接近于现代汉语了。《型世言》中“这边”的主要用法如下：

（1）单用，作主语。如：

①这边正如此往来，那厢陈东便也心疑怕他与南人合图谋害，也着人来请降，胡总制都应了。（7 回）

②这边就开口道："小的在富尔谷门前，只见这小厮哭了在前边跑，姚居仁弟兄后边赶，赶到里边，只听得争闹半饷，道打死了人。"（13 回）

③这边三个女子、六口刀，那边一个将官、一枝枪。（39 回）

例③比较特殊，"这边"和"那边"对举出现，且谓语都是名词性成分。

（2）与其前面的代词"你、我、他"等构成同位短语一起作主语。如：

④刘氏听得居仁与富尔谷小厮争嚷，道："官人，你既为好招银子，我这边将些首饰当与他罢。"（13 回）

⑤田副使道："妙，妙。但我这边叫他不要救援，难保不为阴助。这须以术驾驭他才妙。"（24 回）

⑥他这边哭得忙，竟也不曾招接，扑个空散了。（33 回）

（3）作介词宾语。如：

⑦是我家老不死、老现世阿公，七老八十，还活在这边。（3 回）

⑧陆举人道："陆兄，既来之，则安之。岂有冷落他在这边之理？"（11 回）

⑨如今便同相公去赎祖房，他一时尚未得出屋，主母且暂到这边住下。（15 回）

⑩你不肯回去，可就在这边开一个酒店儿罢。（37 回）

"这边"常常置于介词"在、到"之后作介词宾语，整个介词结构有时充当状语，如例⑨、⑩，有时充当补语，如例⑦、⑧。

（4）作定语。如：

⑪这边里递也要调停，不然动了飞呈，又是一番事了。（2 回）

⑫田州原与泗城州接界，两处土目因争界厮打，把这边土目打伤了。（24 回）

⑬知府道："你是我这边书手么？昨日金冠是那里来的？"（36 回）

（5）作状语。只有 1 例：

⑭那些和尚又在那边道："详签这边来，写疏这边来。"（10 回）

从此例中可以看出，"这边"在这里有指别的功能，"这边"与"那边"表示近指远指的差异已经很明显了：和尚离作者是有一段距离的，所以用"那边"；和尚让香客施主们到他们那边，靠近他们，所以才会说"这边来"。

（6）作补语。全书只有 1 例：

⑮又回想道："我死这边，相信的道我必定死国，那相忌的，还或者道我降夷，皂白不分，还要死个爽快。"（17 回）

"这边"有时与"那边"配合使用，表示虚指。如：

⑯要去求这些丫鬟教道，这边说去，那边不晓；那边说来，这边不明，整治的再不得中意。(14 回)

⑰却又古怪，那边马嘶，这边马也嘶起来，又掩他的口不住，急得个没法，喜是那边鞑子也不知道。(17 回)

⑱这边顺风，那边顺水，已离了半里多路。(20 回)

(五) 这里

近指指示代词"这里"由"这"和方位词"里"组合而成。它早在唐代的文献中就已经出现了。其最初的形式有"这里"、"者里"等。宋元以后，其形式渐渐统一为"这里"。《型世言》中"这里"共有 84 个用例，占近指代词总数的 2.67%。其主要用法如下：

(1) 单用，直接作主语。如：

①门上道："这里不准口诉，口里拜帖儿是行不通的。"(9 回)

②这里想有三分银子，明日回话后，再找一分。(26 回)

③这里有个种菜的聋道人，你带了他去罢。(35 回)

(2) 与其前面的代词"我"等构成同位短语一起作主语，这种情形最为常见。如：

④周氏便把签递去，老亲娘道："大吉，是好签了。我这里也求得一签上上。"(10 回)

⑤总督道："这等明日你可着他到东山口，我这里用计擒他。"(17 回)

⑥御史道："若果忤逆，我这里正法，该死的了，你靠谁人养老？"(35 回)

全书中"我这里"共有 15 个用例，其中作主语的有 13 个，另有 2 个作介词宾语。

(3) 单用或同其前面的代词构成同位短语一起作宾语。如：

⑦请慧哥！姜相公众位在这里！(11 回)

⑧那大管家尝催租到我这里，我替你说。(19 回)

⑨如今玉带在你这里，要你们还人，还要这些赃物。(32 回)

(4) 单用，作状语。如：

⑩那寡妇便笑吟吟道："茶不是这里讨的。"涵宇笑道："正要在宅上讨。"(5 回)

⑪兄胡乱用一用罢。这里寓居，要换不便。(26 回)

⑫故此我夫妇不快，兰馨这里哭。(28 回)

"这里"有时也作定语，但用例极少，我们只发现 1 例：

⑬公子还吃得你们这里的泉水好，要两瓶。(29 回)

（六）这番、这厢

1. 这番

“这番”一词，至少在明代就已经流行了。在《警世通言》中，“这番”共有8个用例。在《型世言》中还有“这翻”，其意义和用法与“这番”相同，应该是“这番”的另一种书写形式。“这番（翻）”在《型世言》中共有41个用例，占近指指示代词总数的1.30%。其主要用法如下：

（1）作状语，表时间，这种用法最为常见。如：

①这番得胡总制书，便与王翠翘开读道：……（7回）

②柏清江这番也流水赶起来，道：“有这有这等事？去去去！”（21回）

③这番熊汉江夫妻着急，蒋日休却暗暗称奇。（38回）

（2）作定语，用例不多。如：

④沈实吃了这番抢白，待不言语，舍不得当日与家主做下铁筒家私等闲坏了。（15回）

⑤县尊我与妹夫都拜门生，不知收了我们多少礼，也该为我们出这番力，且待此秃来动手。（26回）

⑥但是钱公布这番心，一来是哄陈副使，希图固馆，二来……（27回）

“这番”有时也作“这翻”。如：

⑦谁料这妇人道盛氏怪他做生意手松，他这翻故意做一个死，一注生意，添银的决要添，饶酒的决不肯饶。（3回）

⑧这翻满四越得志，山下札了几个大寨，山路上筑上两座关，分兵攻打静宁州，抢夺粮饷，贼势猖獗。（17回）

⑨这翻来湖州，叫做道睿，号颖如，投了个乡绅作护法，在那村里谭经说法。（28回）

2. 这厢

“这厢”也是近代汉语中新出现的近指指示代词。在明代的《警世通言》中，它还未见一例，这可能与《警世通言》作者本身的“文人化倾向”有关，在《红楼梦》中也未见一例。由此我们认为，“这厢”是个具有浓厚地方色彩的近指代词。在《型世言》中“这厢”共有36例，占近指代词总数的1.15%。主要有以下一些用法：

（1）常作句首状语，主要用作语段转换中提起下文之词，这是《型世言》中“这厢”的最常见用法。如：

①这厢马后送了建文君，便回入宫中，将当时在侧边见闻的宫人尽驱入宫，闭了宫门，四下里放起火来。（8回）

②这厢满琦已是来了，摆了几对执事，打了把伞，走到堡里。（17回）

③这厢吴尔辉自得了执照，料得稳如磐石，只是家中妪人不大本分，又想张家娘子又是不怕阿婆的料，也不善，恐怕好日头争竞起来。(26回)

④这厢水中也烟雾腾腾，波涛滚滚，杀出三个女将，恰有一阵奇兵：白蛤为前队，黄蚬作左冲。(39回)

(2) 作宾语，相当于"这里"。这是《型世言》中"这厢"的第二种常见用法。如：

⑤近在这厢，师弟也该随喜一随喜。(4回)

⑥这番鞑子来，咱们只向这厢躲。(17回)

⑦远岫道："来瞧你，你这小没廉耻！你道外边歇，怎在这厢？"(39回)

(3) "这厢"偶尔也作定语。如：

⑧下官误蒙国恩，参军边卫，止吃得这厢一口水，喜得军民畏伏。(9回)

⑨只叫这厢田产归我，嫂子嫁人。(37回)

(4) 直接作主语的仅见1例：

⑩这厢有几个妓者，我和兄去看一看，何如？(37回)

"这厢"有时也紧跟在指人的名词后面，表复指。如：

⑪二郎道："罢，你回去反有口舌，不如在我家这厢安静。"(3回)

⑫仲含这厢怕芳卿又来缠，托母老抱病，家中无人，不便省亲，要辞馆回家。(11回)

⑬幸得相公这厢看取，着人请他，他妻喜有个出头日子，他却思量扬州另娶，将他卖了与人。(31回)

(七) 这干、这厮

1. 这干

"这干"一词，近代汉语中不太常见。在《型世言》中共有29个用例，占近指代词总数的0.92%。其主要用法有：

(1) 单用，作主语。如：

①高秀才便叹息道："这干都是忠臣，杀他一身够了……"(1回)

②这干又道："不承抬举！"(6回)

(2) 单用，作宾语。如：

③前日主人被这干哄诱，家私荡尽，我道他已回心，谁知却又不改。(15回)

(3) 作定语，这种用法相对多一些。如：

④只见成祖因见累年战争，止得北平一城，今喜济南城降，得了一个要害地方，

又得这干文武官吏兵民……（1回）

⑤成祖几乎不保，那进得瓮城这干将士，已自都死在坑内了。（1回）

⑥不惟女侍们尊重了王夫人，连这干头目们那个不晓得王夫人？（7回）

2. 这厮

“这厮”是至少在元明时期就已经比较流行的一个指人的近指指示代词，《水浒传》中用例甚多，如：“鲁达道：‘问甚么！但有，只顾卖来，一发算钱还你！这厮！只顾来聒噪！’”（《水浒传》第2回）。“这厮”在《型世言》中也有8个用例，从这里看出这个词似无南北方言的差别。其主要用法如下：

（1）主要作主语，共有5例。如：

①燕王爷听了大怒，道：“这厮们妄自矜夸，椎碎了！”（8回）

②朱恺道：“这厮无状，你伤我两个罢，怎又伤他母亲？”（22回）

③鲍雷道：“可耐阮大这厮欺人，我花小官且是好，我去说亲，他竟不应承；列位去送，也不留吃这一钟……”（33回）

例①中的“这厮”后还有词尾“们”，这是《型世言》中仅有的1例，实为罕见；例③中的“这厮”和“阮大”构成同位短语，形成复指关系。

（2）也作宾语，共有3个用例。如：

④只见左边道：“哇！怎见胜负难料？先砍这厮。”（7回）

⑤左首的听了道：“且饶这厮。”（7回）

考察这8个用例可以发现：“这厮”的使用者分别是燕王、朱恺（街头小混混）、鲍雷（恶棍）、农民起义士兵、王翠翘（名妓）、钱公布（私塾先生，2例），詹博古（掮客）等。由此可见，“这厮”是明代一个非常流行的口头语词，三教九流，上至王爷，下到百姓，都在使用。而从其使用的语境来看，其贬义色彩是很明显的，相当于现代汉语中的“这家伙”。

（八）这般、这班

1. 这般

“这般”作为指示代词，在《古尊宿语要》中就有用例了，如：“师云：‘石头老坐不定，把不住。似这般担板汉，教去便休……’”① “这般”虽然出现得不算晚，但它在南方话系中衰退得比较厉害，在《金瓶梅词话》中还有202例，而在《型世言》中总共只有6例。“这般”在《型世言》中主要用作状语，如：

①王喜道：“不是这般说，我若被他算计了，你两个也靠我不得……”（9回）

②虽是这般说，小生辱脱公有一日之知，当为效力。（14回）

③莫说不做工的时节如此，便是邻家聚会吃酒，也只得这般打扮。（33回）

---

① 卢烈红：《〈古尊宿语要〉代词助词研究》，武汉大学出版社，1998年，第60页。

作定语的仅见1例：

④奶奶道："这一定鬼怪了。你遇了仙女，这般模样？"（40回）

2. 这班

"这班"在《型世言》中也仅有6例，其用法是：置于名词性成分之前，作定语，表复数，同"这些"。如：

①至于两人出外附学，束修、朋友交际、会文供给，这班寡妇都一力酬应。（16回）

②因家中未曾娶妻，这班人便驾着他寻花问柳。（23回）

③这班僧人道："怪道饿得，他一顿也吃了半个月食了，只当饿得半月。"（34回）

（九）此、是

1. 此

"此"早在先秦时期就已出现，是一个古老的近指指示代词。《型世言》中"此"的用例多达322例。其主要用法如下：

（1）作主语，用例不多。如：

①又有一个卖青果男子，忽然肚大似怀孀般，后边就坐蓐，生一小儿，此乃是男人做了女事的先兆。（37回）

②真人接了，反覆一看，笑道："适才所云妖气，正在此上。此岂是令堂老夫人之物？"（40回）

（2）作宾语，这种用法比较常见。如：

③今令弟寄迹山阳，年已长成，固执要往海南探祖父母，归时于此相会……（1回）

④以此誓死报亲仇的，已是吃了许多苦，那没用的，被旁人撺哄，也便把父母换钱，得他些银子，也了帐。（2回）

⑤今丞相统大兵至此，正缺参谋，是天赐先生助我丞相。（14回）

⑥帖木儿道："小生浙东达鲁花赤之子，尚未有亲。因催租至此，可云奇遇。"（40回）

例③、④中的"此"作介词宾语，而例⑤、⑥中的"此"作动词宾语。

在"此"作介宾的用例中，我们发现，"自此"、"从此"等组合十分常见，"自此"共有21个用例，而"从此"也有13个用例；而唯独没有"自是"、"从是"的用例。可见，在这个时期，"此"在口语中基本上具备了全面置换"是"的基础和条件，"是"的衰退已成必然之势。

（3）作定语。如：

⑦老三道："岂有此理！难道是真的？"（9回）

⑧去时恰好有人还他本银四十两，把四个尺头作利钱，我一谈起，他便将此宗付

我。(13 回)

⑨蒋日休喜得不要，道："有此效验!"(38 回)

"岂有此理"全文共有 4 例。"此"在这里作定语。"岂有此理"很有可能是从明代才开始出现的，我们通过对《警世通言》和《红楼梦》的考察，发现这两个本子里各有 2 例"岂有此理"，这两个本子的字数与《型世言》都差不多，这说明《型世言》的口语成分的确比较多一点。

(4) 与数词、量词或数量短语结合，作定语，一起修饰名词性成分。如：

⑩大慈道："檀越说救夜叉之患的，便是此位菩萨么？敝寺原是文登县地界。"(9 回)

⑪臣天眼尊者侍者，半年前周颠仙与臣师天眼尊者同在广西竹林寺，道紫微大帝有难，出此一函，着臣赍捧到京投献。(34 回)

⑫你病不在膏肓，却也非庸医治得。你只将此一束草煎汤饮，可以脱然病愈。(38 回)

(5) 置于谓词性成分之前作状语，表示事物的样态。如：

⑬程道者道："此行专为师父。"(8 回)

⑭王孟端不肯收，龚伯璲道："公此去滦州，也是客边，怕资用不足，不妨收过。"(14 回)

⑮太祖心焦，着人来问，周颠道："此行去几时得遇顺风?"(34 回)

总的看来，"此"作定语的现象比较多见，其次是作宾语，尤其是作介宾。在这里，我们发现一个有趣的现象，很多在现代汉语中使用的含有"此"的词语都已经在《型世言》中出现了，如"如此（59 例）、故此（85 例）、似此（30 例）、此时（130 例）、彼此（20 例）、在此（62 例）"等等。其中的"如此"、"彼此"、"在此"、"此时"等至今还活跃在现代汉语中。

2. 是

"是"是一个比较古老的近指指示代词，与"斯"、"此"并称为先秦三大近指指示代词。但它和其他先秦指示代词的命运一样，因长期脱离口语而逐渐走向衰弱乃至消亡。《型世言》中近指代词"是"只有 9 个用例，占近指代词总数的 0.29%。其主要用法如下：

(1) 作主语或宾语。如：

①识者犹以孟端有才未尽用，不得如刘伯温共成大业，是所深恨。(14 回)

②简胜三日之婚，爱固不深，仇亦甚浅。招曰酒狂，何狂之至是也？(21 回)

(2) 作定语。如：

③真个是有是父、有是子。(1 回)

④小的家里三月间，原死一个奶子，是时病死的。(21 回)

⑤是夜，也不知是海神有灵，也不知是上天降鉴，先是海口的人听得波涛奋击，如军马骤驰；风雷震荡，似战鼓大起，倏忽而去。(39回)

从上述对“这”、“这些”等近指代词的考察中可以看出：近指代词有时也可以表达远指的意义。卢烈红认为，汉语用近指多而远指少，近指代词成员众多，使用频率远高于远指代词①。我们是否可以据此进一步推断：由于近指代词多而远指代词少，在近代汉语中，人们是否往往用近指代词来称代表远指含义的事物呢？

《型世言》中近指指示代词的使用分布情况详见表58：

表58

词项	这	这些	这等	这样	这边	这里	这番	这厢	这干	这厮	这班	这般	此	是
用例数量	1 965	231	181	121	105	84	41	36	29	8	6	6	322	9
比例(%)	62.50	7.35	5.76	3.85	3.34	2.67	1.30	1.15	0.92	0.25	0.19	0.19	10.24	0.29

二、远指指示代词

《型世言》中的远指代词有“那、那边、那厢、那些、那里、那厮、彼”等7个。下面我们逐个来加以讨论。

(一) 那

“那”是近代汉语中新出现的一个远指指示代词②。远指代词“那”在《型世言》中共有652个用例，占远指代词总量的77.99%。其主要用法如下：

(1) 作定语，这是《型世言》中“那”最常见的用法。作定语的“那”一般都置于句首，只有少数的“那”是用在句子中间的，修饰名词性成分，其中有表示人的，也有表示事物的。如：

①只见那铁仲名受了道：“我受此荣封，也是天恩。但我老朽不能报国，若你能

---

① 卢烈红：《〈古尊宿语要〉代词助词研究》，武汉大学出版社，1998年，第58页。

② 关于其来源，吕叔湘认为，虽然“那”的功用与“彼”差不多，但是“那”跟古代的远指指示代词“彼”或“夫”毫不相干，倒跟第二人称代词“尔”和“若”有关系。“尔”和“若”在古代也有指示的用法，如“君子哉若人！”(《论语·宪问》)。但魏晋以后，多用“尔”。而王力认为：“‘那’字的来源比较简单。如果不是上古的指示代词‘若’就是‘尔’字。我们比较相信是来自‘尔’字，因为上古指示代词‘尔’字用途比较广，应用的历史比较长，这样就和‘那’字接得上了。”王力的分析固然比较合理，但吕叔湘认为，从语音上考察，“似乎不如假定‘那’从‘若’较为合适”。他认为“若”变成“那”是很有可能的。见吕叔湘著，江蓝生补：《近代汉语指代词》，学林出版社，1985年，第186页；王力：《汉语史稿》(中册)，中华书局，1980年，第284～285页。

不负朝廷，我享此封诰也是不愧的。”（1 回）

②你请我一个东道，我叫去了那沈实，用你。（15 回）

③三府道：“那两邻仔么说？”（26 回）

在《型世言》中，由“那”修饰单音节名词的现象也比较常见，“那”和其后的单音节名词一起在句子中作主语或宾语：其中，“那官”有 17 例，“那人”有 38 例，“那时”有 22 例，“那日”有 16 例。

“那”有时也修饰表复数的名词性成分。如：

④那两人道：“小人是本府刑厅，有事来见二位相公。”（27 回）

⑤我们和尚，“钱财性命，性命卵袋”，那二百两也是多的。（29 回）

（2）与量词或数量短语组合，构成指量短语，作定语。这种用法在全书中比较少见。如：

⑥恐怕他又去别处告，若上和下睦做，上边央了分上，下边也与洪三十六讲了，讨出了那张服辨，买了硬证，说他自因夫妻争殴身死，招了诬，可也得千余金。（27 回）

⑦这番他把那一团奸诈藏在标致颜色里边，一段凶恶藏在温和体度里面。（30 回）

（3）“那”有时也与数量短语组合一起作宾语，不过这种用法比较少见。如：

⑧有那一干，或是寡妇独守空房，难熬清冷，或是妾媵，丈夫宠多，或是商贾之妇，或是老夫之妻，平日不曾餍足，他的欲心形之怨叹，便为奸尼乘机得入。（28 回）

“那”有时也可表虚指，如：

⑨今日这家拿出茶来，明日那家拿出点心来。（3 回）

（二）那边

在《型世言》中“那边”是使用频率仅次于“那”的一个远指代词。“那边”最早出现在晚唐五代的文献中，其出现的时间略晚于“那里”，但在《型世言》中“那边”的使用频率大大超过了作为远指代词的“那里”，“那边”在本书中共有 90 个用例，占远指代词总量的 10.77%，其主要用法如下：

（1）作状语。如：

①这边建文君入宫，那边程道者已同胡僧去了。（8 回）

②张士诚差李伯升领兵攻城，那边百计攻打，他多方备御，李左丞亲来救应，李伯升又是大败。（14 回）

③那边吴氏怕李氏年小，不肯守，又萧季泽遗命，叫他出嫁，日日看了世延痛哭……（16 回）

（2）作宾语，表示处所。如：

④县尊下轿进去，道："尸首在那边？"（22回）

⑤次早，差人到得桥边，只见三个已在那边，就同到县中。（26回）

⑥史温道："管家，提控在那边？"（31回）

（3）作介词宾语，往往与介词"在"等组成介词短语作状语或补语。如：

⑦御史便叫白大："你水挑在那边？"（5回）

⑧吴尔辉正穿得齐齐整整的，站在那边等王秀才。（26回）

⑨一会竹秀去，他见无人，正在那边念经，见了竹秀，笑嘻嘻赶来，一把抱定。（28回）

（4）用在指人的名词或人称代词后面，构成同位短语，一起作主语或宾语。如：

⑩通事道："这是王夫人，是你那边名妓。"（7回）

⑪你不听得我那边朱监生老婆，做人本分，只为一时没主意，应了丈夫讨小。（16回）

⑫这等，明日陈爷那边去领赏罢。（27回）

《型世言》中还有个远指代词"那壁"，意义用法同"那边"，全书共5例：

⑬那壁汪涵宇懊恼无及，托病酒预先将息，睡了半日。怕醉，酒一滴不吃。（6回）

⑭直到穷谷之中，只见一个人一堆儿烧死在那壁，看来不是别人，正是介子推。（8回）

⑮项员外惊醒，擦擦眼，却见那壁树根□一个青布包，拿来看时，却是些棋炒肉脯。（17回）

⑯临后到孙监生家，被我一哄，也到十二两了。留在那壁，候相公分付。（32回）

⑰转过山岩，到一洞口，却见一物睡在那壁：一身莹似雪，四爪利如锥。（38回）

（三）那厢

"那厢"作为远指代词，出现得比较晚。在成书于明代万历年间的《金瓶梅词话》中未见1例，在《警世通言》中也未见1例，到了《红楼梦》才有1个用例。"那厢"的使用可能只限于某些方言地区，而《型世言》很可能是有"那厢"用例的最早文献之一，书中远指代词"那厢"有41个用例，占远指代词总量的4.90%。其主要用法如下：

（1）与介词"在"组合，构成介宾短语，作状语。这是《型世言》中"那厢"最常见的用法。如：

①故意在那厢唱些私情的歌曲，希图动他。(6 回)

②若使当日没有沈实在那厢经营，沈刚便一败不振；后边若非他杜绝匪人，安知不又败？(15 回)

③后边又听得蚌珠在夏尚书那厢求有一诗，道："妖蛟莫相攫"。(39 回)

(2) 也可与介词"到"组合，构成介宾短语，作补语，但用例很少。如：

④怎老畜生！你妒贤病国，阻塞言路，把一个言官弄到那厢，还放他不过。(20 回)

(3) 也可直接作状语，用同"那边"。如：

⑤正行时，那厢满四道："不要把他近山，先与他一个手段。"(17 回)

⑥那厢徐公子回去，果然把这桩事说与徐州同。(29 回)

⑦这边正如此往来，那厢陈东便也心疑怕他与南人合图谋害，也着人来请降，胡总制都应了。(7 回)

⑧这边为鼎起上许多口面，那厢任天挺到亏了这鼎，脱得这几两银子，果然六两银子取了个一等，到道里取了一名遗才。(32 回)

(四) 那些

作为远指代词的"那些"在《警世通言》中有 22 个用例，在《红楼梦》中就更多了[①]。在《型世言》中"那些"总共有 20 个用例，占远指代词总量的 2.39%。全用作定语，如：

①到那些少年轻薄的，不免把言语勾搭他，做出风月态度悜他，乍听得与乍见时，也有个嗔怪的意思，渐渐习熟，也便科牙撩嘴。(6 回)

②那些在朝文武，也弄得"巡抚叩头如捣蒜，侍郎扯腿似烧葱"，那一个不趋炎附势？(12 回)

③那些妓者作娇，这两个帮闲吹木屑，轿马船只，都出在沈刚身上。(15 回)

(五) 那里

"那里"是个表处所的远指代词。《型世言》中的"那里"共有 18 个用例，其主要用法是作宾语。

(1) 作动词"在"的宾语，共有 2 例：

①去见时，不料已先在那里多时了。此是趋利。(20 回)

②王师姑："我也道这借银事开不得口，他道你说不妨，道相公亲笔的表章文牒都不曾烧，都在他那里，叫相公想一想利害。"(29 回)

(2) 作介词宾语，与介词构成介词短语作状语，共有 12 例，这是《型世言》中

① 经初步检索，有 200 多个。

"那里"最常见的用法。如：

③恍惚梦见门前红日衔山，止离山一尺有余，自己似吃晚饭一般，拿着一碗莎米饭在那里吃，又拿一碗肉汁去淘。（9回）

④城里李俊、张把腰都战死，尚有火敌，他还在那里要守。（17回）

⑤妇人听了，忙叫轿夫，一个偏在那里系草鞋带，不来。（26回）

⑥那蒋日休正在那里等好消息，只见他两个笑来，对着蒋日休道："恭喜，一口应承，就送来。好了再赠妆奁。"（38回）

⑦陈鼎彝叫周氏看了两女儿，自去求签问婚姻之事，摸了个钱去讨签票时，那里六七个和尚且是熟落，一头扯，一头念道：春日暖融融，鸳鸯浴水中。（10回）

（3）"那里"也可以用在介词"在"后面充当补语，有3例：

⑧女大须嫁。这时他好不快活在那里，要你哭？（22回）

⑨只见徐公子把门拦住，阿金与贾寡妇截定在那里，惊得呆的一般。（29回）

⑩只有一个龙纹鼎，我输了孙监生赌钱，被他留在那里，委是好个鼎。（32回）

（六）那厮、彼

1. 那厮

"那厮"在《警世通言》中有22个用例，而在《红楼梦》中则未见1个用例。《型世言》中也仅有3个用例：

①那厮不晓得递甚箭，我笑道：哥，性命恁不值钱？撞着一个了得的，干干被他送了。（22回）

②那厮老实道："咱不晓得这道儿。嫂子嫌咱镇日在家坐，教咱出来的……"（22回）

③那厮道："他来，我怎生？"（22回）

这3个用例中的"那厮"均作主语，而且是一段对话中连续出现的，这也说明该词在明代的钱塘话中已经不多见了。

从《警世通言》到《型世言》再到《红楼梦》，我们可以大致看到"那厮"这个远指代词逐渐走向衰弱的轨迹。

2. 彼

"彼"是个比较古老的指示代词，早在先秦就已经有了。本书中的"彼"有12个用例（诗词赋等不在统计之列），占远指代词总量的1.44%，主要有以下一些用法：

（1）作宾语。如：

①汝果诚心救彼，可于左胁下刳肝饮之。（4回）

②到后来，萧季泽虽是两下温存，不免顾此失彼，吴氏绝不介意。（16回）

③朱正道："上马见路，况有人在彼，你可放心去。"（23回）

④还有巧处，该这人顶差，或该他承应，他把没帐差牌呈状，踏在前面，佥与了

他，便没个又差又批的理，这就是夺此与彼的妙法。(30回)

(2) 作定语。如：

⑤彼买和契赃具在，可以坐俊杀叔之罪，可以挽世名抵命之条，何必检厥父尸，以伤孝子之心哉！(2回)

⑥彼时哥哥与富尔谷结纽在一处，缘何能打人？(13回)

⑦妇人拒绝他，道："前村羊氏女极美，何不往淫之？"曰："彼心甚正。"(39回)

从上面的讨论中，我们可以看出，"那"字及其派生代词已经占据了远指代词的大半江山。而像"彼"之类的文言代词基本上已走向衰弱，渐渐淡出人们的日常口语了。在明代其他文献（如《金瓶梅词话》）中出现的一些代词如"那番"、"那样"、"那般"、"那等"、"那咱"等，在《型世言》中则未见1例，这也进一步反映了《型世言》这本书的地区方言特征。

《型世言》远指指示代词的使用分布情况详见表59：

表59

词项	那	那边	那厢	那些	那里	那厮	彼
用例数量	652	90	41	20	18	3	12
百分比（%）	77.99	10.77	4.90	2.39	2.15	0.36	1.44

三、兼指指示代词

《型世言》中的兼指指示代词只有"恁"和"恁般"两个，而且用例也不多。其中"恁"有7个用例：

①邓氏……依旧拴了门进来，道："哥恁点点胆儿，要来偷婆娘？"(5回)

②邓氏道："去便去，只恁琐碎，把人睡头搅醒了。"(5回)

③沈刚惊得木呆，道："恁凭你里边搜。"(15回)

④那厮不晓得递甚箭，我笑道："哥，性命恁不值钱？撞着一个了得的，干干被他送了……"(22回)

⑤那厮老实道："咱不晓得这道儿。嫂子嫌咱镇日在家坐，教咱出来的。不利市，咱家去罢。咱道：'哥也是恁造化。'"(22回)

⑥那蒋日休道："这两束草直恁灵验，如今想该用第三束草了。"(38回)

⑦若只抄化，(马匡) 人钱财的，也还是上品，兀理他做恁？(8回)

除例⑦中的"恁"作宾语外，其余均作状语。

"恁般"仅有2个用例：

⑧王良见了，不胜大怒，道："这畜生恁般欺人，怎见那半间是你的，你便自做主，况且又多尺余，如今坍的要你造还。"（2回）

⑨御史心里便想道："他恁般一个小厮，怎做出这样事来？"（35回）

其中例⑧中的"恁般"作状语，例⑨中的"恁般"则作定语。

《型世言》中的兼指代词很少，其他文献（如《金瓶梅词话》）中出现的"恁的、恁地、恁样"等兼指指示代词《型世言》中未见用例。

第三节 疑问代词

《型世言》中的疑问代词有"那、那里、怎、怎生、怎么、仔么、甚、谁、甚么、什么、何、如何、何妨、几、多少"等15个，下面我们分别加以讨论。

一、那（哪）

"那"（哪）的用法有二：一表询问，二表反问。据吕叔湘考证，表选择性的"那"（哪）的起初来源为"若个"，在唐朝的一些文集中就已经出现了；而后又出现了"阿那"。而表事理询问的"那"（哪）在《世说新语》和《南北朝民歌》中就已经很普遍了，可能早在汉魏时期就出现了，其来源很可能为"若何"。① 我们在对《型世言》"那（哪）"的考察中发现，"那"作为"哪"使用的一个鲜明特点是它往往表达反问的语气，即其第二种用法要远远多于第一种用法。此外，作主语、宾语时，单用的极少，一般都带量词"个"，形成"那个"这样比较固定的形式。

《型世言》中作疑问代词的"那"共有91个用例，占疑问代词总量的4.78%，其主要用法如下：

（1）作主语。如：

①我是他义男章旺，那是甚张旺？（3回）

②采菱道："亲娘谎我，那个肯呆？"（11回）

③颖如道："我有了二三百银子，又有两个女人，就还了俗，那个管我。"（28回）

（2）作宾语。如：

④要说句知心话儿，替那个说？（4回）

⑤细细听去，又听得数说道："我的人，叫我无儿无女看那个？"（10回）

⑥冯外郎见了真赃，便留住周一吃酒，问："是那个？莫不是老杜？"（36回）

---

① 吕叔湘著，江蓝生补：《近代汉语指代词》，学林出版社，1985年，第246~248页，第260页。

(3) 作定语。如:

⑦这些人只要奉承家主，要他欢喜，那件不做出来?(16回)

⑧(支佩德)算计定了，来见巫婆，道:"承婆婆好意，只是那家肯借?"(19回)

⑨扯到家中，妇人问道:"你们那家?几时与我二爷起身?如今二爷在那边?"(26回)

(4) 作状语。如:

⑩有几个和尚，恰似祖传下的寺宇，那肯容留人?(8回)

⑪只要固目下馆，那顾学生后来不通，后来不成器?(19回)

⑫不是那吕不拣么?他终年做生意，讨不上一个妻子。那见他会撰钱?(37回)

此外,《型世言》中的"那个"还可表任指。如:

⑬这些妇女最听哄，那个不背地里拿出钱，还又撺掇丈夫护法施舍。(28回)

⑭(何知县)一日佥着一张人命牌，对张继良道:"这差使是好差，你去，那个要的，你要他五两银子，佥与他。"(30回)

有时,"那个"也可表虚指。如:

⑮由你挖壁扒墙，挢门撬窗，他都知道是那个手迹。(22回)

二、那里(哪里)

"那里"是晚唐时期开始出现的一个疑问代词。其最初的形式有"阿那里"、"那里"等形式。自宋以后"那里"逐渐成为常见形式。《型世言》中的"那里"共有119个用例，占疑问代词总量的6.25%，主要有以下几种用法:

(1) 作宾语。如:

①霍氏道:"怎不真?点点屋儿，藏在那里?不是打死，一定受气不过，投河了。"(9回)

②石廉使道:"他身子在那里?"(21回)

③四尊道:"钱生员是个主谋了，如今在那里?"(27回)

例①中的"那里"为介词宾语，例②、③中的"那里"则作动词宾语。

(2) 作状语。如:

④儿，这药那里来的?委实好。(4回)

⑤王喜道:"要酒吃还好去赊两壶，家里宰只鸡，弄块豆腐，要钱那里去讨?"(9回)

⑥这阉奴王振，倚着人马多，那里怕他?(17回)

(3) 作定语。如:

⑦只得叩了个头，问他："那里人？……"（14回）

（4）作主语。如：

⑧杨三嫂便道："那里去了?"（3回）

⑨后来的，便把沙弥肩上搭一搭道："你是极肯做方便的，便容他一宵，那里不是积德处?"（9回）

⑩王振恼了，着人缉访他的过失。那里有一些事迹?（12回）

"那里"有时也作"那理"：

⑪贵梅自守着孝堂，哭哭啼啼，那理来管他?（6回）

此外，《型世言》中还出现了3例"那厢"：

⑫若道一声那厢去，便脚瘤死挣也要前去，只求他一个欢喜脸儿。（5回）

⑬我想你丈夫也未必被他打死，想是粮不请得，又吃他打了两下，气不愤，或者寻个短见，或者走到那厢去了。（9回）

⑭你要去，我也难留你。只是没个定向，叫你那厢去寻?（9回）

其中例⑫、⑬中的"那厢"均表虚指，例⑭中的"那厢"表疑问。

三、怎、怎生

1. 怎

"怎"的来源目前学界尚未有明确的定论①。这里我们就不赘述了。在《型世言》中作疑问代词的"怎"有204个用例，占全部疑问代词用例总量的10.72%。其最主要的用法是用在谓词性成分之前作状语。如：

①哥哥，我虽亏你苟全，但不知我父亲、祖父母、兄姐此去何如？怎得一消息?（1回）

②若靠文字，便是锦绣般，他只不看怎处?（32回）

③这风子，你要吃，我要吃，怎蛮打我?（34回）

作状语的"怎"有时置于句首主语前，这种用法是现代汉语中所没有的。如：

④王俊道："你有力量自造，怎我造赔你?"（2回）

⑤你看他在街上走，摇摇摆摆，好个模样，替这些学生也有说有道，好不和气，

---

① 吕叔湘在《近代汉语指代词》中列举的最早的例子是《东坡乐府》中的"问君终日怎安排心眼"。而记录从中唐到北宋20家禅师语录的《古尊宿语要》，竟没有单用的"怎"字，却有单用的"争"。先秦的《诗经》中也未见一个"怎"字。由此我们可以推断，直到唐宋时期，表示"怎"这一含义的字不止一个，而该字还未有固定的写法。梅祖麟认为，"争"、"怎"两个字来源不同。详见吕叔湘著，江蓝生补：《近代汉语指代词》，学林出版社，1985年，第304页；卢烈红：《〈古尊宿语要〉代词助词研究》，武汉大学出版社，1998年，第179~180页；梅祖麟：《梅祖麟语言学论文集》，商务印书馆，2000年，第121页。

怎你道他不好？（35回）

⑥陈骝山道："学生偶尔侥幸，也是初来，并未相识。怎老丈知我姓，又这等厚款？"（40回）

2. 怎生

疑问代词"怎生"在《型世言》中的使用频率要大大低于"怎"，仅有29个用例，占疑问代词用例总量的1.52%，但用法上却一点儿也不比"怎"简单，其主要用法如下：

（1）作状语，这是"怎生"的主要用法。如：

①就起课也不曾念得个六十四卦熟，怎生骗得动人？（9回）

②先生道："令尊要我去说，怎生是好？"（18回）

③我也须与你同有十来年甘苦，并没一些不好，怎生下得？（31回）

（2）作谓语，这是"怎"所不具备的功能。如：

④势大攻取附近城池，不成逃入套去，怕他怎生？（17回）

⑤那厮道："他来，我怎生？"（22回）

⑥陈代巡道："我问他要，他不认怎生？"（30回）

我们还发现1例作"怎生样"的：

⑦有的道："做甚清官，看他妻子怎生样过活？"（18回）

四、怎么（仔么）

"怎么"在《型世言》中也作"仔么"。"怎么"从《景德传灯录》中就可以找到用例。一般认为，它是从"怎"发展而来的。本书中，作疑问代词的"怎么"（仔么）有152个用例，占全部疑问代词用例的7.99%，其主要用法如下：

（1）作状语。如：

①姊姊这房子老了，东壁打西壁，仔么过？（4回）

②大慈道："你仔么这等认得定？"（9回）

③一朝天子一朝臣，怎么还不与你管事？（15回）

④他是寡女，我是孤男，点点船中，怎么容得？（20回）

（2）作宾语，相当于"什么"。如：

⑤贵梅道："这是我命运，说他怎么？"（6回）

⑥朱安国道："我也曾定一头亲在袁花，也是郑家，连日不曾去看得，不知怎么？"（25回）

⑦这人道："说他仔么？"（31回）

（3）单独成句或作谓语。如：

⑧芳卿已在那边等信。道："仔么了？"（11回）

⑨邵承坡道："庚仰，仔么？"（33回）

⑩那吕达来看，道："如今下面仔么了？"（37回）

（4）作定语。如：

⑪衣服如今仔么制度才好？甚么颜色及时？你一丛，我一簇，倒也不是个念佛场，做了个讲谈所。（4回）

⑫叫郑氏："你道是仔么两个箱，我就押你两人去取来。"（25回）

疑问代词"怎么"（仔么），有时并不表示疑问，而是用来指称不知道或者说不出来的人、事物、处所、时间等，即所谓的"虚指"用法。如：

⑬这明明是白大欺妻子孤身，辄起不良之心，不知怎么杀了。（5回）

⑭前日小厮乞食到他有，只见姐姐在那厢，把了他两碗小米饭，说府中道他拿得多了，要打，不知仔么。（14回）

⑮那李良雨也不知仔么，人是女人，气力也是女人，竟没了，被他捱在身边，李良雨只得背着他睡。（37回）

在书中我们还发现1例作"仔么样"的：

⑯好官替我下老实处这一番，这时候不知在监里仔么样苦哩！（6回）

从全书来看，作为疑问代词的"怎么"（仔么），大多询问性质、状况、方式、原因等；现代汉语中的其他意义和用法，如表示泛指，表"有一定程度"等，在《型世言》中都未见用例，也未见"不＋怎么"、"不＋仔么"结构。

五、甚

"甚"在《诗经》中并无作疑问代词的用法，而是用作形容词和副词。在反映晚唐五代时期语言面貌的《敦煌变文集》中就已经有作疑问代词的用法了。《型世言》中疑问代词"甚"共有410个用例，占全部疑问代词用例的21.54%。其主要用法有：

（1）作定语，这是"甚"最常见的用法，共有394例。

A. 意义同"什么"，表反问。如：

①这二三百年房子，你不修，我不修，自然要坍。关我甚事！（2回）

②富尔谷道："姚居仁！关你甚事？"（13回）

B. 意义同"什么"，表询问。如：

③林氏便问："你臂上生甚东西么？"（4回）

④又问："有甚指证么？"道："有行凶的戒尺，与买嘱银子，现在富财处。"（13回）

C. 表虚指。这种情形最为常见。如：

⑤反央及杨三嫂儿子长孙，或是徐媒婆家小厮来定，买些甚果子点心回答。(3回)

⑥邓氏道："哥，他也原没甚不好，只是咱心里不大喜他。"(5回)

⑦虽与寡妇对答，也没甚心想，仍旧把行李发在旧房，两个仍行旧法。(6回)

⑧说道箱子里寻出甚缚手布条儿，我记得前日他在井上破鱼，伤了指头，也包着手。(36回)

D. 相当于"谁"。全书中只有2例，如：

⑨(做公的)见了车子道："是甚的车？是甚的车？本县四爷要解册籍到府，叫他来服事。"(22回)

(2)作状语，用法同"怎么"、"什么"。全书共有11例，如：

⑩这边掌珠也便有个巴不得死的光景，汤水也便不甚接济。(3回)

⑪其时还是嘉靖年间，有司都公道，分上不甚公行，……(16回)

⑫那简小官因是填房，也不甚请亲眷。(21回)

⑬自此因文姬分付，也不甚进里边去，遇着文姬时，倒反避了，也不与他接谭。(38回)

(3)作宾语。

A. 表虚指。如：

⑭两个同坐，那人不转眼把公子窥视，公子不知甚，却也动心，问道："兄仙乡何处？"(1回)

⑮你每日辛苦，也该买些甚将息，如今买来的只够供养阿婆，不得轮到你，怕淘坏身子。(3回)

B. 表泛指。如：

⑯若道一声要甚吃，便没钱典当也要买与他吃。(5回)

C. 表反问。如：

⑰既没有妾在此，罢了，有甚得你银子、嫁你作妾事？(27回)

⑱大姐道："只要问他讨咱们做甚来？咱们送他下乡去罢。"(5回)

六、谁

"谁"在先秦时期，就已经得到了广泛的运用。它的出现比"孰"还要早一些。在《型世言》中疑问代词"谁"共有133个用例，占全部疑问代词用例的6.99%，其主要用法有：

（1）作主语。如：

①世名道："谁要他银子？可同到舍下。"（2回）
②掌珠道："谁记恨来？只是他难为人事。"（3回）
③殷县尊道："谁是证见？"（23回）

（2）作宾语。如：

④掌珠吃了一惊，心中想道："他若去，将谁嫁与客人？"（3回）
⑤哥，你去了，叫咱娘儿两个靠着谁来？你还在家再处。（9回）
⑥只见陈有容应道："是谁？"（23回）

（3）作定语，常与"人"组合构成偏正短语。如：

⑦忙到街坊上叫道："夜间不知谁人将我妻杀死？"（5回）
⑧得半亩之地也便彀了，但不知是谁家山地。（19回）
⑨御史道："若果忤逆，我这里正法，该死的了，你靠谁人养老？"（35回）

同"怎么"相似，"谁"除了表示疑问外，也可以用于表虚指。如：

⑩有二女之烈，又显得尚书之忠有以刑家，谁知中间又得高秀才维持调护！（1回）

⑪谁料这妇人道盛氏怪他做生意手松，他这翻故意做一个死，一注生意，添银的决要添，饶酒的决不肯饶。（3回）

⑫钱公布道："谁教你生得这等俏。"（27回）

《型世言》中的"谁"偶尔也用来指物：

⑬要去相面，也不知谁是天庭？谁是地角？何处管何限？（9回）

七、甚么（什么）

要讨论"甚么（什么）"一词，不能不说到"何"。在先秦时期，"何"是最主要的询问事物的疑问代词，用法多样，分布广泛。到了两汉，出现了代词"何等"。自六朝以降，"何"的复音词"何物"、"何等"使用比较频繁。到了唐代，"何"的地位逐渐为"甚么（什么）"所取代。在《古尊宿语要》、《五灯会元》中，其用例数量均不如"甚么（什么）"多。在《型世言》中疑问代词"甚么（什么）"有104个用例，占全部疑问代词用例总量的5.47%，其主要用法有：

（1）作宾语，表询问。如：

①孙都道："你知道些甚么？"（1回）
②周于伦道："去张家做甚么？"（3回）
③你忤逆本该打死，如今我饶你。你待做些什么？（35回）

（2）作定语，表询问。如：

④铁匠道："甚么匕首？可是解手刀？"（2 回）

⑤小沙弥道："你甚么人？可出去，等我们关门。"（9 回）

⑥不知什么缘故，忙叫两个伏侍丫鬟来问时，道不知。（27 回）

"甚么（什么）"除了主要用作表询问外，还有一些别的用法，具体又可以分成几个小类：

（1）表虚指。如：

⑦崔科怕他讲甚么，道："你有田有地的，也来告贫？"（9 回）

⑧还有一件衣服，裹着些甚么，他自拿去。（23 回）

⑨小师父，我们家主公，他日日有生意不在，只有我。你若要什么，自进来拿。（35 回）

（2）表反问。如：

⑩铁小姐只是在灵前痛哭，虔婆又道："这是个乐地，嚎甚么！"（1 回）

⑪（那霍氏）……赶出来一把扭住张老三道："贼忘八！你打死了咱人，还来寻甚么？"（9 回）

⑫那人见了，道："谁不认得李相公，你瞧甚么？"（18 回）

（3）放在几个并列的成分前，表示列举。如：

⑬若说算命，他晓得甚么是四柱？甚么是大限、小限、官印、刃杀？（9 回）

⑭有了一个老陪堂，又加上两个小帮闲，也不晓得什么样的是书，什么样的是经，什么样的是时文。（15 回）

⑮只见颖如道："我见道家上表，毕竟有个官衔，甚么上清三洞仙卿、上相九天采访使，如今你表章上也须署一个衔才好。"（28 回）

此外，《型世言》中已经出现了"做什么"、"为什么"、"什么样"等现代汉语中常见的结构。如：

⑯只见夏学搭了富尔谷肩头走，道："老富，你今日为甚么出神？"（13 回）

⑰鞑扮都是赤脚，见了他一双小小金莲，他把自己脚伸出来，对小姐道："咱这里都这般走得路，你那缠得尖尖的甚么样？快解去了。"（14 回）

⑱巧巧陈公子拜客回来，见了道："先生在这里做甚么？"（27 回）

八、何

"何"字作为疑问代词，早在先秦就出现了。《型世言》中疑问代词"何"共有 475 个用例，占全部疑问代词用例总量的 24.96%。其中以"何"为构成成分构成的双音节组合已有很多，现代汉语中常用的一些词语在《型世言》中都已经出现了。以

《现代汉语词典》收录的词条为例："何必"25 例，"何不"12 例，"何曾"13 例，"何等"8 例，"何妨"22 例，"何故"2 例，"何苦"4 例，"何如"39 例，"何须"7 例，"何以"16 例，"何在"7 例，"奈何"45 例，"如何"80 例，"何时"4 例，"何处"31 例，"何事"4 例，"何人"22 例，"几何"1 例，"何年"1 例，"何日"2 例，"何难"7 例，"何许"1 例，"何物"3 例，"为何"9 例，"缘何"9 例等。《现代汉语词典》收录的25 个词条中，只有两个口语化程度较高的"何其"、"何止"没有在《型世言》中出现。如果去掉这些双音节组合不计，《型世言》中单用的"何"共有 94 个用例。

《型世言》中疑问代词"何"的主要用法有：

（1）表询问。

A. 询问事物。如：

①大慈道："既不相识，以何为证？"（9 回）

②只是后边想起当初鼠窃狗偷的，是何光景？（11 回）

B. 询问时间。如：

③老父弱弟，相见何期？（11 回）

C. 询问处所或地点。如：

④王原见了也走来作上一个揖，老者问少年何来，王原把寻亲被溺之事说了，老者点头道："孝子，孝子！"（9 回）

⑤不知伯温已做准备了，大喝一声道："何方泼怪，敢在此魅人？"（40 回）

D. 询问原因。如：

⑥我料屋心里原何有贼？这等着神见鬼。（6 回）

⑦惊得坐客面如土色，都走了去，连卢大来也道："兄何狂易如此？"也吓走了。（14 回）

⑧师兄何得歪缠。我即持此经，送我师父。（35 回）

E. 询问性状。如：

⑨人各有幸有不幸，今公姑都老，媳妇年少，岁月迢遥，事变难料，媳妇何敢望祖姑？一死决矣！（10 回）

⑩山人一杖一履，何装可束？（34 回）

（2）表反问。如：

⑪这老婆子与你何干？（4 回）

⑫森甫扶起，道："小事，何足挂齿。"（19 回）

⑬吕达道："他如今是个女人，没了阳气，自然无须声小，何消说得？"（37 回）

（3）表感叹。如：

⑭剑诛无义心何直，金赠恩人利自轻。（6 回）

⑮芳卿即泪下道："妾何薄命如此！但妾素慕君才貌，形之寤寐，今日一见，后会难期，愿借片时，少罄款曲，即异日作妾，亦所不惜！"（11 回）

⑯蛛网何高张，缠缚苦相怖。（26 回）

九、如何、何妨

1. 如何

《型世言》中疑问代词"如何"共有 80 个用例，占全部疑问代词用例总量的 4.20%。其主要用法有：

（1）作谓语，表询问。如：

①事由汝辈作，今日俱弃我去，叫我如何？（8 回）

②医者又问道："后来如何？"（16 回）

③只见路上遇着任天挺赎当回来，水心月还拿着这银子，道："所事如何？不要，我好将银子还孙家。"（32 回）

（2）作状语，多表询问。如：

④王道道："他有坟地，如何肯烧？只他妻子自行收殓，便无后患了。"（2 回）

⑤他又道先前已曾许把一个朱家，如何行得这等事？（25 回）

⑥妇人道："如何等得他回？一定要累你替我去寻他。"（26 回）

有时也表反问。如：

⑦也渐渐说我家中像意，如今要想甚饮食都不得到口，希图丈夫的背地买些与他。那周于伦如何肯？（3 回）

⑧有一餐，没有一餐，置夏衣，典卖冬衣，这等穷苦，如何过得日子？（10 回）

⑨府官先打发分上不开，如何能令孤寒吐气？（16 回）

（3）作主语，表询问。如：

⑩盛氏听了，便在床上一毂碌扒起，道："我说他这心疼病极凶的，不曾医得，如何是好？"（3 回）

⑪倘同他回去，朝廷或行害了，恰是我杀害他了，如何是好？（8 回）

2. 何妨

《型世言》中疑问代词"何妨"有 22 个用例，占全部疑问代词用例总量的 1.16%。一般用来表示反问，放在句子的开头或结尾，尤以处于句尾的多。如：

①白监生道："这是本司院里，何妨？"（1 回）

②程教谕道："何妨？我正要面阙一说。"（8 回）

③他是妖僧哄我，何妨！(28 回)

④如张文忠五十四中进士，遭际世庙，六年拜相，做许多事业，何妨晚达？(28 回)

⑤既真是李良雨，何妨回来，却又移窠到别县，李老二，你去他把带去本钱与你么？(37 回)

十、多少、几、几时

1. 多少

《型世言》中疑问代词“多少”有 46 个用例，占全部疑问代词用例总量的 2.42%。其主要用法有：

(1) 作定语。如：

①某人财主，惯舍得钱，前日做多少衣服与我，今日又打金簪金镯，倒也得他光辉。(1 回)

②一县官替他管理不了，略略不依，就到上司说是非，也不知赶走多少官，百姓苦得紧。(30 回)

③捱到下午，假做送茶去，道：“小师父，你多少年纪？”(35 回)

(2) 作宾语。如：

④就纳完了，他又说今年加派河工钱粮哩，上司加派兵饷哩，还要添多少。(9 回)

⑤又有那讨好的，又去对他讲，道这件事毕竟要括他多少，这件事不到多少不要与他做。(30 回)

⑥道这事该问甚罪，该打多少，某爷讲改甚罪，饶打多少，端只依律问拟，那乡官落得撮银子。(40 回)

(3) 作状语。如：

⑦孙监生看了看，道：“好个鼎，正是我前日见的。你多少买了？”(32 回)

⑧你多少重？要几换？我看一看，若用得着，等我拿去换了。(36 回)

2. 几

《型世言》中疑问代词“几”有 23 个用例，占全部疑问代词用例总量的 1.21%。其主要用法有：

(1) 询问数量。如：

①祖母道：“你这衫上怎么有这几点血？”(4 回)

②问道：“几岁了？”答应：“十三岁。”(14 回)

③石布政道：“适才会酒，你坐第几位？”(21 回)

（2）表反问。如：

④你看如今一千个寡妇里边，有几个守？有几个死？（10 回）

⑤殿了三甲，选了知县推官，战战兢兢，要守这等六年，能得几个吏部、两衙门？（31 回）

⑥妇人女子能有几个识事体的？（36 回）

（3）表虚指。如：

⑦这几年租，彀他几日用？（15 回）

3. 几时

《型世言》中疑问代词“几时”有 15 个用例，占全部疑问代词用例总量的 0.79%，主要询问时间，相当于“什么时候”，这是其最主要的意义和用法。如：

①高御史道：“这是朋友当然，何必称谢。但只是北方兵起，已如兄言，不知干戈几时可息？”（8 回）

②扯到家中，妇人问道：“你们那家？几时与我二爷起身？如今二爷在那边？”（26 回）

③次日设朝，延见文武臣寮，召赤脚僧见，问他：“周颠近在何处？几时着你来？”（34 回）

④沈云峦道：“是几时事？”（26 回）

其中例①、②、③中的“几时”在句中充当状语，而例④中的“几时”则充当定语。

“几时”除了用作表询问外，还可以用来表示虚指，如：

⑤凡是门子进院，几时一得宠，不敢做别样非法事？若乞恩加赏，这也是常情。（30 回）

⑥忙叫寺僧问时，道：“三人居无床褥，行无瓢笠，去来无常，踪迹莫测。昨夜也不知几时去的，也不知去向。”（34 回）

也可以表示反问，仅见 1 例：

⑦裘龙见了，怎生过得？想道：“这个没廉耻的，年事有了，再作腔得几时？就是朱恺，你家事也有数，料也把他当不得老婆。我且看他。”（23 回）

从上面的讨论中，我们可以看到，在北方方言中经常出现的“多咱”、“怎样”、“怎么样”在《型世言》中没有出现。一些先秦的疑问代词如“奚、胡、曷、台、以、谁、孰、畴、焉、安”等已逐渐消失了；即使出现，也只是在极个别的诗词或学究文人的口中。“阿谁”仅有 3 例，也均出现在诗词中，口语未见 1 例。“那厢”的出现，再次说明了《型世言》在语言面貌上的地域特征。

《型世言》中疑问代词的使用分布情况详见表 60：

表 60

词项	那	那里	怎	怎生	怎么	仔么	甚	谁	甚么	什么	何	如何	何妨	几	几时	多少
用例数量	91	119	204	29	47	105	410	133	78	26	475	80	22	23	15	46
百分比（%）	4.78	6.25	10.72	1.52	7.99		21.54	6.99	5.47		24.96	4.20	1.16	1.21	0.79	2.42

本章参考文献

著作

1. 北大中文系 1955、1957 级语言班编：《现代汉语虚词例释》，北京：商务印书馆，1982 年。

2. 曹炜等：《〈水浒传〉虚词计量研究》，广州：暨南大学出版社，2009 年。

3. 程湘清主编：《宋元明汉语研究》，济南：山东教育出版社，1992 年。

4. 冯春田：《近代汉语语法研究》，济南：山东教育出版社，2000 年。

5. 胡竹安、杨耐思、蒋绍愚：《近代汉语研究》，北京：商务印书馆，1992 年。

6. 江蓝生：《近代汉语探源》，北京：商务印书馆，2000 年。

7. 蒋冀骋：《近代汉语词汇研究》，长沙：湖南教育出版社，1991 年。

8. 蒋绍愚：《近代汉语研究概况》，北京：北京大学出版社，1994 年。

9. 蒋绍愚、江蓝生编：《近代汉语研究》（二），北京：商务印书馆，1999 年。

10. 刘坚、江蓝生、白维国、曹广顺：《近代汉语虚词研究》，北京：语文出版社，1992 年。

11. 卢烈红：《〈古尊宿语要〉代词助词研究》，武汉：武汉大学出版社，1998 年。

12. 陆俭明：《现代汉语语法研究教程》，北京：北京大学出版社，2003 年。

13. 陆俭明、马真：《现代汉语虚词散论》，北京：北京大学出版社，1985 年。

14. 吕叔湘主编：《现代汉语八百词》（增订本），北京：商务印书馆，1999 年。

15. 吕叔湘著，江蓝生补：《近代汉语指代词》，上海：学林出版社，1985 年。

16. 梅祖麟：《梅祖麟语言学论文集》，北京：商务印书馆，2000 年。

17. 石毓智、李讷：《汉语语法化的历程——形态句法发展的动因和机制》，北京：北京大学出版社，2001 年。

18. ［日］太田辰夫著，蒋绍愚、徐昌华译：《中国语历史文法》，北京：北京大学出版社，2003 年。

19. 王力：《汉语史稿》（中册），北京：中华书局，1980 年。

20. 吴福祥：《敦煌变文语法研究》，长沙：岳麓书社，1996 年。

21. ［日］香坂顺一著，植田均译：《水浒词汇研究》（虚词部分），北京：文津出版社，1992 年。

22. 杨伯峻、何乐士：《古汉语语法及其发展》，北京：语文出版社，1992 年。

23. 俞光中、［日］植田均：《近代汉语语法研究》，上海：学林出版社，1999 年。

24. 袁宾：《近代汉语概论》，上海：上海教育出版社，1992 年。

25. 张斌、范开泰：《现代汉语虚词研究综述》，合肥：安徽教育出版社，2002 年。

26. 赵元任：《汉语口语语法》，北京：商务印书馆，1979 年。

27. 中国社会科学院语言研究所词典编辑室编：《现代汉语词典》（第 5 版），北京：商务印书馆，2005 年。

28. 朱德熙：《语法讲义》，北京：商务印书馆，1982 年。

论文

1. 曹炜：《〈金瓶梅词话〉中的人称代词系统》，《苏州科技学院学报》2009 年第 3 期。

2. 陈国华：《〈型世言〉语词札记》，《古籍整理研究学刊》2004 年第 6 期。

3. 刁晏斌：《试论近代汉语语法的特点》，《辽宁师范大学学报》1991 年第 1 期。

4. 郭锡良：《汉语第三人称代词的起源和发展》，《语言学论丛》（第 6 辑），北京：商务印书馆，1980 年。

5. 郭锡良：《试论上古汉语指示代词的体系》，《语言文字学术论文集》，北京：知识出版社，1989 年。

6. 何乐士：《专书语法研究的几点体会》，《镇江师专学报》1999 年第 1 期。

7. 蒋绍愚：《近十年间近代汉语研究的回顾与前瞻》，《古汉语研究》1998 年第 4 期。

8. 卢烈红：《“这”单独作主语问题补证》，《古汉语研究》2001 年第 4 期。

9. 邵丹：《〈型世言〉词语拾零》，《古汉语研究》2002 年第 2 期。

10. 吴福祥：《敦煌变文的近指代词》，《古汉语研究》1996 年第 3 期。

11. 吴福祥：《敦煌变文的人称代词“自己”“自家”》，《古汉语研究》1994 年第 4 期。

12. 吴福祥：《敦煌变文的疑问代词“那”（“那个”“那里”）》，《古汉语研究》1995 年第 2 期。

13. 张惠英：《〈金瓶梅〉人称代词的特点》，《语言研究》1995 年第 1 期。

《型世言》中程度副词作为联系上古汉语与现代汉语的桥梁，三者之间既有一脉相承、彼此沿用的相同面，也有它们处在不同时间断面上的相异点，所有这些都需要我们以语料为基础加以深入挖掘、研究。

第六章 《型世言》的程度副词系统

《型世言》中程度副词作为联系上古汉语与现代汉语的桥梁，三者之间既有一脉相承、彼此沿用的相同面，也有它们处在不同时间断面上的相异点，所有这些都需要我们以语料为基础加以深入挖掘、研究。为分析方便起见，我们参照杨伯峻、何乐士《古汉语语法及其发展》中程度副词的分类系统①，把全书程度副词分成五个类别：程度超常类副词、程度较高类副词、程度加深类副词、程度轻微类副词、程度接近类副词，并以此为纲细致、有序地展开描写与分析。

第一节　程度超常类副词

这类程度副词用于形容词或动词谓语之前，表示状态或行为的程度超过一般情况或某种标准，一般用在叙述句中，表示不企望的事情，共有“太、过、过于、十分$_1$”等4个，前三个表超常程度的副词在现代汉语中还在使用，“十分”表程度超常的意义现代汉语中已不使用。

一、太

用作程度副词始见于先秦，经过中古汉语、近代汉语一直沿用至现代汉语，先秦两汉时“太”常写作“泰”，后世多用“太”②。《型世言》中“太”的此类用法有9例，主要用来表示程度超过正常情况或某种标准，意思相当于现代汉语的“过分、过于”，经常用在叙述句中，表示不如意、不企望的事情。

（1）太+单音节形容词，共7例。如：

①世名看了看道：“太长，要带得在身边的匕首。”（2回）

②任天挺道：“价太少。”水心月道：“这是足价，一厘也加不得。你再寻人看。”（32回）

（2）太+双音节形容词，共2例。如：

③但是做官多有不全美的，或有吏才未必有操守，极廉洁不免太威严，也是美中不美。（21回）

④吕大哥，这事实非偶然。我在那日晕去时，到阴司里。被阎王改作女身，也曾道该与你为夫妇，只嫌你太急率些。（37回）

《型世言》中程度副词“太”的使用分布情况见表61。

① 杨伯峻、何乐士：《古汉语语法及其发展》，语文出版社，1992年，第270页。

② 中国社会科学院语言研究所古代汉语研究室编：《古代汉语虚词词典》，商务印书馆，1999年，第567页。

表 61

修饰成分	用例数量	例词	百分比（%）
形容词	9	长、大、重、多、少能、执、威严、急率	100

从以上可以知道，《型世言》中“太”的9个用例全部修饰形容词，没有发现修饰其他词性的用例，这种组合功能倒比现代汉语简单得多，现代汉语中表程度“过分”的“太”除了修饰形容词外，还能修饰动词①。从音节上看，它所修饰的语言成分大多数为单音节词；从句法上看，它们结合之后在句中作谓语。

二、过

《说文》：“过，度也。”本义为“经过”。又指渡过河流，《广雅·释诂》：“过，渡也。”由本义“经过”引申为“超过、超越”义，由动词“超过”义引申虚化为程度副词用法，表示动作行为或状态的程度超过某种限度，此种意义的使用时间约始于汉代并一直沿用至今②。《型世言》中“过”的程度副词用法共有10例，意思相当于现代汉语的“过分、过于”。

（1）过+形容词，共7例。如：

①似此年余，适值学院按临，善世便愈加攻苦，府县也得高取，学院也考了，只是劳心过甚，竟成弱症。（10回）

②谢老起身道：“不要过谦，可对令堂一说，学生就送关书来。”（36回）

“过”修饰形容词，从音节上看它们全是单音节，其中“执”出现两次，在与“过”结合的成分中，“过甚、过度”在现代汉语中已作为词使用。

（2）过+动词，共2例。

③徐外郎道：“昨承先生过奖。”（31回）

④寡妇道：“不是过疑。只这些走街媒婆只图亲事成，便人家义男，还道是旧族人家；一文钱拿不出，还道是财主；四五十岁，还道廿来岁；后生有疾的，还道齐整……”（31回）

以上2例中的“过”修饰动词，从音节上看两个动词都是单音节的，1例为动作行为动词，1例为心理活动动词，在现代汉语里“过奖”已凝固成词，作为谦辞使用。

---

① 吕叔湘主编：《现代汉语八百词》（增订本），商务印书馆，1999年，第462页。

② 中国社会科学院语言研究所古代汉语研究室编：《古代汉语虚词词典》，商务印书馆，1999年，第191页。

（3）过+名词，只有1例。

⑤那有主意的男子，只当风过耳边，还把道理去责他，道没有个不是的父母，纵使公姑有些过情，也要逆来顺受，也可渐渐化转妇人。(2回)

在调查所获得的语料中，“过”修饰名词仅此1例。《型世言》中程度副词“过”的使用分布情况见表62：

表62

修饰成分	用例数量	例词	百分比（%）
形容词	7	执、甚、伤、谦、度、早	70
动词	2	奖、疑	20
名词	1	情	10

现代汉语中“过”只能修饰单音节的形容词①，《型世言》中“过”修饰形容词也只限于单音节的。不过，除了修饰形容词，它还能修饰动词、名词；当“过”和所修饰的成分组成短语后大多数作谓语，如例①、②；还可以作状语，如：

⑥公子对道：“生员是丰城新进生，闻得太宗师大收遗才，急于趋赴，过早在院前打盹，别无他情。”(18回)

三、过于

《型世言》中“过于”表示“过分”的意思，和“过”的程度副词语义相近，现代汉语中“过”只修饰单音节的形容词，而“过于”能修饰双音节的形容词、动词和一些短语。《型世言》中“过于”只有1个用例，修饰双音节动词，在小句中作状语，如：

沈实每日也进来问病，沈阆道：“我当日只为晚年得此一子，过于爱惜，不听你劝，不行教训，不择先生，悔无及矣！但他年幼，宗族无人，那樊举人料只来剥削，不来照管……”(15回)

四、十分$_1$

“十分$_1$”表示程度超过说话人心中的极限，与现代汉语中的“过分、过于”意思相当，只有1例：

① 北京大学中文系1955、1957级语言班编：《现代汉语虚词例释》，商务印书馆，1982年，第223页。

晚间有事做，十分醉了，不惟妹丈怪我，连舍妹也怪我。(21 回)

《型世言》中表程度超常类程度副词的使用频率见表 63：

表 63

词项	太	过	过于	十分$_1$
用例数量	9	10	1	1
百分比（%）	42.86	47.62	4.76	4.76

第二节　程度较高类副词

这类程度副词用于形容词或动词之前，表示状态或行为的程度高，其所辖程度副词数量最多，共有 20 组 34 个。与上类表超常义的程度副词相比，它不表过分或超过，而是表示某种程度中的最高层级，语义既有积极的也有消极的，不像上类大都偏向消极义。下面请看《型世言》中程度较高类副词的使用频率，为简明起见，以组为单位进行列举，见表 64：

表 64

词项	极	甚	最	颇$_1$	好	大	绝	蛮	怪	顶
用例数量	225	116	32	15	84	57	25	4	2	1
百分比（%）	35.94	18.53	5.11	2.40	13.42	9.11	3.99	0.64	0.32	0.16
词项	特	殊	至	十分	异常	多	何等	不胜	忒	可煞
用例数量	1	7	1	13	4	10	6	13	8	2
百分比（%）	0.16	1.12	0.16	2.08	0.64	1.60	0.96	2.08	1.28	0.32

一、“极”类

“极”在先秦主要用作名词，《说文》：“极，栋也。”徐锴《说文解字系传》：“极，屋脊之栋也。今人谓高及甚为极，义出于此。”其虚词义是其本义的引申义，《说文》段注：“引申之义凡至高至远皆谓之极。”先秦时代它已用作副词，一直沿用至今①，表示程度很高，达到极点。《型世言》中同组的还有“极其、极甚、极口”3

① 中国社会科学院语言研究所古代汉语研究室编：《古代汉语虚词词典》，商务印书馆，1999 年，第 264 页。

个，另有1个“极是”用法与“极”无异，当中的“是”起协调音节的作用。这样“极、极其、极是、极甚、极口”5个词共有用例225例，其中，“极”157例，“极其”34例，“极是”32例，“极甚”1例，“极口”1例，下面我们把这组程度副词的使用频率列表如下：

表65

词项	极	极其	极是	极甚	极口
用例数量	157	34	32	1	1
百分比（%）	69.78	15.11	14.22	0.44	0.44

从表65可以看出，“极、极其、极是”使用频率较高，其中“极、极其”的高频出现情况依然延至现代汉语，“极是、极甚”在现代汉语中已不再使用，“极口”仍在使用，但出现频率很低，一般只用在与言谈有关的语境里，如：“极口称扬、极口诋毁”等。

（1）“极”类+形容词，共142例。

A. 极+单音节形容词，如：

①做人极好，不诈人钱。(5回)

②就是如今你嫁的是简小官，他在我后门边住，做人极贫极狠，把一个花枝般妻子，叫他熬清守淡，又无日不打闹，将来送了性命。(21回)

B. “极”类+双音节形容词，如：

③俗谭信口极腌臜，道是在行白想。(1回)

④御史道：“可有姿色么？”众人道：“人极标致的。”(5回)

⑤事公姑极是孝顺，夫婿极是和睦。(10回)

⑥忙了半夜，极是快活。(24回)

⑦家里田连阡陌，广有金银，呼奴使婢，极其富足。(27回)

⑧况且房子临着他寺中菜园，极其便当。(29回)

程度副词修饰形容词是其主要的语法功能，“极”组副词也表现了同样的特性，225个用例里修饰形容词的就有140例，占总数的62.22%。“极”和单音节词、双音节词都能搭配，“极是、极其”在绝大多数情况下只与双音节词搭配，在我们掌握的语料中，例外情况只有1例：

⑨但他得了这诀，极其兴了。(28回)

“兴”在用例中是“高兴”的意思，但行文中只以单音节词出现。

（2）“极”类+ 动词，共33例：

A. “极”类+单音节动词，如：

⑩世又说范蠡沉他在五湖，沉他极是，是为越去这祸种，为吴杀这薄情妇人，不是女中奇侠。(6回)

⑪那申生极孝，果然依他，备了祭祀祭献母亲，就来献胙。(7回)

例⑩中“极是”看似是词，实际上它是短语，是程度副词“极”修饰后面的动词“是”的。

B. “极”类+双音节动词，如：

⑫沈氏道：“我做人极将就，他哭是怕做和尚婆。”(28回)

⑬晚间女子来，为要相别，意兴极鼓舞，恩情极绸密，却不免有一段低回不快光景。(40回)

⑭又为徐婆撮合，赵书手撺哄，道他不过要完仓粮，为他出个浮收，再找几两银子与他盘缠，极是相应。(6回)

⑮话说浙江杭州府，宋时名为临安府，是个帝王之都。南柴北米，东菜西鱼，人烟极是凑集，做了个富庶之地，却也是狡狯之场。(25回)

⑯那董文待他极其奉承，日间遇着在家，搬汤送水，做茶煮饭。(5回)

⑰他便改了这腔，看见这家虽富，却是臭吝不肯舍钱，风水将就去得，他便极其赞扬，道：“不消迁改。”(19回)

⑱两姚虽是过得，啬吝异常；只有富尔谷极甚挥洒。(13回)

⑲田伯盈家里整治得好饮食，花纹、甘毳极口称赞，道这是人家安排不出的，沈刚便赌气认贵，定要卖来厮赛。(15回)

现代汉语中“极”类程度副词只能修饰心理活动动词、感知性动词，《型世言》中除了这一用法外，如修饰“赞、赞扬、鼓舞、相知、惧内、爱惜”，还能修饰一般行为动词，如“将就、相应、凑集、奉承、挥洒”等，与现代汉语相比，它和一般动词的组合更自由；除了“极”能和少数的单音节动词搭配外，其他程度副词如“极其、极是、极甚、极口”主要是和双音节动词搭配。

(3)“极”类+短语，共52例。如：

⑳便把沙弥肩上搭一搭道：“你是极肯做方便的，便容他一宵，那里不是积德处?”(9回)

㉑不知这衙门中，书吏、皂甲极会钻，我用主文，他就钻主文；我用家人，他就钻家人。(30回)

㉒那周于伦却也极依着教训，也极管顾母亲。(2回)

㉓我这里还有一个任金刚任敬，他开着个店，外边卖酒，里边下客，做些自来买卖，极有志气，也须合着他才好。(22回)

㉔心里极是怜惜他，读书不肯假借他。(16回)

㉕极是好色，家中义儿、媳妇、丫头不择好丑，没一个肯放过。(2回)

㉖所喜小姐过门，极其承顺孀姑，敬重夫婿，见婆婆衣粗食淡，便也不穿华丽衣服。(18 回)

㉗众人答应道："董文极是本分的，夫妻极过得和睦。"(5 回)

㉘尤贤与史应元道："老爷，小的与他老邻舍，极过得好的，怎为这八两银子害他两条性命……"(33 回)

《型世言》中也有"极"直接放在补语之前修饰补语的用例，如：

㉙先一个为他造坟，已是说得极好，教他费尽钱财。(18 回)

㉚仵作道："小人认得极清的。"(21 回)

这种用法和现代汉语中的一样，这说明在《型世言》中，"极 + 动 + 补语（形容词）"和"动 + 极 + 补语（形容词）"两种组合方式都有。这种自由的语序不仅表现在"极"和述补短语之间，也表现在其他结构上，如以下这个例子：

㉛徐佥都问他家事，极道凉薄；问他妻子，也含糊道好。(31 回)

"极道凉薄"实际上应是"道极凉薄"，"极"修饰形容词"凉薄"，作"道"的宾语。

㉜钱公布道："老兄勿用动气，个愚徒极勿听说，阿答也常劝渠，一弗肯改，须用本渠一介大手段。"(27 回)

㉝陆仲含道："极承老伯培埴，只恐短才不胜任。"(11 回)

㉞学生待要作伐，若奶奶肯见允，明日他来拜学生，可以相得。这人温柔，极听在下说，可以成得，特来请教。(31 回)

㉟中后谒见座师，座师极言自己不能尽力，不能中他作元，负他奇才。(32 回)

㊱胡似庄道："先生，如今人说有赔嫁，瞎女儿也收了。只是这女儿，房下见来，极端庄丰艳，做人又温克。"(31 回)

㊲话说海宁县北乡个姓朱的，叫做朱安国，家事也有两分，年纪二十多岁，做人极是暴戾奸狡。(25 回)

㊳在宾馆中遇一吏部，是本府亲家，吏部谭文，将解元文字极其指摘唾骂。骂了请教姓名，他正是解元，自觉惭惶，竟一肩为他说了这分上。(27 回)

㊴生一子叫名朱恺，年纪不上二十岁，自小生来聪慧，识得写得，打得一手好算盘，做人极是风流倜傥。(23 回)

㊵看他外貌极是老成镇重！满月素涵色相，悬河小试机锋。(28 回)

例⑳、㉑为能愿短语，其中例⑳中的"做方便"，是"动宾短语"，"肯"修饰动宾短语"做方便"，构成状中短语然后再受"极"的修饰，最后再和"的"构成"的字短语"作动词"是"的宾语，不是"极"修饰"的字短语"的用法。例㉒、㉖为动宾短语。现代汉语中副词也能修饰动宾短语，不过对动宾短语有一定的限制，一般是表心理活动的动词，《型世言》中"极"类副词修饰动宾短语，动宾短语有更大的自由度，可以是一般动词，如“依着、管顾、承顺”等，例㉖中的“极其”和动宾短语搭配，这种用法已不见于现代汉语。例㉗、㉘则为述补短语。“极”修饰述补短语这种用法在近代汉语中并不少见，现代汉语中则没有这种用法，就语义关系看，程度副词“极”实际上是修饰补语成分的，“极过得和睦”说的是“过得极和睦”，“极过得好”实际上是“过得极好”。例㉜为偏正短语，现代汉语中“极”不受否定副词修饰，但可以位于否定词“不”前构成“极不X”格式，X只限于积极意义的词语，“极不安全、极不喜欢、极不清楚”能说，“极不危险、极不讨厌、极不模糊”就不能说[①]，此例中的“极勿听说”也可以看作“极不X”的用法，但用例里面对X没有限制，“听说”是中性词，不是积极意义的词语。例㉝、㉞是兼语短语，例㉟为连谓短语，例㊱～㊳则为联合短语，例㊴、㊵则是固定短语。

（4）极+形容词+名词，共6例。如：

㊶其时正是国初典作之时，筑城凿池，累累兴师北伐，开河运米，正是差役极多、极难时节。(9回)

㊷极热天气，小姐自篝绩麻，伴他读书。(18回)

㊸听得劳氏肯嫁，他已知得他是个极勤谨妇人，竟也不打听，着个媒人来说，财礼八两，又自家说要成个体面，送了一只鹅、一肘肉、两只鸡、两尾鱼，要次日做亲。(33回)

这种用法在现代汉语中一般要带“的”才能修饰名词构成定中短语，《型世言》中“极+形容词”可以直接修饰名词，当然也有带“的”之后修饰名词的。如：

㊹把手抄一抄，道：“又恶又狠，好歹申府申道，极恶的恶人……”(29回)

㊺据我闻见还有个事起于卒，终能除盗保身，这也是极能的能吏。(22回)

有时还出现同一个用例用不用“的”都行的情况。如：

㊻典史坐在一个古庙里唱名给散，银子每钱可有九分书帕，谷一斗也有一升凹谷、一升沙泥，先给极贫。我们公道处，少也说不出，好歹处五名极贫的粮与你，只好二两五钱银子、五担谷罢。(9回)

此句中前一个“极贫”说得是“极贫的人”，句子里省去中心语；后一个“极贫”通过“的”，句法上作“粮”的定语。

“极+形容词”构成的状中结构除了修饰名词作定语时省却了“的”，当它修饰动词性短语作状语时也能省却“地”，如例㊼中的“极冷落待他”，“极冷落”修饰“待他”作状语，省去结构助词“地”。

㊼只召了些中人酒水之费，管家、陪堂在里边撺掇的要钱，共去七百两之数，只见花、甘两个与这些十弟兄，闻他赎产，也便来探望，沈刚也极冷落待他。(12回)

---

① 吕叔湘主编：《现代汉语八百词》(增订本)，商务印书馆，1999年，第251页。

以上所有用例的“极”都是作状语的，此外“极”也有作补语的：

㊽过了数日，是十月初九日，虚极生痰，喘吼不住。(10回)

㊾爱姐已觉烦苦极了，鲜红溢于衣上：娇莺占高枝，摇荡飞红萼。(21回)

㊿愁深日似深填黛，恨极时将泪洗妆。(29回)

51世名拿来把玩，快利之极。(2回)

52“既杀他身，又污他名，可恶之极。”将来重打四十。(30回)

53他当日圆静与田有获相好时，已曾将寺中行径告诉他，他就在徐公子面前道：“徐公子，你曾散一散，到他里边去么？绝妙的好房，精致得极。”(10回)

例㊾的用法和现代汉语一样，“极”充当补语，后面常跟“了”；例51、52中“之极”的“之”主要起协调音节的作用，因为中心成分“快利、可恶”都是双音节词或短语，加个“之”音步显得平稳，同时对“极”所修饰的谓语中心语起强调作用；例53中“极”的用法是现代汉语没有的，现代汉语里只有“很”作补语才用“得”连接。另外，我们在《型世言》中还发现一个不常见的句例，即“极”作补语不仅用“得”连接，还可受否定词修饰，如：

54二郎一见，欢喜得无极。(3回)

下面我们把“极”类程度副词的分布情况列表如下：

表66

修饰成分	单/双多音节比例（%）	例词（语）	百分比（%）
形容词	142	极：美、好、盛、凶、恶、多、少、怒、狠、难、和睦、豪爽、辛苦、标致、吝啬、笃实、了得 极其：兴、恩爱、温柔、小心、宽厚、整肃、谨饬 极是：琐碎、糊涂、困倦、好看、快活、谦虚 之极：快利、忧愁、可恶	62.22
动词	33	极：孝、赞、冷落、哀怜、相应、难守、逼火 极其：爱惜、赞扬、孝顺、奉承、款曲、相合 极是：相应、凑集、惧内、孝顺 极甚：挥洒 极口：称赞	14.67

（续上表）

修饰成分	单/双多音节比例（%）	例词（语）	百分比（%）
动词性短语	48	极：知道理、守本分、有计较、有智谋、肯周济、会说笑话、过得和睦、匆听说、承老伯培填、言自己不能尽力、本分孝顺 极其：承顺孀姑、指摘唾骂 极是：怜惜他、好色	21.33
形容词性短语	4	极：端庄丰艳 极是：暴戾奸狡、风流倜傥、老成镇重 之极：公冗	1.78

从表66可以看出，“极”类程度副词在运用中既可以修饰积极色彩义的词语，也可以修饰消极色彩义的词语，其中以积极色彩义的词语为多。从所修饰的语言成分的词性及数量看，“极”不仅数量最多，而且最为多彩，形容词、动词及其短语都可以结合，尤其是在修饰动词性短语方面，比其他几个副词显得突出，动宾、偏正、述补、联合、兼语、连谓都可以修饰。从音节上看，5个程度副词本身除“极”是单音节词外，其余4个都是双音节词，这牵涉到这些副词同所修饰成分结合之后的韵律问题，“极”有较大的自由度，无论单音节、双音节、多音节词都可以修饰，单音节词与双音节词、多音节词的比例为71∶86；其余4个副词除1例外都只和双音节、多音节的词或短语搭配，5个程度副词在音节搭配上的总体比例是：单音节词72个，占32%；双音节词107个，占48%；多音节词46个，占20%，总体以修饰双音节词为主。

二、“甚”类

《说文》：“甚，尤安乐也。”段注：“引申凡殊，尤皆曰甚。”由形容词“过分、过度”义引申虚化产生程度副词的用法先秦已见①，并且从上古汉语一直沿用至近代汉语晚期，而且出现频率一直很高，现代汉语中仍在使用，带文言色彩，多用于书面语。《型世言》中“甚”共出现116例，其中“甚”54例，“甚是”62例，下面我们把这组程度副词的使用频率列表如下：

① 中国社会科学院语言研究所古代汉语研究室编：《古代汉语虚词词典》，商务印书馆，1999年，第502页。

表 67

词项	甚	甚是
用例数量	54	62
百分比（%）	46	54

“甚、甚是”这两个程度副词，“甚”在现代汉语中仍在使用，“甚是”在现代汉语中已不用，但在《型世言》中不管是“甚”还是“甚是”，两者的使用频率都很高，其总量在《型世言》所有程度副词中位居第二，仅仅少于“极”组程度副词。其中，“甚”和“是”结合成为复音副词有加强语气的作用，“甚是”数量超过“甚”也反映了词汇由单音节向双音节发展的演进过程。而“甚、甚是”之所以使用频率很高，和另一程度副词“很”的缺失有关，调查中我们发现现代汉语中使用频率很高的程度副词“很”竟然在《型世言》中无一用例，此消彼长，这种情况下，意思和“很”相当的“甚、甚是”就自然上升为《型世言》中使用频率最高的副词之一，甚至于整个近代汉语时代它都是最常用的表示程度高的副词[①]。下面以“甚”为代表看看这组副词的使用情况。

（1）用于动词、形容词及其短语之前，作状语，表示程度之高，相当于“很”、“非常”。

A. 甚/甚是 + 形容词，共 68 例。如：

①高秀才也只邻近居住，两家烟火相望，往来甚密。（2 回）

②脱公此处尚有公等，二女滦州之托，更无依倚，去心甚急，不可顷刻淹滞。（14 回）

③先时管家日日来炒，里边有个管家看他女人生得甚好，欺心占他的，串了巫婆，吓要送官。（19 回）

④又有欲守而不能的，是立心贞静，又夫妇过得甚恩爱，不忍忘他。（9 回）

⑤要与丈夫闲话，他也清晨就在店中，直到晚方得闲，如何有工夫与他说笑？看他甚是难过。（2 回）

⑥一日将次初更，善世正读书，忽然听听呜呜的哭声，甚是凄惨，道：“是何处？这哭声可怜。”（10 回）

在我们掌握的语料中，“甚、甚是”修饰形容词最为普遍，从音节上看，“甚”以修饰单音节形容词为多，“甚是”除 1 例外其余的搭配对象都是双音节形容词。

B. 甚/甚是 + 动词，共 8 例。如：

① 杨荣祥：《近代汉语副词研究》，商务印书馆，2005 年，第 297 页。

⑦高翔为人慷慨髒髒，程济为人谦和委婉，两人生性不同，却喜意气甚合。（8 回）

⑧外边酒食兄弟，渐也冷落，妓女也甚怠慢，便是花、甘二个也渐踪迹稀疏，只得家中闷坐。（15 回）

⑨不期这日儿子也回来，夜间听得母亲房中似有人行动，仔细听去，又似絮絮说话，甚是疑惑。（6 回）

⑩原是独养儿子，父母甚是爱惜，终日在外边闲游结客，相处一班都是少年浪子。（22 回）

“甚、甚是”和动词结合的用例不太多，大多数都和心理活动、感知性的动词相搭配，如“疑惑、怠慢、爱惜”等，没有发现它和典型动作动词搭配的用例。

C. 甚/甚是＋短语，共 32 例。如：

⑪王俊暴发财主，甚要修饰体面，如何看得过？只得买了木料，叫些匠人，将右首折造。（2 回）

⑫这四件甚是不好。但传闻中一事，觉件件受害，都在里边，实可省人。（28 回）

⑬那汪知县闻他这光景，也甚怜他，当时叫他上去，问他有什么讲。（2 回）

⑭父亲甚是喜他，期他大成。（2 回）

⑮吴仰坡道：“敝主甚是性急，洪三十六又在那厢催检尸，二位相公投到了。若不出去，敝主出文书到学道申请，英尺两在下也扶持不得。”（27 回）

⑯正是他农家衣食，甚是艰难得紧。（32 回）

⑰妇人来接时，公子便捏上一把，甚是软滑柔润。（27 回）

⑱“我想这山深旷，甚是难寻得到，不若放上一把火烧了山，他怕死必竟出来，却不省了一番找探工夫。”（7 回）

⑲两个儿甚是惓惓不舍，耿埴也约他偷空必来。（5 回）

⑳谢度城见他忠厚，儿子也有光景，甚是恋恋不释。（11 回）

“甚、甚是”和短语的搭配类型较多，偏正短语如例⑪、⑫，动宾短语如例⑬、⑭，主谓短语如例⑮，述补短语如例⑯，联合短语如例⑰，连谓短语如例⑱，固定短语如例⑲、⑳，等等。

D. 甚/甚是＋名词，共 3 例。

㉑只是年纪止得二十六岁，甚是少年。（3 回）

㉒每日也甚兴头：立堂的，一庭青草；喝的，两部鸣蛙。（20 回）

㉓两个拜了堂，谒见了亲邻，放铳吹打，甚是兴头。（25 回）

以上 3 例是“甚、甚是”修饰名词的用例，当名词“少年、兴头”受程度副词“甚、甚是”修饰之后，在特定的句子语境中，它的语义就由名词转化为形容词了。

E. 甚+形容词+名词，只有1例。

㉔道："甚狠心贼，把我一个标标致致的真黄花老婆杀死了。"（21回）

"甚"和"狠心"结合修饰"贼"，当中省去结构助词"的"。

F. 否定词+甚+形容词，表示程度减弱，共2例。

㉕今日邀李家年侄与儿子、女婿作文，可笑我两儿、女婿，枉带这顶头巾，文理俱不甚通。(19回)

㉖故此杜家这奶娘每常抱了这娃子，闯到他家，各家公廨都也不甚大，房中竟是奶子尝走的。(35回)

以上所有用例中的"甚、甚是"都作状语使用，这是两者的主要语法功能，当其作为状语出现时，占据的位置有两种：一是直接用在修饰语之前，这种用法较常见；一是前加"之"放在修饰语之后，这是古汉语的用法沿用，较少出现，《型世言》中只有1例：

㉗做官，官职谪削事小，但一生名捡已坏，仔么不割一时之爱？至如养痈一般，痈溃而身与俱亡，此是可笑之甚。(30回)

为什么在形容词"可笑"和程度副词之间出现一个"之"呢？因为"可笑"是双音节词，"之"和"甚"结合成为双音节的"之甚"，不仅音律上起协调音节的作用，而且对"甚"起强调作用。这种用法据杨荣祥（2005年）考察，"《语类》中比较多，元代以后就很少见了"①，《型世言》中仅见1例，正好反映了其渐趋隐匿的发展情况。

（2）用在形容词后，作补语，表示程度之高，共2例。

㉘督府酣甚，因数令行酒，曰："卿才如此，故宜明山醉心。然失一明山矣，老奴不堪赎乎？"(7回)

㉙岑猛喜甚，就留在府中，插科打诨，已自哄得岑猛。(24回)

以上两例"甚"作补语使用，述补短语"酣甚"、"喜甚"在句子中充当谓语。调查中还发现以下一个特殊用例，单音节形容词"闷"重叠后再度受程度副词"甚"修饰，现代汉语中不能这样使用，如：

㉚捱到天明，甚是闷闷。(6回)

下面我们把"甚"组程度副词的分布情况列表如下：

① 杨荣祥：《近代汉语副词研究》，商务印书馆，2005年，第298页。

表 68

修饰成分	用例数量	例词（语）	百分比（%）
形容词	68	甚：妙、好、盛、喜、浓、紧、正、多、少、浅、可爱、齐备、恩爱、凉薄、厌苦、辛苦、狠心 甚是：急、欢喜、勤谨、惊讶、难过、凄惨、萧条可怜、无常、不堪、不平、不悦、伤感、绸缪	62.93
动词	8	甚：合、怠慢 甚是：爱惜、悬念、相安、疑惑、怠慢、尊重	6.90
动词性短语	19	甚：怜他、难克、领意、有经纬、不胜情、觉可爱要修饰体面 甚是：喜他、有情、动火、出人、难寻得到、出荐馆钱与他陪堂	16.38
形容词性短语	13	甚：有些不快活 甚是：不喜、不便当、性急、艰难得紧、软滑柔润、倦倦不舍、恋恋不释、没手没脚	11.21
名词	3	甚：少年、兴头 甚是：兴头	2.59

从上表可以看出，“甚”组程度副词在运用中既可以修饰积极色彩义的词语，也可以修饰消极色彩义的词语，其中以积极色彩义的词语为多。从所修饰语言成分的词性看，两者形容词、动词及短语都可以修饰。从音节上看，“甚”有较大的自由度，无论单音节、双音节、多音节词都可以修饰，所修饰的单音节、双音节、多音节词的比例为 31:16:7，可以看出它以修饰单音节形容词为主；“甚是”修饰单音节形容词只见 1 个用例，单音节词、双音节词、多音节词的比例为 1:50:11，可以看出它以修饰双音节形容词为主；两者在音节搭配上的总体比例是：单音节词 32 个，占 28%；双音节词 66 个，占 55%；多音节词 18 个，占 17%，总体以修饰双音节形容词为主。

三、“最”类

《说文》：“最，犯而取也。”本义为“攻取”，虚词“最”与本义无关，而是“冣”的误字。《说文》：“冣，积也。”“最”的虚词义即由“积聚”引申而来，积聚必由低而高，由少而多，因此可作为程度副词使用，表示程度达到极点，这种用法先秦时代已经出现①，后代一直沿用。《型世言》中共有这类用例32个，其中“最”28例，“最是”4例，下面我们把这组程度副词的使用频率列表如下：

表69

词项	最	最是
用例数量	28	4
百分比（%）	87	13

现代汉语中“最”仍在使用，而且出现频率很高，“最是”已不再使用。“最是”和以上提到的“甚是”一样，其中的“是”已没有实在的动词义，仅仅出于双音化的需要存在，不过，初始阶段它具有动词义，发展到后来才只起形式上的衬音作用，但出现的频率已越来越少。《型世言》中的情况就是如此，下面看看具体用法。

（1）最/最是＋形容词，共13例。如：

《型世言》中“最”既可以接单音节形容词，也可以接双音节形容词，“最是”只接双音节形容词。如：

①只是一个妒字最难，一个相形，便不能禁遏。（15回）

②这事最可怜的是一个真氏，以疑得死，次之屠有名，醉中杀身。（29回）

③至于久居骄贵，一旦寥落，最是难堪。（17回）

（2）最＋动词，共3例。如：

④其余裙袄，乡间最喜的大红大绿，如今把浅色的染木红官绿，染来就是簇新，就得价钱。（3回）

⑤这些妇女最听哄，那个不背地里拿出钱，还又撺掇丈夫护法施舍。（28回）

（3）最/最是＋动词性短语，共13例。如：

⑥蜂虿起须臾，最束庸愚手。（第21回）

⑦不知这赌场上最是难赌出的，初去到赢一二钱银子与你个甜头儿，后来便要做弄了。（35回）

⑧一路回来，最没威势的是故官家小舡，虽有勘合，驿递里也懈懈的来支应，水手们也撒懒不肯赶路，母子凄凄守着这灵柩。（18回）

从以上用例可以看出，《型世言》中“最”的用法和现代汉语比较接近，都可以修饰形容词、心理动词、助动词、心理动词构成的动宾短语，但在修饰一般动词及其短语方面，《型世言》更为自由，如例⑤、⑥、⑦这样的句子现代汉语中没有。

① 中国社会科学院语言研究所古代汉语研究室编：《古代汉语虚词词典》，商务印书馆，1999年，第882页。

（4）最是+名词，只有1个用例。

⑨开笑靥夷光何在，泣秦望夫差谁诉？叹古来倾国倾城，最是峨眉把人误！（10回）

下面我们把程度副词“最”的分布情况列表如下：

表70

修饰成分	用例数量	例词（语）	百分比（%）
形容词	13	最：熟、深、厚、重、难、快、腆、可恨、可怜、啬吝、标致、桀骜 最是：难堪	40.63
动词	3	最：喜、相知、听哄	9.38
动词性短语	13	最：要聚、可无、出群、难结、易缠染、易动心、没威势、怪如今秀才、可提醒激发、束庸愚手、不可少这提醒激砺一着 最是：易满、难赌出	40.63
形容词性短语	2	最：好看、不好	6.25
名词	1	最是：娥眉	3.13

从上表可以看出，“最”可修饰形容词、动词及其短语，其中以修饰形容词、动词短语为主；“最是”用例很少，可修饰名词、形容词、动词短语。从音节上看，“最”组副词修饰单音节、双音节、多音节词语的比例为9:15:8，由此可以看出它以修饰双音节词语为主。从语义色彩上看，“最”组程度副词所修饰的成分既有积极色彩义，也有消极色彩义。从句法上看，“最、最是”和后面的修饰成分结合成为短语之后，可以作谓语，如例①、②；作定语，如例⑥、⑨；还可以和“的”构成“的字短语”作主语，如例⑧。

四、颇$_1$

“颇”的本义是“偏颇”，《说文》：“颇，头偏也。”先秦时期引申出现形容词“偏差”的用法，到了汉代的《史记》又由形容词进一步引申出程度副词的用法。有关“颇”在初始阶段的程度副词用法，语法学界有两种看法，杨伯峻等在《古汉语语法及其发展》中认为“颇”同时具有表程度深或程度浅两种用法①，而洪成玉收集并

① 杨伯峻、何乐士：《古汉语语法及其发展》，语文出版社，1992年，第286页。

分析了《史记》中全部“颇”的用例，参考了魏晋时期的工具书和唐人对《史记》、《汉书》的注释，认为至少在唐代以前，“颇”作为副词只表程度浅一种语义①，我们认为洪先生的考察是符合语言实际的。到了唐代，“颇”的语义又有所发展，变化主要表现为表示程度的幅度逐渐加深，这样，“颇”就一义两用，在原有表程度浅的基础上又增加了表程度深的用法，《型世言》中“颇”就保持一词两用的特点，但表程度轻、数量少的用法大大少于表程度深、数量多的用法。发展至现代汉语，表程度轻、数量少的意义已不再使用，这部分我们讨论其程度深的用法，标记为“$颇_1$”，表程度浅的用法标记为“$颇_2$”，留待下面讨论。相对于“$颇_2$”程度浅的用法，“$颇_1$”所表程度深，但正如王力先生认为的那样：“‘颇’字自古就是不足的表示，当其修饰述语的时候，是和‘稍’的意思相同的……不过有时候它还能用于描写句，如‘颇佳’就只等于英语的 good enough（不是 very good），法语的 assez bon（不是 tres bon）了。《正字通》把‘颇’解释为‘甚也’，这是很不妥当的解释。依数千年的语言习惯，‘颇’字的用意只是不满或谦逊，决不像‘甚’字那样用于夸饰。”② 应该说王力先生对“$颇_1$”语义的解释是十分准确、到位的，“$颇_1$”表示程度高，但语义只和“很”接近，在色彩上它是个文言词，一般用在书面语中。在《型世言》中“$颇_1$”的用例共有 15 个，请看它的具体用法：

（1）$颇_1$ + 形容词，共 6 例。如：

①武义一带地方，打铁颇多。(2 回)

②因未起身，夫人在私寓说起胡似庄相术颇通，未曾看他，如今到任，等他来说一个小小分上，也是一番相与。(31 回)

（2）$颇_1$ + 动词，共 1 例。

③在内的，身隔疆场千百里，未尝目击利害，往往遥制阃外，凭识见以自作，禁中颇收，岂不牵制了军事？(16 回)

（3）$颇_1$ + 短语，共 8 例。如：

④锡山寺月公颇好此道，不若我荐你在那边栖身。(4 回)

⑤这阙老三，他虽是个车夫，颇有本事。这个桓福，是灵昌津渡子，也是个河上私商。(22 回)

⑥却见一个妇人头，颇生得好，一个小厮，头发才到。(29 回)

其中例④、⑤为动宾短语，例⑥则是动补短语。

下面我们把“$颇_1$”程度副词的使用分布情况列表如下：

---

① 洪成玉：《〈史记〉中的程度副词“颇”》，《首都师范大学学报》1997 年第 1 期。

② 王力：《中国语法理论》，商务印书馆，1951 年，第 251 页。

表 71

修饰成分	用例数量	例词（语）	百分比（%）
形容词	6	多、久、热、通、侏、黎黑	40.00
动词	1	收	6.67
动词性短语	8	有资蓄、有本事、有姿色、甚领意、好此道、厌拘束、生得好、有数千家事	53.33

从表 71 可以看出，在《型世言》中“颇$_1$”主要修饰单音节形容词和动词短语，在现代汉语中“颇$_1$”也主要用来修饰单音节形容词和动词短语，两者的用法已无多大差别。从句法上看，“颇”的语法功能是作状语。

五、“好”类

“好”原为形容词，晚唐时期引申虚化产生程度副词的用法，表示程度很高，带有感叹、夸张的意味，但用例并不多，出现较多是在宋代以后，特别是明清时期，它在近代汉语中的使用频率一直不低，现代汉语中仍十分常用。元曲中“好生”用作程度副词用例较多，但只见于杂剧中的宾白，而杂剧中的宾白是否能看作元代的语料尚存疑问，但明初汉译《元朝秘史》已不乏用例，因此杨荣祥认为“好生”用作程度副词元代当已产生①。“好不”是一个很特殊的双音形式，其中的“不”没有真实的否定意义，“好不”连用意思相当于“非常”，与单用的“好”作用相同，“好不”作为一个词最晚元代已经产生，确定“好不”为一个副词的原则是“不”不再表示否定，“好不”表示的是对极高程度的肯定和感叹②。《型世言》中“好、好生、好不”作为程度副词有 84 例，其中“好”19 例，“好生”24 例，“好不”41 例。下面我们把这组程度副词的使用频率列表如下：

表 72

词项	好	好生	好不
用例数量	19	24	41
百分比（%）	22.62	28.57	48.81

---

① 杨荣祥：《近代汉语副词研究》，商务印书馆，2005 年，第 162 页。

② 袁宾：《近代汉语“好不”考》，《中国语文》1984 年第 3 期。

现代汉语里“好不”已不再使用，“好生”只用在西北方言中，只有“好”仍在使用。下面我们以“好”作为这组词的代表分别加以说明。

(1)“好”类+形容词，共46例。如：

①道：“望桑树收丝，好早哩！守寡的有个儿子，还说等他成房立户，接立香火……”(4回)

②圣上也赏他是个荣辱不惊的度量，假说道：“刘子钦好无耻。”还他官职，依然做了吉士。(12回)

③不说高御史身死，话说建文君与程编修两个离了京城，还拜辞了皇陵，好生凄惨。(8回)

④师徒二人忙抬头看时，却是皮店厨边，立着一个妇人，羞羞缩缩，掩掩遮遮，好生标致：髻拥轻云堕，眉描新月湾。(26回)

⑤听那狱里一更更这等挨将来，筛锣、摇铃、敲梆，好不恓惶。(6回)

⑥那死的便也不动了，那未死的还在那里挣跳，好不惨伤。(9回)

(2)“好”类+动词，共15例。如：

⑦一到房中，和衣睡下，一时想起好羞：“怎两不相识，轻易见他？被他拒绝，成何光景？”(11回)

⑧一时好恼：“天下不只你一个有才貌的，拿甚班儿？”又时自解道：“留得五湖明月在，不愁无处下金钩。好歹要寻个似他的。”(11回)

⑨窦主事好生感谢，道：“学生有眼不识先生，今之柳下惠了。学生即写书谢石不磷，备道足下不辜所托。就是足下此行，必定连捷。”(20回)

⑩好生怨恨，道：“有这样歪官！”(33回)

⑪只是汪涵宇常在孝堂边张得贵梅，满身缟素，越觉好看，好不垂涎。(6回)

⑫那朱恺迷迷吐吐，好不奉承，临起身又捏手捏脚，灌上两钟，送他下楼，故意包中打开，现出三五两银子，丢一块与店家，道：“你收了，多的明日再来吃。”(22回)

(3)“好”类+动词性短语，共16例。如：

⑬掌珠道：“你好没理，那日你母亲自说女儿病来接，就在房中收拾了半日，打点了一个皮箱，张家人拿了。我不放心，央徐亲娘送去，出门时那一个不见？”(3回)

⑭这岑猛他祖叫岑伯颜，当初归我朝，太祖曾有旨，岑、黄二姓，五百年忠孝之家，礼部好生看他。(23回)

⑮只是将到手又被惊散，好生不快活。(6回)

⑯爱姐听了，好生不乐，道：“适才你说在你后门头，不如我做亲后，竟走到你家来。”(13回)

⑰朱玉好不心焦。又听得什么撞屋子响，道：“悔气。现今屋子也难支撑在这里，

还禁得甚木植磕哩。”（24 回）

⑱偏生躲在山里时，这些臊子与鞑婆、小鞑，骑了马山下跑来跑去，又怕他跑进山来，好不又惊又怕。（17 回）

⑲好生决断不下，凡是远年不来往亲戚家里，都去打听问，并不曾去。（3 回）

⑳这声一似新莺出谷、娇鸟啼花，好不呖呖可听。（26 回）

㉑日休回到房中，只见新红犹在，好不自喜得计。（37 回）

其中例⑬、⑭为动宾短语，例⑮、⑯为偏正短语，例⑰为主谓短语，例⑱为联合短语，例⑲为动补短语，最后两例则为固定短语。

（4）“好”类 + 形容词 + 名词，共 5 例。如：

㉒来定道：“好自在生性，现今差人拿住了大舍。他到官，终须当不得你。”（3 回）

㉓一路来好凄凉光景也：村村断火，户户无人。（7 回）

㉔王尼对着张秀才道：“好不老成相公，当日仔么替你说？又留这空洞儿等和尚钻。”（28 回）

现代汉语里这类用例中的“好”一般与形容词组合之后必须带结构助词“的”才能修饰名词。

（5）好 + 名词，只有 2 例。

㉕又时直切到他身上道：“似我这嘴脸，尚且有人怜惜，有人出钱，若像小姐这样人品，又好骨气，这些子弟怕不挥金如土，百般奉承！”（1 回）

㉖众人道：“好神明老爷。”带了他妻，并凶器、赃银回话。（23 回）

“又好骨气”实际意思是“又好有骨气”，省略了述语就成为“好”修饰名词。“神明”是“神”的总称，为名词，“好神明”修饰“老爷”作定语，省去结构助词“的”。

（6）好 + 数量短语 + 名词，只有 1 例，对程度加以强调，语带感叹。

㉗沈刚故意阔他，领他看东竹林、西桑地、南鱼池、北木山，果是好一派产。（15 回）

以上所有用例“好、好生、好不”都是作状语成分的，而当“好、好生、好不”和后面的修饰成分结合成为短语之后，大多数作谓语，如例①、②；还可以作定语，如例㉓、㉔。

下面我们把“好”组程度副词的使用分布情况列表如下：

表73

修饰成分	用例数量	例词（语）	百分比（%）
形容词	50	好：早、苦、大、自在、安耽、齐整、糊涂 好生：不忿、悒怏、惊恐、难过、欢喜、热闹 好不：热、温存、荣耀、欣然、气恼、焦躁、恓惶	59.52
动词	15	好：羞、恼 好生：感谢、思想、拿捏、奇疼、狐疑、怨恨 好不：气、垂涎、奉承、喜欢、称奇、懊恨	17.86
动词性短语	9	好：没理、没摆布 好生：看他、决断不下 好不：心惊、心焦、妆膀儿、自喜得计	10.71
形容词性短语	7	好：不乐、不兴、不快活、不过意 好不：又惊又怕、呖呖可听、丰艳飘逸	8.33
名词	2	好：骨气、神明	2.38
数量性短语	1	好：一派	1.19

从表73可以看出，"好、好生、好不"三个副词所修饰的词语在语义色彩上既有积极色彩义也有消极色彩义。从词性方面看，不管是"好"还是"好不、好生"，都以修饰形容词为主，三者与形容词结合的用例占59.52%。从音节方面看，"好"与单音节组合6例，双音节组合10例，多音节组合1例；"好生"与双音节组合21例，多音节组合3例，没见它和单音节组合的例子；"好不"与单音节组合3例，双音节组合33例，多音节组合4例。三者相比，"好"与单音节组合所占比例最高，"好生、好不"主要以双音节组合为主，"好"与"生、不"结合构成双音节词本也是出自双音化的需要，不仅其自身为双音节词，其所搭配的词语也都要求是双音节词，调查中也发现双音节词"好不"与单音节词结合的2个用例，如：

㉘只不听得汪朝奉来，斜坐灯前，心里好不热。(6回)

㉙前日你替他在书房中做得好事，教我看得好不气。如今你抢了我的主顾去，依然要你赔。我见他比江花生得又好，一时间进去，出不得来，只得在那边歇了，缠了一夜辛苦。(29回)

六、"大"类

《说文》："大，天大，地大，人也大，故像人形。""大"除了用作形容词外，还可以用作副词。《说文》“太”字段注：“后世凡言大，而以为形容未尽，则作太。”“大”的副词用法从先秦一直沿用至今[①]，表示程度很高，主要出现在形容词、动词及其短语前作状语，除“大”之外，还有“大大、大为、大是”，4个程度副词在《型世言》中共有57例，其中“大”52例，“大为、大是”各2例，“大大”1例，下面我们把这组程度副词的使用频率列表如下：

表74

词项	大	大为	大是	大大
用例数量	52	2	2	1
百分比（%）	91.23	3.51	3.51	1.75

以上4个程度副词，“大”占绝对优势，使用频率最高，占91.2%，“大大、大为”在现代汉语中还使用，“大大”强调的意味浓，“大为”则具有浓郁的书面色彩，“大是”在现代汉语中已不使用，其中的“是”只是衬音成分。

（1）“大”类+形容词，共16例。如：

①这事众人不知，我独晓得，怎么不说？若得听信，免起干戈，岂不是南北生灵大幸？（8回）

②十二三岁便会做文字。到十五六岁，都文理大通。（16回）

③这如夫人听得儿子文理通，也大欢喜，供给极是丰厚。（26回）

④公子见功名未成，姻亲未就，家事又寥落，大是不快。（18回）

由上可见，“大”后既可以接单音节形容词，也可以接双音节形容词，而“大是”则后接双音节形容词。

（2）“大”类+动词，共23例。如：

⑤这日听得赵能过，不来见，心里大疑，便着人来追他。（24回）

⑥彭宣慰急呼捞救，人已不知流在何处，大为惊悼，呈文督府，解维而去。（7回）

（3）“大”类+“有”构成的动宾短语，共10例。如：

⑦“且莫造次，再听一听。”只听得房中大有声响。（29回）

⑧他就在中山拾了一个骷髅顶在头上，向北斗拜了几拜，宛然成一个女子，生得大有颜色：朱颜绿鬓色偏娇，就里能令骨髓消。（38回）

⑨他在关中，究心内典，大有了悟。（35回）

① 中国社会科学院语言研究所古代汉语研究室编：《古代汉语虚词词典》，商务印书馆，1999年，第74页。

⑩一时乡绅富户都说他是个再来人，都礼敬他，大有施舍。(35 回)

⑪樊氏道："相公平日只是女儿脸，踢不脱这干人，至于如此，你这一赶，大是有功。"(15 回)

"有"之后大多数为名词，如例⑦、⑧，只有例⑨、⑩的"了悟、施舍"是动词，"有"后的名词、动词都为双音节词语，这和现代汉语中的用法一样，例⑪中的程度副词"大是"是双音节词，"有"后宾语"功"为单音节词，这样"有功"双音节短语和"大是"正好相应。

(4)"大"类＋其他短语，共6例。

⑫这些乡绅却道他家事凌替，其子狎近市井游棍，饮酒串戏，大坏家声。(18 回)

⑬亏他嘴活，倒也不曾吃大没意思。(31 回)

⑭周一道："我你一房人，胳膊离不得腿，难道哄你这几两银子？只是寻着自己原物，须大大请我一个东道。"(36 回)

⑮他做布政时，同寮夫人会酒，他夫人只荆钗布裙前去，见这各位夫人穿了锦绣，带了金银，大不快意。(21 回)

⑯不然还道他招权纳赂，大为士民毒害。(30 回)

⑰这都是他胆略机智大出人头地，故能仓卒不惊。(11 回)

例⑫～⑭为动宾短语，例⑮为偏正短语，例⑯为主谓短语，例⑰则为固定短语。

(5)大＋名词/形容词＋名词，共2例。

⑱又挨一两年，待宗师新旧交接时，一张呈子，改回原籍，怕不是个秀才？是一个大手段人。(26 回)

⑲大冷时夜间，一泡尿出屎出，怕不走起来收拾？还推干就湿，也不得一个好觉儿。(35 回)

"大"直接和名词"手段"、形容词"冷"组合后修饰后面的名词，不用结构助词"的"。以上所有用例"大、大大、大为、大是"本身都是充当状语成分的。下面我们把"大"组程度副词的分布情况列表如下：

表 75

修饰成分	用例数量	例词（语）	百分比（%）
形容词	16	大：热、冷、通、幸、喜、贵、吉、著、嫩、惭、愤、可怜、欢喜 大是：不快	29.82
动词	23	大：胜、望、恼、惊、疑、怒、有心 大为：惊悼	40.35

（续上表）

修饰成分	用例数量	例词（语）	百分比（%）
动词性短语	14	大：有才气、有光景、有颜色、有政声、有颜色、有施舍、有了悟、有声响、坏家声、坏衙门法纪、士民毒害、没摆布 大是：有功 大大：请我一个东道	24.56
形容词性短语	2	大：不快意、出人头地	3.51
名词	2	大：手段	1.75

从表75可以看出，“大、大大、大为、大是”4个副词中“大”的使用面最广，形容词、动词、名词、动词性短语、形容词性短语都能搭配，其中又以动词性成分为主，占64.8%，它和单音节、双音节、多音节的搭配比例为35∶3∶13，也就是说“大”以修饰单音节词为主，其他3个副词“大大、大为、大是”用例不多，所搭配词语3个为双音节词，2个为多音节词。

七、绝

《说文》：“绝，断丝也。”动词“断绝”引申而有“尽”义，《说文》段注：“绝则穷，故引申为极，如言绝美、绝妙是也。”先秦已有用例①，中古时期出现较多，近代汉语呈下降趋势。从历时角度看，程度副词“绝”在发展的兴盛期主要是修饰含有否定词的动词性成分和形容词，到了近代汉语，“绝”的变化一是出现频率明显下降，二是用法上以修饰形容词为主。《型世言》中程度副词“绝”正好体现了这一变化的结果，共有25例。

（1）绝+形容词，共14例。如：

①早间送了董文出去，绝早梳头，就倚着门前张望。（5回）
②自古道：人要衣装，马要鞍装。这一装束便弄得绝好了。（29回）
③右首坐着个娇倩美女，翠翘金凤绝妖娆。（7回）
④柳眉瓠齿绝娇妍，贯玉却疑陈孺子。（29回）

“绝”既可以接单音节形容词，也可以接双音节形容词。

（2）绝+形容词+名词，共10例。如：

⑤又差华旗牌赍了手书礼物，又取绝大珍珠、赤金首饰、彩妆洒线衣服，兼送王

① 中国社会科学院语言研究所古代汉语研究室编：《古代汉语虚词词典》，商务印书馆，1999年，第323页。

夫人。(7 回)

⑥陈代巡道："这是绝妙计策，再不消计议得，只依着做去。"(30 回)

（3）绝 + 否定词 + 动词，表示对所述词语的强调，共 1 例。

⑦徐主事恬然绝不在意。众人也向厉主事道："既做同僚，也存些体面。"(31 回)

《型世言》中"绝"用于否定词前仅此一例，现代汉语中"绝"经常出现在否定词之前。以上所有用例"绝"本身都是充当状语成分的。下面我们把"绝"作为程度副词的分布情况列表如下：

表 76

修饰成分	用例数量	例词（语）	百分比（%）
形容词	24	早、大、妙、好、少、妖娆、娇妍、标致	96
动词性短语	1	不在意	4

《型世言》中"绝"所修饰的词语绝大多数为形容词，但形容词的面较窄，一般只局限在少数词上，调查中"好"出现 8 次，"早"出现 5 次，"妙"出现 3 次，"标致"出现 3 次，语义上它们都是积极色彩义，且以单音节形式为主。

八、"蛮"类

这类副词表示程度较高，口语色彩较浓，《型世言》中"蛮"有 3 个用例，"满"只有 1 个用例，修饰形容词的 2 例，修饰动宾短语的 2 例，意思相当于"怪、挺"，如：

①寡妇道："媳妇不必过执，我想这汪蛮是个爱色不爱钱的，不嫁他便与他暂时相处，得他些财物可以度日。"(6 回)

②张三道："这狗蛮倒阔，不知那里去。"走进房里，只见一人也没，坐了一会，想道：老冯这蛮子，向来请我们，他卖弄两件银器。(36 回)

③又寻了些监生秀才去，撞了这两个蛮掌家，道："他盗了咱进御玉带，还要抄没他。干你鸡巴鸟事，来闲管！"(32 回)

④廿载奇男子，俄惊作女流。客窗闲自省，两颊满娇羞。(37 回)

九、怪

"怪"，原为形容词，为"奇怪、怪异"之义，虚化成为副词使用的时间较晚，查找杨荣祥"四种文献副词表"，仅在《朱子语类》中发现 1 例："'臣之视君如寇鲱'，孟子说得来怪差，却是那时说得"(2005)[①]，同时代的《金瓶梅词话》里没有，《型世言》中"怪"作程度副词使用的有2例。根据以上例子可以推测"怪"虚化出程度副词的用法是在宋代，但较多使用应该是在清代，根据武振玉的考察，清代后期的《儿女英雄传》里"怪"作程度副词使用已有32例[②]。《型世言》中程度副词"怪"只有1例，修饰形容词，词语色彩偏向消极义，呈现出初期使用用例较少，与之搭配词语色彩单一的特点，如：

王奶奶见了景东人事，道："甚黄黄，这等怪丑的。"(12回)

十、顶

"顶"，原为名词，为"头顶"之义，虚化成为副词使用的时间较晚，最早的用例见于宋代《朱子语类》卷二："星图甚多，只是难得似，圆图说得顶好。天弯，纸却平。"[③] 此例中的"顶"已经可以体现出是"有客观比较范围的程度极高量"，太田辰夫认为："这种副词的'顶'，在《朱子语类》之后相当长的时间内几乎见不到例子，就是清代的北京话中一般也不使用，到清代后期才能见到，可能是南方的方言吧。"[④] 太田辰夫的观点切合实际，在我们所查找的语料中，清代以前这样的用法很少，宋代文献中仅有上面1例，元代没有，其后的明代情况并未得到明显的改观，仍只有不多的用例，《型世言》中也仅发现1例，同时代的《金瓶梅词话》没有发现"顶"的副词用法。现代汉语中"顶"仍在南方方言如湘方言中用作表程度高的副词。下面这个例子中的"顶"修饰形容词"大"，表示程度高，相当于"很"的意思。

罢，只得随着你，只是海南有好珠子，须得顶大的，寻百十颗稍来已咱。(39回)

十一、特

《说文》："特，牛也。"《玉篇》："特，牡牛也。"由公牛的体壮高大引申为形容词"独特、特别"之义，杨荣祥认为："'特'作限定副词，是由'特'的'独特'义引申而来……'特'表程度，也应是由'特'的'独特、特出'义引申而来。"[⑤] "特"在六朝时产生程度副词的用法，近代汉语中仍在使用，但作程度副词使用的用例很少，现代汉语中则多用双音节的"特别"。在《型世言》中，"特"有38个用

---

① 杨荣祥：《近代汉语副词研究》，商务印书馆，2005年，第346、153页。

② 武振玉：《〈儿女英雄传〉中的程度副词述评》，《绥化师专学报》2003年第4期。

③ 杨荣祥：《近代汉语副词研究》，商务印书馆，2005年，第346、153页。

④ [日] 太田辰夫著，蒋绍愚、徐昌华译：《中国语历史文法》，北京大学出版社，2003年，第250页。

⑤ 中国社会科学院语言研究所古代汉语研究室编：《古代汉语虚词词典》，商务印书馆，1999年，第849页。

例，其中作情态副词的有33例，作限定副词的有4例，作程度副词的只有1例，由此可见，单音程度副词“特”到了这一时期已经很少使用了。

勿用，我侬有一计，特勿好说。(27回)

“特”修饰短语“勿好说”作状语，意思相当于“特别”、“很”。

十二、殊

《说文》：“殊，死也。……一曰断也。”段注：“凡汉诏云殊死者，皆谓死罪也。死罪者身首分离，故曰殊死，引申为殊异。”自先秦起“殊”常置于动词前，虚化为程度副词，表示动作行为的程度，后一直沿用在文言文中①，在现代汉语中仍在使用，但一般出现在书面语中。《型世言》中有7个用例，基本上是沿用前代的用法。

(1) 殊+动词/动词短语，共5例。如：

①次早督府酒醒，殊悔昨之轻率。(7回)

②高秀才便叹息道：“这干都是忠臣，杀他一身够了，何必辱及他子女，使缙绅之女为人淫污，殊是可痛……”(1回)

③陈公子不是请个先生，到是得个陪堂，两边殊是相安。(26回)

(2) 殊+不/无，表示否定的程度达到某种极限，带有强调的意味，共2例。

④汪涵宇便戏着脸道：“亲娘，这是我特意买来的。亲娘不收，叫我将与何人？将礼送人，殊无恶意。”(6回)

⑤姚明便一把扯了道：“四海之内皆兄弟也。陈兄殊不脱洒。”陈有容道：“有话但说，学生实不在此。”(22回)

十三、至

《说文》：“至，鸟飞从高下至地也。”段注：“凡云来至者，皆于此义引申假借。”《玉篇》：“至，极也，达也，到也。”“到达极限”是“至”的基本含义，先秦时代虚化用作程度副词②，一般用来修饰单音节动词、形容词，表示性状的程度极高，现代汉语中仍在使用，但带有明显的文言色彩。《型世言》中只有1例：

但割股出人子一段至诚，他身命不顾，还顾甚旌表？果然至孝的，就是不旌表也要割股；不孝的，就是日日旌表，他自爱惜自己身体。(3回)

“至诚”已凝固成词，“至孝”中的“至”修饰“孝”表示所指的情况处在最高

① 中国社会科学院语言研究所古代汉语研究室编：《古代汉语虚词词典》，商务印书馆，1999年，第849页。

② 中国社会科学院语言研究所古代汉语研究室编：《古代汉语虚词词典》，商务印书馆，1999年，第849页。

层级上。

十四、十分$_2$

“十分”原为一词组，意为“将事物做十等分的划分”，由此引申出表示全部的总括副词用法，再进一步虚化产生程度副词的用法，表示程度的“十分”始见于宋代，《朱子语类》中已有较多用例，明清时期其使用频率一直呈上升趋势，现代汉语中它已成为表程度高的常用副词。《型世言》中“十分”有18例，作副词使用的有14例，其语义可分两类，其中，作副词使用表示程度高的有13例，表示程度超常的有1例，前面已述，另外，它还可以作语气副词使用，下面看看它的具体用法。

（1）表示程度很高，与现代汉语中的“很、非常”意思相当。

①这两个女人，生得十分娇媚，我待寻个舍钱姐夫，与他梳栊，又得几百金。(1回)

②“……若当日先生在此，当不至此。”十分凄怆。(11回)

③“……只不知我父亲今日拣，明日择，可得这样个人么?”以此十分留意。(11回)

④不半年有了娠，吴氏就不把家中用叫他做，临产十分调护，喜得生了个儿子。(15回)

⑤故事虽十分信，还带三分疑。(36回)

⑥故此虽围了阮副使，也不十分急攻。(7回)

现代汉语中，“十分”前加否定副词“不”就可以修饰一部分表示动作或行为的动词，《型世言》中的这一用例和现代汉语中的一样。

⑦却好凑着，起初只要十来两省事些的，后来相见了王翘儿，是个十分绝色，便肯多出些。(6回)

“十分$_2$”修饰的多是谓词性成分，如例①、②为形容词，例③~⑤为动词，例⑥则为动词短语。例⑦比较特殊，是副词“十分”修饰名词“绝色”的例子，这种情况不多见，能够接受副词修饰的名词也很少，这类名词一般要求含有描述性的语义特征，比如“绝色”就有“容颜姣好、体态婀娜”等语义特征。

（2）表强调肯定的语气，与现代汉语中的“实在”意思相当。

⑧小姐只是不采，十分听不得时，也便作色走了开去。(1回)

⑨十分不勾，便把库里零星银子找上罢。(22回)

例⑧、⑨两例显然是表强调语气的，“不勾”根据语境应是“不够”的笔误。调查中还发现2例“十分”作实词词组用的例子，如：

⑩在房中服侍的，便丑是他十分，还说与丈夫偷情，防闲打闹。(7回)

⑪天下最好看的妇人，是月下、灯下、帘下，矇矇胧胧，十分的美人，有十二

分。(26 回)

例⑩虽无法进行句法分析，但根据语境可以判断“十分”不是副词，“便丑是他十分”语义方面应作“便是比他丑十分”来理解，例⑪中的“十分”直接作定语，而副词是不能作定语的，因此这两个例子都是“十分”的实词词组用法，偏正复合式副词正是由这一实词性偏正词组发展凝固而来的。

下面我们把“十分”程度副词的分布情况列表如下：

表 77

修饰成分	用例数量	例词（语）	百分比（%）
形容词	8	明、娇媚、艳丽、欢喜、精洁、凄怆、过意不去	61.54
动　词	3	信、留意、调护	23.08
动词性短语	1	急攻	7.69
名　词	1	绝色	7.69

在表 77 中 13 个表程度高的用例里，修饰形容词的 8 例，修饰动词（包括心理动词）的 3 例，修饰动词性短语的 1 例，修饰名词的 1 例；从所搭配的音节看，单音节 2 个，双音节 10 个，多音节 1 个，呈现出以修饰双音节词语为主的态势，用法已经很接近现代汉语了。

十五、异常

“异常”原为形容词性词组，原意为“超出正常”，南北朝时期由此词组引申虚化为程度副词，但和“非常”一样，它在宋元明时期并不常用，较多出现还是在明清时期，清代是这一双音副词发展的重要时期。《型世言》中“异常”共有 5 个用例，2 例是实词词组用法，另有 3 例是程度副词用法，先看“异常”作为实词词组义的用法：

①事出异常，法难深绳，姑从宽宥。(25 回)

②这番方具文通申府道两院：“镇安县为灾变异常事。本月准本县民李良云告词，拘审间……”(38 回)

这两例中的“异常”都表“不同寻常”义，是对它前头的话题主语加以补充说明的，应视为实词词组用法。下面看它作为程度副词的用法：

③将济南城池筑得异常坚固，挑得异常深阔。(1 回)

④两姚虽是过得，啬吝异常；只有富尔谷极甚挥洒。(13 回)

⑤不意此女奸诡异常，向尚书朦胧乞一手札，即欲亲迎，借此相拒。(38回)

“异常坚固、异常深阔、啬吝异常、奸诡异常”中的4个“异常”都是修饰形容词的，2个位于形容词之前，2个位于形容词之后，这一时期的“异常”和“非常”一样，主要位于所修饰词语之后。但是在《型世言》中稍有不同，4个有2个位于形容词之前，数量虽少，但按比例占50%，可以看出“异常”位于所修饰词之前的比例有所增加，这多少反映了“异常”向现代汉语发展的趋势。

十六、“多”类

《说文》：“多，重也。”《尔雅·释诂》：“多，众也。”本义为“数量大”，可用作副词，先秦已有用例，后一直沿用至今①，表示程度高，带有感叹、夸张的语气，相当于“非常”。“‘多少’用来表示程度始见于唐代，宋代比较常见，此后逐渐消失”②，现代汉语里“多少”表程度的用法已不见，这种用法已由“多么”取代。香坂顺一认为：“北京话里‘多么’专用于感叹，但‘多么’大约是由‘多少’变来的……”③《型世言》中“多、多少”共有10个用例，其中“多”8例，“多少”2例，下面我们把这组程度副词的使用频率列表如下：

表78

词项	多	多少
用例数量	8	2
百分比（%）	80	20

（1）多：

《型世言》中“多”后接形容词，共8例，如例①、②，后接动词短语，只有1个例③。

①那旗牌偷眼一看，但见：左首坐着个雄赳赳倭将，绣甲锦袍多猛勇；右首坐着个娇倩美女，翠翘金凤绝妖娆。(7回)

②他无子，止有一个女儿，叫做文姬，年纪已十七岁，且是生得标致。一段盈盈、妖红腻白多娇丽。(38回)

③纪指挥道：“小姐多有才，一定有的。”(2回)

（2）多少+名词/形容词，共2例。

① 中国社会科学院语言研究所古代汉语研究室编：《古代汉语虚词词典》，商务印书馆，1999年，第849页。

② 杨荣祥：《近代汉语副词研究》，商务印书馆，2005年，第181页。

③［日］香坂顺一著，江蓝生、白维国译：《白话语汇研究》，中华书局，1997年，第103页。

④某人财主，惯舍得钱，前日做多少衣服与我，今日又打金簪金镯，倒也得他光辉。(1回)

⑤我们灯窗下多少辛苦，中举中进士。若是侥幸中在二甲，也得这个主事；殿了三甲，选了知县推官，战战兢兢，要守这等六年，能得几个吏部、两衙门？十有八九得个部属，还有悔气，遇了跌磕降调，六年也还巴不来。(31回)

这两例的“多少”都不表疑问，而带有感叹的语气，“做多少衣服与我”的意思为“做了很多衣服给我”；“我们灯窗下多少辛苦”中的“多少”意思相当于“多么”，表示的也是“辛苦”的程度高，相当于“很”的意思。

下面我们把“多”组程度副词的分布情况列表如下：

表79

修饰成分	用例数量	例词（语）	百分比（%）
形容词	8	多：爽、猛勇、至诚、娇靓、娇丽、英猛、惊恐 多少：辛苦	80
动词性短语	1	多：有才	10
名词	1	多少：衣服	10

“多”所修饰的词语以形容词为主，音节方面既有单音节也有双音节，但以双音节词为主；“多少”2例都修饰双音节词。

十七、何等

“何等”和上文提到的“多少”一样都是近代汉语中产生的表示感叹的程度副词，这些副词的特点是一般用于感叹句，副词本身不明确表示程度的高低，但结合整个句子的感叹语气不难悟出程度副词所要表示的是一种难以明说的极高的程度，这些程度副词的用法和现代汉语的“多么”相当。《型世言》中“何等”有6个用例，表示程度的有4例，另有2例修饰名词，是代词用法，下面请看“何等”的程度副词用法。

①有这等怪妇人，平日要摆布杀丈夫，我屡屡劝阻不行，至今毫不知悔。再要何等一个恩爱丈夫？他竟只是嚷骂。这真是不义的淫妇了，要他何用？(5回)

②你看他何等手段！何等方略！不知他平日已预有这手段了。(19回)

③一个秀才与贡生何等烦难！(22回)

④一个花枝女子，头面何等标致，身体何等香软，如今却是个没皮果子，宛转在脓血之中。(38回)

例①“再要何等一个恩爱丈夫”中的“何等”语义指向形容词“恩爱”，意即“再要一个何等恩爱的丈夫”，偏正短语“何等恩爱”修饰名词“丈夫”，省略了助词“的”。例②中的“何等手段、何等方略”实际上应是“何等有手段、何等有方略”，省去“有”，变成“何等”修饰名词，但从感叹语气里不难判断其赞叹程度深的语义。而“烦难、标致、香软”都是形容词，这样在词性方面，“何等”修饰的词语4个是形容词，2个是名词；在音节上，6个搭配成分都是双音节词语，用法已和现代汉语无异。

十八、不胜

古代汉语里“胜”表示“能承担”这一语义，“不胜”即“承担不了、不能忍受”的意思，如“体力不胜”，后又引申表示“不能做或做不完”的语义，如“不胜枚举”，在《型世言》中“不胜”也可以作为实词词组使用。如：

①只见慧哥两泪交零，哽咽不胜，正是：一身飘泊似游丝，未语情伤泪雨垂。(11回)

②何难役使鬼神？况妖不胜德，邪不胜正，乃理之常。(38回)

在实词词组义的基础上，“不胜”又虚化出程度副词的用法，表示程度高，相当于“非常、十分”。《型世言》中“不胜”作为程度副词有13例，下面看看它的具体用法。

(1)“不胜”用在形容词、动词等前面作状语。

③只见成祖因见累年战争，止得北平一城，今喜济南城降，得了一个要害地方，又得这干文武官吏兵民，不胜忻喜，便轻骑张着羽盖，进城受降。(1回)

④只是想自家苦蒐家私，自家私囊也有些，都不能随身，不胜悒怏。(3回)

⑤红树苍山江上秋，孤篷片月不胜愁。(7回)

⑥若得大人如此用心，我不胜感激。(40回)

⑦王良见了，不胜大怒，道：“这畜生恁般欺人，怎见那半间是你的，你便自主，况且又多尺余，如今坍的要你造还。”(2回)

(2)“不胜”用在形容词之后作补语，共2例。

⑧王原欢喜不胜，就要即日起身。(8回)

⑨参见了何知县，喜得不胜，感得不胜。(30回)

现代汉语中“不胜”只修饰带感情色彩的双音节动词，如“不胜感激、不胜遗憾”，没有修饰形容词和动词短语的用法，如例③、④、⑦，“不胜”作补语用，用结构助词“得”连接也是现代汉语中所没有的用法。

下面我们把“不胜”程度副词的分布情况列表如下：

表 80

修饰成分	用例数量	例词（语）	百分比（%）
形容词	10	感、喜、忻喜、欢喜、悲痛、悲伤、凄怆、悒怏、欣快、惊惶	77
动　词	2	愁、感激	15
动词性短语	1	大怒	8

从表 80 可以看出，“不胜”修饰形容词 10 例、动词 2 例、简单动词短语 1 例，而不论是形容词、动词还是动词性短语，它们都是带感情色彩的词语；从音节角度看，13 个用例里有 3 个单音节词，10 个双音节词和短语，3 个单音节词都出现在韵文里，是出于上下句协调音节的需要，并不代表生活中自然口语的语感；句法上“不胜”除了作状语，还可以作补语。

十九、忒

“忒”原为名词“差错”的意思，“差错”则有“过度”义，宋代时期进一步由“过度”义引申虚化作程度副词使用，这种用法在宋诗宋词中常能见到，《朱子语类》中用得也不少。有关“忒”的来源，香坂顺一（1992）认为与“特”有关①，杨荣祥（2005）也认为“忒”可能是“特”的变体形式②。据杨先生考察，程度副词“特”在《朱子语类》中有用例，在《新编五代史平话》、《金瓶梅词话》两部书中却未见用例，而程度副词“忒”在后两部书中用得很多，所以杨先生认为“忒”可能是“特”的变体形式，这一推测是有道理的。《型世言》中有“忒”作程度副词的用例 8 个，从用法上看，“忒”与此前用法相同，主要修饰较复杂的动词性词组，意思相当于“特别、太”；到了清代的《儿女英雄传》，“忒”的使用频率呈明显的下降趋势，《型世言》是明代末期的作品，“忒”的用例不多，与“忒”在这一时期的发展情况相吻合。现代汉语里“忒”已不用，它只保留在北方方言中，在《型世言》中“忒”后既可以是形容词，也可以是谓词性短语。如：

①人都道这娘子忒宽打料，不知数目，不知他自有主见。（10 回）

②武夫笑他白木；谨慎的，说道没作为；豪爽的，道他忒放纵。（13 回）

③鲍雷自倚着他强中硬保惯了，又忒要为花芳，道是二两银子，二两票子，陆续还。（33 回）

④论起不曾出幼，还该恕他个小，但只是做事忒不好得紧。（35 回）

---

① 香坂顺一著，植田均译：《水浒词汇研究》（虚词部分），文津出版社，1992 年，第 94 页。

② 杨荣祥：《近代汉语副词研究》，商务印书馆，2005 年，第 253 页。

下面我们把“忒”作为程度副词的使用分布情况列表如下：

表 81

修饰成分	用例数量	例词（语）	百分比（%）
形容词	5	小、老、宽、狠、放纵、宽急	63
谓词性短语	3	要为花芳愁、不好得紧、狠了些	37

从以上用例可以看出，“忒”以修饰形容词为主；音节上，单音节、双音节、多音节都可以修饰，其中单音节词略占优势；句法上，“忒”可以和所修饰词语结合作谓语，如例②，或作状语，如例①。

二十、“煞”类

“煞”作副词使用始于唐代，何乐士等主编的《古代汉语虚词通释》认为其“用于动词、形容词前或后，表示极度”①，所举用例的时间为唐朝时代；袁宾的考证认为“‘煞’是个北方方言词，北宋时南方口语里还很少用，南宋时随着时间的推移和社会政治形势的巨变（金人入侵，宋室南渡），北方方言词‘煞’向南方扩散的现象有增多之势”②。“煞是、可煞”是“煞”加衬音成分的双音节副词，它们都是近代汉语中出现的程度副词，《型世言》中“煞是、可煞”各有 1 个用例，表示程度极高，相当于“很”、“非常”。如：

①王太守回来讨文字看，一个篇半，是来得去不得的文字；两个一篇，都也是庸谈，一个半篇，煞是欠通。王太守见了，也没甚言语，到叫先生有些不安。（18 回）

②这女子沉沉的凭他洗涤。却可煞作怪，这一洗，早已脓血都不出了。（38 回）

例①中的“煞是”修饰短语“欠通”，不仅表示程度高，而且加“是”语含强调；例②中的“可煞”修饰“作怪”，“可煞作怪”即“十分奇怪”的意思，据唐贤清考察，“‘可煞’使用的时代主要在唐宋元明清”，“从修饰对象看，由唐宋时期修饰动词、形容词及其短语到清代主要修饰形容词‘作怪’，修饰对象呈现专一化的倾向，而明代具有明显的过渡性”。③《型世言》中的这一用例是对唐贤清研究结论的进一步证明，不过，“作怪”并不是形容词而是动词，到了清代，“可煞”基本上就用来修饰“作怪”了。

---

① 何乐士等编：《古代汉语虚词通释》，北京出版社，1985 年，第 473 页。

② 袁宾：《唐宋“煞”字考》，《中国语文》2003 年第 2 期。

③ 唐贤清：《近代汉语副词“可煞”的演变规律》，《中南大学学报》（社会科学版）2003 年第 1 期。

第三节 程度加深类副词

这类副词主要表示程度所呈现的一种变化情况，也即在原有基础上的一种加深，当它们用来表示程度加深这一状态时，如“越”、“愈”、“弥”等，往往还可以在句中前后重复出现，被修饰的谓语中心词在意义上往往存在依变关系。《型世言》中表程度加深的这部分副词共有7组12个，下面请看这部分副词的使用频率，为简明起见，以组为单位进行列举：

表82

词项	更	深加	益加	越	愈	一发	弥
用例数量	37	1	1	70	4	32	2
百分比（%）	25.17	0.68	0.68	47.62	2.72	21.77	1.36

一、更$_1$

《说文》：“更，改也。”本义为“更改、改变”，它的虚词义由实词义引申而来，上古汉语里“更”主要用作情状方式副词，既可表示动作行为或情况反复出现，也可表示动作行为以相互轮迭的方式进行。作程度副词表示程度的加深，据陈祥明考察：“至晚不会晚于东汉，在《论衡》中就已经出现，如‘善射者能射远中微，不失毫厘，安能使弓弩更多力乎？’”① 当然，整个中古时期作程度副词的“更”与表重复、反复状态的副词相比一直处在弱势状态，从唐代开始“更”表程度加深的用法迅速发展，根据杨荣祥（1997）的考察与统计②，宋元以后一直到明清，其程度副词的用法呈稳定上升的趋势，但表状态用法还占主流地位，到了清代的《儿女英雄传》“更”才不再用来表示状态，而发展成为专表程度的一个副词。《型世言》中“更”共出现66例，表程度的有37例，约占总数的56%，体现了“更”由情状范围副词向程度副词过渡演进的一个断面，作为副词“更”还可以表范围、状态和语气，另外还可以作连词使用。为了更为全面地了解“更”在《型世言》中的用法，我们把程度副词用法标为“更$_1$”，范围副词用法标为“更$_2$”，状态副词用法标为“更$_3$”，语气副词用法标为“更$_4$”，连词用法标为“更$_5$”，本文以“更$_1$”作为考察对象。

（1）“更$_1$”用于比较句中，表示程度比原来高，一般是同一方面的比较。

① 陈祥明：《〈经律异相〉所见中古新兴单音节副词考察》，《泰山学院学报》2006年第1期。

② 杨荣祥：《近代汉语副词研究》，商务印书馆，2005年，第148－149页。

①徐婆道："喜得亲娘管店，个个道你做人和气，生意比周舍时更兴。"（2 回）

②更苦是一个耿埴，一个在床上，一个在床下，远隔似天样。（5 回）

③况且每日不过是一两个钱小菜过一日，比周于伦在家时更酸啬，又为生意上添了许多参差。（3 回）

④这虽不认得父亲，还也晓得父亲在何处，如今说一个更奇特的，从不曾认得父亲面庞，又不知他在何处，坚心寻访终久感格神明，父子团圆的。（9 回）

⑤若是忽雷遇着来讨了个饶，更不好了，越要脱剥了衣裳，打个半死。（14 回）

⑥精神还比未病时更好些，道："朕与周颠别二十五年，不意周颠念朕如此。"（34 回）

上述之例中的"更"后面所接成分既可以是单音节形容词，如例①、②，可以是双音节形容词，如例③、④，也可以是偏正短语如例⑤、⑥。

⑦欲弥乱而乱弥增，欲除贼而贼更起。（14 回）

⑧读圣贤书，所学何事？未做官时，须办有匡济之心，食君之禄，忠君之事；一做官时，更当尽展经纶之手。（21 回）

⑨此时沈实更没一句怨怅他的说话，道："小主莫忧，老奴在此两年，已为小主积下数百金，在此尽可供小主用费。"（15 回）

⑩更喜得这小厮一些疮毒不生，一毫病痛没有。（35 回）

⑪不一日，闯到一个山里，一条路走将进去，两边石块生得狼牙虎爪般，走到山上一望，四围石壁有数十丈，更无别路可来，山顶平旷，可以住得。（17 回）

⑫已是奇了，还有一雷之下，杀七个谋财害命凶徒，救全两个无辜之人，更事之出奇了。（32 回）

⑬复宽慰母曰："我非不怜母无人陪侍，然使我在，更烦母周恤顾管，则又未有益母亲。"（10 回）

上述之例中的"更"后面所接成分多是动词或动词性短语。例⑦中的"更"修饰单音节动词"起"是在诗文语境里，仅此 1 例。而"更"所修饰的短语有动宾短语，如⑧、⑨；有述补短语，如例⑩；有偏正短语，如例⑪；有主谓短语，如例⑫；有兼语短语，如例⑬，类型很多。例⑫"更事之出奇"中的"更"句法上修饰主谓短语，而语义上指向"出奇"，现代汉语里没有这样的用法。

（2）"$更_1$"表示在几种事物中某件事物最为突出，最值得特别提出，这时的"更"相当于"尤其"，有 2 例。

⑭还又晓得一手女工针指，更性格温柔，做人谨慎。（16 回）

⑮此时陈有容见朱恺人也齐整，更言语温雅，便也有心，道："不敢仰攀。"（22 回）

下面我们把"更"作为程度副词的使用分布情况列表如下：

表 83

修饰成分	用例数量	例词（语）	百分比（%）
形容词	20	红、深、利、乱、安、妙、好、大、兴、静、苦、乱、寂、奇特、可羞、多妖、酸啬、猖獗	54
动　词	1	起	3
动词性短语	12	不敢、有志气、奇于忠、无依倚、无别路可来、辱身他人、要嫁祸裘龙、事之出奇、如灯泛渔槎	32
形容词短语	4	不好、好些、言语温雅、性格温柔/做人谨慎	11

从表 83 可以看出，程度副词“更”以修饰形容词为主。音节方面修饰单音节的 21 例，修饰双音节词和短语的 7 例，修饰多音节短语的 9 例，总体以修饰单音节词为主。句法上“更”组成的偏正短语大多数充当谓语，如例①、③，个别还可以充当主语，如例②，其与结构助词结合成为“的”字短语后还可以作宾语，如例④。

二、深加

“深”和“加”单独作为程度副词使用先秦已见，同义连用渐固成词同样表示程度加深，意思相当于“更加”。《型世言》中“深加”只有 1 个用例，修饰双音节心理活动动词“爱惜”。

日休道：“我自深加爱惜，姐姐不要惊怕。”（38 回）

三、益加

“益加”，始见于汉代，南北朝时期的汉译佛经中较多见，表示程度加深，意思相当于“更加”，其产生方式应和“深加”一样，是同义连用后渐固成词的。《型世言》中“益加”只有 1 个用例，修饰双音节动词“进修”。

若为穷所使，便处一小馆，一来可以藉他些束修，资家中菽水，二来可以益加进修。（19 回）

四、“越”类

《说文》：“越，度也”，本义为“度过、跨过”，唐宋时期“越”可用作程度副词[①]，后一直沿用至今。这 5 个都是表程度加深的副词，《型世言》中“越”有 44 个

① 中国社会科学院语言研究所古代汉语研究室编：《古代汉语虚词词典》，商务印书馆，1999 年，第 794 页。

用例，“越……越……”用例11个，“越加”用例2个，“越发”用例13个，“越越”用例1个，5个程度副词中前4个在现代汉语中仍然使用，并且是表示程度加深类副词的主力军。下面我们把这组程度副词的使用频率列表如下：

表84

词项	越	越……越……	越越	越加	越发
用例数量	44	10	1	2	13
百分比（%）	62.86	14.28	1.43	2.86	18.57

1. 越

“越”表示程度因某一情况或时间的推移而加深，有“因此更加”的意思，现代汉语中“越”虽然仍在使用，但它很少单用，往往构成“越A越B”或“越来越……”的固定格式使用。《型世言》中“越”不仅能单用，而且是这组副词里使用频率最高的副词，占62%，从搭配的词语看，它以修饰复杂的动词性短语为主。

（1）越+形容词，共11例。如：

①到后来朱恺踪迹渐密，他情谊越疏，只是不见。（23回）

②相见，无尘道：“前日师弟标致，如今越标致了。年纪老少不同，可也与无垢师弟面庞相似，一个塑子塑的。”（35回）

③王尼道：“要你的？求不来要你赔？把几件大施舍难他，一时完不来的，便好把善行不完推。这科不停当，再求那科，越好牵长去……”（13回）

④夜间光景，每日也只等个晚，那里有心去催租？反巴不得租收不完，越好耽延。（40回）

⑤沈阆晓得他一团好心，再不责备他，越好待他。（15回）

⑥不知富的有钱买越富，穷的没钱买越穷，一个官、一张呈状，也不知罚得几石谷、几个罪。（30回）

“越”后既可以是单音节形容词，也可以是双音节形容词。其中例③～⑤三个例子中都是“越”修饰“好”，但细加分析，它们的语义是不一样的，例③、④只单纯表示程度的加深，相当于“更”的意思，例⑤则表示程度随时间延伸而加深的语义，相当于“越来越……”的意思，“越好待他”即“越来越好地待他”，语义上隐含倚变关系的前提条件。例⑥形式上类似“越……越……”的格式，但从语义上看“越富”和“越穷”相互之间并不构成倚变关系，它仅仅是“越”的单用形式，表示单纯的程度加深，“富的有钱买越富，穷的没钱买越穷”的意思即“富的有钱买变得更富，穷的没钱买变得更穷”，因此，它仍是“越”的单用形式。

（2）越+动词，共6例。如：

①满四若四散出掠，他势还大，还要虑他。他如今退入山中，我兵分了六路，团团困定，要通虏时，插翅也飞不出。（17回）

②后日差人就来了，被他逼到府前，四尊有令尊体面，讨保这也还好。若道人命事大，一落监，这使费还多。（27回）

例②中前面的“还好”表示程度轻，差强人意，后面的“还多”则是在比较情景下显示“假如落监的话使费增多”，是程度增强的语义，这里的“还”是“更”的意思。

（2）还$_1$+动词，只有1例。

③沈氏道：“还好笑，说要我一千银子，保全我一家性命。”（30回）

（3）还$_1$+动词性短语，共有3例。如：

④爱姐道：“你今做新郎，须带了他去，还像模样。”（21回）

⑤彭氏道：“这师父还脸嫩。我这里师父们见了女人，笑便堆下来，好生欢喜哩。也只是年纪小，不知趣味。”（35回）

下面我们把“还$_1$”程度副词的分布情况列表如下：

表91

修饰成分	用例数量	例词（语）	百分比（%）
形容词	6	好、明、大、多	6
动　词	1	好笑	1
动词性短语	3	识羞怕耻、脸嫩、像模样	3

从表91可以看出，“还$_1$”修饰形容词的有6例，修饰动词的有1例，修饰动词短语的有3例，显然以修饰单音形容词为主。

五、比较

“比较”表示有一定的程度，相当于“较”，《型世言》中只有1个用例，修饰状态词语“缩脑低头”。

你看如今做官的甚样人，我去与他作吏？你说吏好，不知他讲公事谈天说地，轮比较缩脑低头。（14回）

六、有些

“有些”表示程度浅，意思相当于“有点儿”，与“有点儿”相比，“有些”多用于书面语。《型世言》中有72个用例，下面看看它们的具体用法。

（1）有些+词。

①耿埴眼清，道这是个花子，怎这样打扮？毕竟有些怪，远远随他望前门上一个大段铺内走进去。（4回）

②他若是无情的，一定上手扯坏；他又这等想看，又和，一定也有些动情。扯坏时他怕人知道，欲灭形迹了，还是个有心人。（11回）

③石廉使把笔在纸上写，是双立人、一个“夕”字，有些疑心，道：“你家主与那一个是亲友？”（21回）

④张秀才听到这句，有些吃惊，还道是文牒都已烧去，没踪迹，道：“这秃驴这等可恶，停会着人捉来，打上一顿送官。”（28回）

⑤因妻阴氏自生世建后，身体多疾，不惟不复生育，又不能管家，娶一个妾同行，是富顺县陈见村之女，年十九岁，却也生得有些颜色，还又晓得一手女工针指，更性格温柔，做人谨慎。（16回）

⑥张秀才道：“若说养儿子，我原有些手段，凑得来。若说中举中进士，怕本领便生疏，笔底室滞，应不得手。”（28回）

其中例①、②为形容词，例③、④为动词，例⑤、⑥为名词。

（2）有些+短语。如：

⑦只是这人心直口快，便沈阆有些不好，他也要说他两句。（15回）

⑧蒋日休听了，也只唯唯，甚是有些不快活。（38回）

⑨杨三嫂道：“看这样花枝般个亲娘，周舍料是恩爱，想是老亲娘有些难为人事。”（3回）

⑩那家僮听得道：“我家主今日也有些熬不过了，这女儿子落了靛缸也脱不得白了。”（19回）

⑪况如今正在热水头上，只是你若有些山高水低，你兄弟又无一个，姊姊又嫁着个穷人，叫我更看何人？（10回）

⑫他原道郎吃我吃，怎如今又吃了？莫不有些回心转意么？（10回）

其中例⑦、⑧为偏正短语，例⑨、⑩为动宾短语，例⑪、⑫为固定短语。

（3）有些+动词/名词+名词，共2例。

⑬自此一次生，两次熟，两个渐入佳境，兴豪时也便不觉丢出一二笑声，也便有些动荡声息。（21回）

⑭见一个略有些颜色妇人，便看个死。（26回）

上述两例中的“有些动荡、有些颜色”修饰“声息、妇人”时省去了结构助词“的”。

下面我们把“有些”程度副词的分布情况列表如下：

（1）几乎+动词，共4例。如：

①富尔谷道："只今日已是几乎唤杀，若再去，身子一定回来不成了。你只仔么为我设法弄来作妾。"（12回）

②整日懊恨不快，害成一个黄病，几乎死了。（25回）

（2）几乎+动词短语，共10例。如：

③当晚，日休又做东道请韦梅轩，道："不亏你，几乎断送性命，又且把一个主人女子名来污蔑。还只求你替我隐瞒，莫使主人知道，说我轻薄。"（38回）

④周主事说："太能了些，几乎把年兄官都坏了。"（30回）

⑤耿埴道："还几乎吓死。"一跨出桶来，便要去。（5回）

⑥因说自己同余姥姥灯市失钗，亏李侍讲给还，不然几乎忧愁病死。（12回）

例③～⑥中"几乎"后接的成分依次是动宾短语、偏正短语、述补短语、连谓短语。

下面我们把程度副词"几乎"的分布情况列表如下：

表95

修饰成分	用例数量	例词（语）	百分比（%）
动　词	4	死、坏、被刑、唤杀	28.5
动词性短语	10	不保、吓死、惊死、压死、撞翻、像个仇家、断送性命、忧愁病死、坠下驴来、把年兄官都坏了	71.5

"几乎"共有用例14个，其中，修饰动词4例，修饰动词性短语10例，没有发现它修饰形容词的用法；从搭配词语的音节看，有单音节词2个，双音节词语7例，多音节短语5例。由此可见，它以修饰双音节、多音节词语为主，词性都是动词和动词性短语，所修饰词语都为具有消极色彩义的词语。

二、差不多

"差不多"表示程度相差不大，《型世言》中只有1个用例。如：

胡似庄也来贺喜，因是他做媒，在杨奶奶面前说得自己相术通神，作娇要随行，道："县间生意萧条，差不多这几个人都骗过了，还到京中觅封荐书，东跑西走，可以赚块大钱。"（31回）

句中的范围副词"都"成为既定目标词语，利用模糊程度副词"差不多"强调所说情况已经非常接近于"都"所指的范围程度，虽然并未完全达到，但是已经相差无几了。

总结：以上我们把《型世言》一书的全部程度副词作了全面、细致的描写，下面我们按程度副词音节情况、构词方式、使用频率、韵律特点、不同程度副词对所修饰语言成分语法属性的选择、充当句法成分的能力等一一作个统计与总结。

（一）音节情况

为了了解《型世言》一书程度副词的音节情况，我们对全书程度副词作了个统计，见表96：

表96

时代	音节	词项	用例数量
上古 中古	单音	太、过、极、甚、最、颇、绝、特、殊、至、大、更、弥、愈、多、稍、略、还	18
	复音	过于、愈加、稍稍、几乎	4
近代	单音	顶、怪、忒、满、蛮、好、越	7
	复音	好生、好不、大大、大为、大是、越加、越发、越……越、最是、甚是、极是、极其、极口、极甚、十分、异常、多少、何等、不胜、可煞、煞是、深加、益加、一发、颇颇、越越、略略、略为、略加、不大、比较、有些、差不多	33

从表96可以看出，《型世言》全书共有程度副词62个，其中来自上古汉语、中古汉语的程度副词有22个，来自近代汉语的程度副词有40个。比较上述上古汉语、中古汉语与近代汉语两大系列的程度副词，一个有趣的现象是来自上古汉语、中古汉语的程度副词大多数是单音词，其单音与双音的比例为18∶4，而唐以来出现的程度副词则大多数是复音词，其单音与复音的比例为7∶33（把固定格式“越……越……”计算在内），前者双音词不到单音词的四分之一，后者复音词是单音词的四倍多。再从共时的层面看，《型世言》一书的程度副词，其单音与复音的比例为25∶37，即单音词约占40%，复音词约占60%，这种状况较好地体现了汉语词汇的发展趋势：由以单音词为主，逐渐发展成为双音词占绝对优势的局面，而这正与整个近代汉语时期汉语词汇普遍双音化这一发展方向相一致。由此可见，“复音副词的大量出现，是汉语由单音词向双音词发展的历史必然，无论实词和虚词的发展，都体现出这一不可抗拒的历史规律”①，《型世言》一书中的程度副词作为汉语发展链条中的一环也较好地体现了这一特点。

（二）构词方式

就词的内部构造可作如下分析，请看表97：

---

① 杨伯峻、何乐士：《古汉语语法及其发展》，语文出版社，1992年，第363页。

[illegible]深度恐惧常常在夜间爬上我的床[illegible]是每个人在孩提时代都有这么一段[illegible]刻骨铭心的。我不知道我成人后[illegible]是不是跟孩提时代这段刻骨铭心[illegible]

[illegible]的书堆中度过了。

[illegible]的李智苍先生，在古稀之年，将他[illegible]了我。这让我原本就已厚实的书堆更是得到了极大的[illegible]书房了。

我也试图寻找过别的乐趣，比如进行一次长足的旅行，比如与几位友人出去唱个歌、洗个脚、喝个茶、吃个饭等等，而且我有的是可以自主安排的时间。可问题是，上述这些活动给我带来的愉悦很短暂，而且事后往往会有一种虚度时光的空虚感，让我不悦。惟当我坐在满目皆是、触手可及的书堆中时，我才会有持久的愉悦和充实感。哪怕有时阅读或辍笔片刻，点燃一支烟，仰望书房窗外天空中飘来飘去的云朵，也是一种无法形容的享受。这时候脑海中往往就会不由自主地闪过车尔尼雪夫斯基的美学名言：美是生活，生活就是美。我非常陶醉于这种生活状态。

这本书稿的杀青，标志着“明代早中晚期三部白话小说虚词计量研究”这个系列的圆满完成。而“明代早中晚期三部白话小说虚词计量研究”系列的终结，又标志着我的“近代汉语虚词研究系列”的开启，更大的挑战、更艰辛的劳作还在后头。作为对“近代汉语虚词研究系列”第一阶段工作的一个总结，目前，我正带着我招收的2010级硕士研究生江慧慧、王学、李娜、罗梢等一起完成《近代汉语虚词学史》的写作。这项工作其实早在2010年10月就已启动，全书的章节也早已拟定，展开的路径也已确定，具体的分工也已安排，到2011年暑假前，前期的材料准备工作已经初步完成。眼下，所有成员均聚集在苏州大学独墅湖校区，冒着酷暑，全力完成这项工作。如果不是我孤陋寡闻的话，这本《近代汉语虚词学史》可能是国内第一部描写和勾勒关于近代汉语虚词的研究历史的著作，不管它最终将呈现一种什么面貌，但筚路蓝缕，其成功的经验或失败的教训，都将是一笔财富——不仅会给今后虚词学史写作者的后出转精提供借鉴和参考，也会为我们后面的团队着手别的专题研究史的写作提供参考和借鉴。

曹　炜

2011年8月1日凌晨

于苏州市区学士街寓所第二书房

江南的伏天，往往暑热难当，白天和晚上几无温差。对于吾辈而言，时值暑假，正是看书写作的